영작문의 정석

영어 선생님들을 가르치는 영어 교수
Dr. David 의 영문 글쓰기 핵심 강의

영작문의 정석
Standard English Writing

원어민 교사들도 극찬한 바로 그 책!
영어 글쓰기에 필요한 모든 표현 공식화!

저자 박우상 박사

비비트리북스

Introduction

〈영작문의 정석〉 소개

대입만 하면 되는 영문 글쓰기 **공식**을 배운다!

대부분의 영어 학습자들은 영어를 배우는 과정에서 가장 어려운 관문으로 영작을 꼽습니다. 간단한 이메일이나 SNS 상에서의 짧은 메시지도 영문 글쓰기 훈련이 안 되어 있으면 키보드에 선뜻 손이 올라가지 않습니다. 하물며 자신의 생각을 논리 정연하게 펼치고 상대방을 설득시킬 수 있어야 하는 긴 서사의 글쓰기는, 영작 입문자에게는 아득히 높은 담벼락입니다. 영어 학습의 최고 경지라 할 수 있는 논리적인 영문 글쓰기는 뛰어넘기 힘든 높은 벽일까요?

학교나 학원 등 일선에서 영어를 가르치는 많은 선생님들이 이런 말을 합니다. 영어로 글쓰기를 배울 때는 반드시 누군가의 도움을 받는 게 좋다고 말입니다. 그때그때 틀린 부분을 정확하게 지적받아서 어법적으로 올바른 문장을 만들어 나가는 교정 과정이 무척 중요하다는 겁니다. 다시 말해 훌륭한 코치로부터 제대로 된 첨삭 코칭을 거치지 않으면 영작 실력을 늘릴 수 없다는 말입니다. 그런데 수행 평가 과제나 입시 혹은 취업용 영문 에세이 제출 기한이 코앞에 닥쳤다고 생각해 봅시다. 당장 어디 가서 훌륭한 영작문 코칭 선생님을 찾아야 할까요? 어렵게 선생님을 구했다 하더라도 영문 에세이 한 편 첨삭하는데 내야 하는 비용도 만만치 않다고 합니다.

이렇게 영어 교육의 현장에서 흘러나온 고민들과 희망 사항을 귀담아들은 결과물이 바로 〈영작문의 정석〉입니다. 간단하게 의사소통할 수 있는 짧은 문장부터, 고급 영작문까지 술술 써낼 수 있는 가이드북이라고 할까요. 〈영작문의 정석〉은 우선 영문 글쓰기의 기본 공식을 가르쳐 줍니다. 우리가 수학을 공부할 때도 일단 공식부터 외우는 경우가 있지 않습니까? 그래야 다른 유사 문제들을 풀 때도 같은 공식에 대입만 하면 풀 수 있으니까 말입니다.

영문 에세이는 대개 물꼬를 터주는 시작 부분, 여러 예시를 들어가며 논증하거나 반박하는 중간 부분, 자신의 생각을 다시 한번 강조하며 마무리 짓는 결론 부분까지 크게 3단계로 나눌 수 있습니다. 〈영작문의 정석〉은 각 단계를 건너갈 때마다 요긴하게 써먹을 수 있는 거의 모든 '패턴 공식'들을 14개의 강의를 통해 정리했습니다.

국내 영어 **감수** 부문 최고 **권위자**가 집필!

영문 글쓰기의 핵심 노하우를 달랑 14개 강의로 압축, 명쾌하게 공식화할 수 있었던 것은 바로 박우상 교수가 있었기에 가능한 작업이었습니다. 〈영작문의 정석〉을 집필한 박우상 교수는 영어학자이자 미국학자입니다. 서울대 영어교육학과를 졸업하고 미국으로 건너가 일리노이 대학교에서 영어학을, 펜실베이니아 대학교(UPenn)

와 시카고 대학교에서 미국 정치학을, 위스컨신 대학교에서 미국사와 미국법을 전공한 정통 영어학자이자 미국학자입니다. 위스컨신 대학교에서는 resident scholar로 영어학과 미국사를 가르쳤습니다.

미국에서 박우상 교수의 활동 범위는 제자를 키워내는 일에 그친 것이 아니었습니다. 영어교육 컨설팅 회사를 운영하며 미국 내 교육, 언론, 출판, 문학, 법률 기관과 회사들을 대상으로 영어 교육, 감수, 컨설팅을 했습니다. 특히 저명한 미국인 학자들과 함께 미국학 백과사전인 ≪Dictionary of American History (전 10권, 2003, Charles Scribners & Sons)≫를 집필한 것은 국내 학자들에게도 주목받는 업적입니다. 지금도 박 교수는 '미국 언어 학회(The Linguistic Society of America)'와 '미국 역사학회(The American Historical Association)' 등 다수의 영어학과 미국학 관련 학회의 정회원으로 활동하고 있습니다.

30년간 미국에서 공부와 연구, 강의와 집필 등의 활동을 하고 있던 박우상 교수에게 터닝 포인트가 찾아왔습니다. 고국으로 돌아와 국내 영어 교육을 개선해달라는 제의를 받은 겁니다. 여러 정부 기관들과 출판계의 요청으로 10년 전에 귀국한 박우상 교수는, 국내 영어교육 개선에 열정적으로 뛰어들었습니다. 국가 영어 시험의 혁신부터 시작했습니다. 무엇보다 박 교수는 일선에서 학생들을 가르치는 영어 선생님들의 영어 구사력 향상이 시급한 과제라 생각했습니다. 그래서 전국 시도 교육청으로부터 중·고등학교 영어 선생님들을 대상으로 특강을 해달라는 요청에는 기꺼이 응했습니다. 그러다 보니 박 교수의 이름 앞에는 '영어 선생님들을 가르치는 영어 교수'라는 닉네임이 붙기도 했습니다. 이뿐 아닙니다. 국내에 유통되는 각종 영어 출판물의 질적 향상에도 애정을 쏟는 등 지금까지 학교의 영어 교육 개선을 위한 그의 활동상은 한마디로 동에 번쩍 서에 번쩍입니다. 국가영어능력 시험(NEAT) 감수위원장과 R&D 센터장, 교과부, 한국개발연구원(KDI) 및 여러 시도 교육청과 교육과정평가원의 영어정책 자문과 영어 출제 감수, 초·중·고교 영어 교사들의 영어 연수 담당 교수, 여러 정부기관, 교육기관, 조직, 기업 등의 영어 감수 및 자문 위원…. 지금도 박 교수는 꺼지지 않는 열정으로 대한민국 영어 교육 개선에 땀을 쏟고 있습니다.

〈영작문의 정석〉은 영어 연구와 교육에 한 평생 몸 바친 박우상 교수의 학문과 지성이 응축된 작품입니다. 그가 이 책을 집필하게 된 절실한 동기가 바로 국내 영어 교육계에 깊이 몸담으면서 직접 눈으로 보고 겪은 아쉬움 때문입니다. 우리나라 영어 교육이 영어권 사람들과 소통 가능한 '현실(real) 영어'가 아닌 시험 영어를 위한 '눈도장 영어'가 되어버린 현실을 개선하기 위한 방편의 하나로 〈영작문의 정석〉을 집필하게 된 것입니다. 다시 말해 우리나라 영어 교육이 나아가길 바라는 방향을 제시하고 있는 책이 바로 〈영작문의 정석〉입니다.

원어민도 **칭찬**하는 글쓰기를 위한 책 **활용법**

〈영작문의 정석〉은 크게 두 부분으로 나누어져 있습니다. 첫 번째는 원어민에게 보여줘도 칭찬받을 수 있는 영문 글쓰기 핵심 스킬을 담은 14개의 강의입니다. 두 번째는 앞의 강의에서 배운 지식을 실제 어떻게 활용될 수 있는지 점검해보는 워크북입니다.
우선 글쓰기 공식을 정리한 〈핵심 강의 편〉을 살펴보겠습니다. 글쓰기의 시작을 도와주고 글의 진행을 더욱 생동감 있게 만들며, 최종적으로 군더더기 없이 마무리 짓는데 있어서 가이드가 되어주는 표현 패턴들을 공식처럼 정리했습니다. 따라서 1강부터 마지막 14

강까지 공부하고 나면 어떤 주제라도 상관없이 논리적인 영문 글쓰기에 모두 통하는 문장 짜임새를 터득하게 됩니다. 박우상 교수의 목소리를 직접 들어보겠습니다.

"글을 쓰는 것과 말을 하는 것은 동전의 양면입니다. 글을 쓸 때는 말할 때보다 조금 더 격식을 갖춘다는 점이 다르죠. 그러나 중요한 것은 말이든 글이든 개성이나 의견이 다를 뿐이지, 둘 다 자기 의견을 상대방에게 소통시키는 언어 행위라는 점은 같습니다. 그래서 영어로 글쓰기에 익숙해질수록 영어로 말하기도 편해지죠. 책 제목이 〈영작문의 정석〉이지만 사실 이 책은 스피킹을 가르치고 있기도 합니다. 글쓰기를 제대로 배우면 스피킹이 저절로 따라옵니다."

박 교수의 말처럼 글쓰기와 말하기 능력이 모두 좋아지는 까닭은 서론, 본론, 결론에 써먹을 수 있는 모든 표현 패턴을 문어체와 구어체로 각기 나누어 설명하고 있기 때문입니다. 또 한가지, 이 책이 기존의 영어 교재들과 다른 점은 '리얼(real) 영어'를 강조하고 있다는 점입니다. 영어권에 사는 원어민과의 원활한 의사소통을 위해서는 그 언어를 사용하는 나라의 역사와 문화적인 배경에 대한 이해력이 깔려 있어야 합니다. 언어의 차이는 결국 그 언어를 사용하는 사람들의 사고방식과 그 언어권이 속한 문화의 차이이기 때문입니다.

박 교수가 국내 영어 교육 개선 작업을 하면서 안타까웠던 점 중의 하나가 바로 '비현실적인 예문'으로 공부하는 현실이라고 합니다. 따라서 박 교수는 영어 교재를 선택할 때 어떤 예문들이 들어있는지에 신경을 써야 한다고 말합니다. 영어 공부에 있어서 예문의 콘텐츠 (내용, 토픽, 주제, 다양성 등)와 스타일 (격식체, 문어체, 일상체, 구어체, 글을 쓰고 말을 하는 사람과 독자/청자들의 관계와 상황 등)의 역할이 대단히 중요하기 때문입니다. 예문의 중요성이 국내 영어교육에서 거의 무시되고 있다는 것이 박 교수의 지적입니다. 그렇기 때문에 한국인의 영어가 매우 부자연스럽고 문맥과 상황에 적절하지 못한 경향이 있다고 걱정합니다.

저자는 이 책에 실린 예문을 지적이고 교육적인 내용들로 채우기 위해 고심했다고 합니다. 많은 예문들은 영어와 미국학에 능통한 저자가 직접 창작한 문장들입니다. 그 외에는 미국에서도 명문장으로 널리 알려진 예문들을 실었습니다. 또한 첫 마디부터 끝마무리까지 자신감 넘치는 프레젠테이션과 각종 스피치에 활용할 수 있는 실용적인 예문들도 많이 다루고 있습니다. 따라서 저자는 책에 실린 예문을 통째로 암기하는 것도 적극 추천합니다.

여기에 덧붙여 이 책의 장점을 한 가지 더 꼽는다면 바로 '맥락에 맞는' 어휘 활용법을 익힐 수 있다는 점입니다. 각 표현 패턴마다 대체해서 사용 가능한 어휘들을 거의 전부 제시하고 있습니다. 그래서 다소 복잡해 보이는 편집 구성이지만, 꾸준히 공부하면 같은 상황에서 다채롭게 표현하는 어휘 구사력에 통달하게 됩니다.

이 책이 **필요한 사람**은 누구인가?

앞서 이 책은 크게 두 부분으로 나누어져 있다고 했습니다. 첫 번째 파트에서는 쓰기와 말하기에 필요한 모든 문장 패턴을 활용하는 기술을 배웁니다. 물론 문법적인 설명도 빼놓지 않았습니다. 그렇게 공부하다 보면 결국에는 독해도 쉬워지고 빨라집니다. 그래서 이 책의 두 번째 파트로 'Workbook-테스트와 해설'을 마련했습니다. 문제풀이를 부록처럼 책의 뒷부분에 실어 영어 학습자의 실력을 보다 높게 끌어올리는 것이 목표입니다. 특히 워크북 안의 독해 지문들에 들어간 어휘들을 문맥에 맞게 해석해서 정리한 단어집은, 독자들에게 드리는 두둑한 보너스입니다.

원래 〈영작문의 정석〉은 학원이나 학교 등 일선 현장에서 학생들을 가르치는 영어 선생님들을 위한 영어 글쓰기와 말하기 교재로 만들어진 것입니다. 따라서 영어를 가르치는 선생님들에게 귀중한 수업 교재가 됩니다. 또한 시험 성적이 중요한 상위권 중·고등학생들에게도 유용한 영어 학습 교재입니다. 특히 영어로 말하고 쓰는 수행평가에서 좋은 평가를 얻고 싶은 학생에게는 활용도가 높은 writing과 speaking 교재로 충분합니다. 고등학생들에게는 수능 대비용으로 손색없습니다. 수능 시험에 나오는 영어 지문은 문장 길이도 길 뿐 아니라 굉장히 지적인 배경을 갖고 있지 않습니까? 〈영작문의 정석〉으로 서론·본론·결론이 어떻게 이어지는지 그 패턴을 익히고 나면, 어떤 긴 독해 지문을 만나도 빠르게 읽어낼 수 있게 됩니다. 게다가 미국의 역사·사회 문화적인 배경지식을 담은 예문들로 공부하다 보면 그야말로 꿩 먹고 알 먹는 셈이죠.

한편, 실용적인 측면에서는 유학 준비생들에게도 도움이 되는 책입니다. 또 중·고등부와 대학의 읽기·듣기 능력 시험, 영어 모의고사와 수능 영어, TOEFL, TOEIC, SAT, ACT, IELTS를 비롯하여, 각종 공무원 시험과 고시·자격 영어 시험의 성적 향상에도 크게 기여할 것이 분명합니다. 영어로 글쓰기와 말하기가 능숙해지면 입학시험이나 각종 평가, 구직 활동 등에 유리한 건 당연한 사실이니까요.

주목!

〈영작문의 정석〉에 담긴 모든 영어 예문들은 자연스러운 한국어로 번역(의역)되지 않았습니다. 최대한의 언어적 학습 효과를 위해 영어 원문에 충실하도록 번역되었습니다. 이는 학습자들이 영어의 언어적 (어구에서 문법, 어법, 용례, 구문까지) 형태와 의미에 각별히 주목하게 하기 위해서입니다. 예를 들어 완료 시제, 수동태, 관사 a와 the, 관계사절 등 많은 영어의 형태들을 영어적 어감을 그대로 살려 번역하였습니다. 영어 학습의 최상의 목표인 어학적 학습 효과를 최대치로 끌어올리기 위함입니다.

"영문 에세이는 대개 물꼬를 터주는 시작 부분, 여러 예시를 들어가며 논증하거나 반박하는 중간 부분, 자신의 생각을 다시 한번 강조하며 마무리 짓는 결론 부분까지 크게 3단계로 나눌 수 있습니다. <영작문의 정석>은 각 단계를 건너갈 때마다 요긴하게 써먹을 수 있는 거의 모든 '패턴 공식'들을 14개의 강의를 통해 정리했습니다."

— 편집자 주 —

저자 서문

독자 여러분 안녕하세요? 이번에 〈영작문의 정석〉을 통해 여러분과 만나게 되어 무척 반갑습니다.

원래 〈영작문의 정석〉은 국내 현직 영어선생님들을 위한 영어 speaking과 writing 강의 시리즈의 텍스트입니다. 제 수업을 들은 영어 선생님들의 호응이 좋아 수업의 대상을 중·고등학생, 대학생, 성인 등 광범위한 영어 학습자들로 넓히기로 했습니다. 그들의 영어 실력 향상을 위해 보다 많은 내용을 보충하여 일반 영어 학습서로 재구성한 책입니다. 책 제목은 〈영작문의 정석〉이지만 끝까지 공부를 하고 나면 읽기, 듣기, 말하기, 글쓰기 등 4개 영역에 있어서의 능력 향상을 목표로 하고 있음을 알게 될 것입니다.

언어는 하나의 도구(tool)입니다. 또 언어는 도구이면서 하나의 그릇과도 같습니다. 그릇에 우리 몸을 건강하게 해주는 음식을 담는 것처럼, 언어는 우리의 영혼이 담기는 그릇입니다. 영어라는 한 언어가 담고 있는 것은 무엇일까요? 인간의 기쁨과 슬픔, 꿈과 좌절, 희망과 절망, 사랑과 미움, 의견과 사상으로부터 사회와 문화와 역사 그리고 중요한 세계적 이슈들과 변화하는 세계의 단면들까지…. 이 외에도 무수히 많습니다. 다시 말해 영어를 통해 우리는 정보와 지식, 지성과 감성, 지혜와 비전에 대해서도 눈을 뜨게 됩니다. 이뿐 아닙니다. 이 책을 통해 학습자들은 영어의 구조와 흐름을 체계적이고 구체적으로 이해하게 됩니다. 그래서 자연적으로 영어 독해력과 청해력 그리고 스피킹과 라이팅 능력이 더욱 확장되고 심화됩니다. 결국에는 이전보다 근본적인 영어 구사력과 소통력이 향상되는 경험을 가지게 되실 겁니다.

수십 년 동안 영어를 공부해도 원어민과 소통이 안되는 이유는 무엇일까요? 여러 가지 이유가 있겠지만, 우선 제가 생각하는 한 가지 이유는 한국형 영어에 길들여왔기 때문 아닐까 싶습니다. 한국형 영어는 한마디로 각종 평가용 영어, 수능 영어가 가진 특성인 '눈도장 영어'입니다. 시험 문제에 자주 나오는 유형의 지문들을 눈으로 외우다시피 공부하는 많은 학생들을 보면서 '눈도장 영어'라는 우스개 표현을 붙여봤습니다.

그러나 이보다 더 근본적인 문제는 '현실 영어(real English)'에서 점점 멀어지고 있다는 점입니다. 우리가 영어를 배우는 현실적인 목적은 영어권 나라의 사람들과 원활하게 소통을 하는 것입니다. 내가 속한 그릇이 아닌 다른 그릇 속의 사람들과 소통하기 위해서는 대화 주제나 글 쓰고 말하는 스타일에 있어서 그쪽 그릇의 현실에 맞아야 합니다. 따라서 저는 영어를 공부하는 사람들에게 예문의 중요성을 무척 강조합니다. 〈영작문의 정석〉 안에는 수많은 예문들이 들어있습니다. 예문들 중 상당수는 제가 직접 창작한 문장들입니다. 그 외에는 실용적이면서 지적이고 교육적인 밸류(value)로 가득 찬 명문장들을 독자들에게 제공하고자 했습니다. 현실 영어와 함께 교양 영어로의 기능도 아울러 갖추고 싶은 욕심 때문이었습니다.

바로 이 점이 기존 국내 영어 학습서에서는 찾을 수 없는, 〈영작문의 정석〉만의 독보적인 장점이 아닐까 싶습니다. 저는 한국과 미국에서 오랫동안 영어와 미국학, 미국 역사를 연구하고 가르쳐왔습니다. 이번에 우리나라 영어 학습자들에게도 소중한 선물을 드릴 수 있게 되어 기쁘게 생각합니다.

세계는 더욱더 빠른 속도로 인종과 민족, 국경과 국적을 초월하여 사람과 사람이 만나고, 소통하고, 사랑하는 글로벌 빌리지(global village)가 되어가고 있습니다. 젊은 세대뿐 아닙니다. 보다 가치 있는 삶의 의미와 목표를 추구하고 실현하고자 하는 중장년 세대에게도 영어는 선택이 아닌 필수적인 지적 동반자가 되었습니다. 이미 영어는 시험 성적 향상이나 입시와 취업이 목표인 지점을 넘어섰습니다. 보다 넓은 세계의 문을 열고 고귀한 가치를 지닌 삶을 추구하는 인생 항해의 동반자인 것입니다.

이 책 〈영작문의 정석〉을 통해서 독자 여러분의 영어 학습에 커다란 도약이 있기를 바랍니다. 아울러 여러분의 삶에 기쁨과 행복이 넘치기를 기원합니다.

2021년 6월

한국 독자들과의 만남을 기뻐하며
저자 박우상 (Dr. David)

English Education with a Soul
- 영혼을 가진 영어교육 -

"나의 삶을 행복하게 만들고,
세상을 아름답게 하는 영어교육.
이웃에 봉사하고,
세계에 기여하는 영어교육.
이것이 바로 제가 추구하는
영혼을 가진 영어교육입니다."

- by Dr. David -

CONTENTS

Introduction

- 〈영작문의 정석〉 소개   4
- 저자 서문   12

Unit 1   Lecture

- Lecture #1   말과 글을 시작하는 표현 1   20
- Lecture #2   말과 글을 시작하는 표현 2   36
- Lecture #3   이유와 원인의 표현   52
- Lecture #4   조건과 전제의 표현   68
- Lecture #5   결과와 결론의 표현 1   84
- Lecture #6   결과와 결론의 표현 2   100
- Lecture #7   부정과 반전의 표현   112
- Lecture #8   예시의 표현   128
- Lecture #9   추가와 보강의 표현   146
- Lecture #10   대조, 비교, 대안의 표현   162
- Lecture #11   유사와 비유의 표현   180
- Lecture #12   환언 설명의 표현   198
- Lecture #13   강조의 표현   218
- Lecture #14   최종 결론의 표현   246

CONTENTS

Unit 2　Workbook

- Test Set #1 — 265
- Test Set #2 — 278
- Test Set #3 — 300
- Test Set #4 — 342
- Test Set #5 — 356

Epilogue

- 강의를 마치면서 — 390

"A journey of a thousand miles begins with a single step."
- 천리 여행길도 단 한 걸음으로 시작한다 -

Unit 1 Lecture

영문 글쓰기 핵심 스킬 14강

논리적 의사 소통에 꼭 필요한 **표현 패턴** 총정리!

- Lecture #1   말과 글을 시작하는 표현 1
- Lecture #2   말과 글을 시작하는 표현 2
- Lecture #3   이유와 원인의 표현
- Lecture #4   조건과 전제의 표현
- Lecture #5   결과와 결론의 표현 1
- Lecture #6   결과와 결론의 표현 2
- Lecture #7   부정과 반전의 표현
- Lecture #8   예시의 표현
- Lecture #9   추가와 보강의 표현
- Lecture #10 대조, 비교, 대안의 표현
- Lecture #11 유사와 비유의 표현
- Lecture #12 환언 설명의 표현
- Lecture #13 강조의 표현
- Lecture #14 최종 결론의 표현

Lecture #1

말과 글을 시작하는 표현 1
Introductory Remark 1

우리가 말을 하거나 글을 쓸 때 그 말과 글을 전달하는 매개체, 방식, 경우, 상황 등에 따라 낱말 선택과 구문의 형태가 크게 달라집니다. 물론 표현의 스타일도 매우 다양해지고 뉘앙스에서도 큰 차이를 보입니다. 그러나 큰 관점에서 보면 말과 글 모두 4가지 유형으로 정리할 수 있습니다.

(1) 나의 생각, 감정, 의견, 지식이나 정보 등을 상대방에게 전달하는 일상적인(casual) 유형.
(2) 사람들이 흔히 알고 있는 것에 반론을 제기하거나 수정을 가하는, 설득적이고 비판적이며 창의적인 유형.
(3) 이미 알려져 있는 지식이나 정보를 효과적으로 요약하고 정리하는 유형.
(4) 읽고 듣는 이들을 감동시키고 울고 웃게 만들며, 영감과 변화를 불러일으키는 유형.

이처럼 말과 글에 유형상 본질적으로 큰 차이가 있다고 하더라도, 대부분의 경우에 의사소통이 가능하도록 만들어주는 기본적인 표현들이 있습니다. 지적이고 학구적이며 비평적인 말과 글, 정서적이고 감성적인 말과 글, 간단히 요점을 정리한 프레젠테이션, 심지어 가이드북이나 매뉴얼에도 기본적인 논리적 흐름과 연결을 위한 언어적 표식들이 사용됩니다. 이번 강의 Lecture #1과 다음 강의 Lecture #2에서는 우리가 영어로 어떤 글이나 말을 시작할 때 흔히 사용하는 대표적인 표현들을 공부해 보겠습니다.

영어 속담에 'The first step is always the hardest.' (첫걸음이 항상 가장 힘든 걸음이다), 'It is the first step that is difficult.' (어려운 것은 첫걸음이다), 'The first step is as good as half over.' (첫걸음은 반이 끝난 것과 같다)'라는 말이 있습니다. 한국에도 '시작이 반이다.'라는 속담이 있으며, 중국의 도교 사상가 노자 (Lao Tzu, Laozi)도 'A journey of a thousand miles begins with a single step.' (천리 여행길도 단 한 걸음으로 시작한다)고 했습니다. 어떤 일을 할 때 맨 처음이 얼마나 중요한 것인지를 깨닫게 하는 표현들입니다.

독자 여러분들도 어떤 말을 하거나 글을 쓸 때 맨 첫 마디, 첫 문장, 첫 표현을 어떻게 할 것인가를 놓고 고민하고 주저하며 당황한 경우가 적지 않을 것입니다. 여기 Lecture #1과 다음 Lecture #2에서는 영어로 글쓰기와 말하기의 첫걸음에 적절한 표현들을 공부합니다. 모든 표현들을 다룰 수는 없지만, 어느 정도의 논리성과 설득력을 가지는 영어의 말과 글이면 필수적으로 요구되는 대표적인 표현들을 정리했습니다.

그리고 미리 독자 여러분들에게 부탁드리고 싶은 것이 있습니다. 모든 Lecture에서 공부하게 될 영어 표현들의 형태와 스타일, 그리고 그 표현이 사용되는 언어적 문맥, 뉘앙스, 격식, 스타일, 또 말 또는 글이 사용되는 인간관계와 사회문화적 코드에도 항상 주목해 줄 것을 부탁드립니다. 이는 말을 듣고 글을 읽는 경우에도 마찬가지입니다.

 **KEY EXPRESSIONS**

(1) (When it comes to ... / As to ...,) People often/generally/usually/commonly say/think/know/believe (that) ...

(2) It is often/generally/usually/commonly said/thought/known/believed that ...

(3) 주어 + is/are often/generally/usually/commonly said/thought/known/believed + to-부정사 ...

(4) The/A prevailing/popular/dominant view/wisdom/opinion/idea (among/most people) is that ...

It is the/a prevailing/popular/dominant view/wisdom/opinion/idea (among /most people) that ...

 **TEACHING CLASS**

01 (When it comes to ... / As to ...,) People often/generally/usually/commonly say/think/know/believe (that) ...

(...에 관해서라면) 사람들은 흔히/일반적으로 ...라고 말한다/생각하다/안다/믿는다.

[설명]

구어체나 문어체 모두에 일상적으로 사용되는 표현으로 Most/ *Many/Some* people 등의 다양한 변형들이 사용될 수 있습니다. 때로 They say (that) ... 구문이 사용되기도 합니다. 부사로는 mostly, typically, frequently, widely, largely, almost unanimously, universally, always 등을 비롯한 다양한 부사들이 사용됩니다. 동사로는 feel, guess, assume, admit, argue, claim, maintain, contend, hold, accept, suppose, gather, reckon, figure, conclude, allege, reason 등이 주로 사용됩니다.

구어체와 비격식체에서는 that이 자주 생략되며 격식을 갖춘 글일수록 that이 유지됩니다. 또 비격식 구어체에서 I hear (people) say (that) ...구문이 사용되기도 합니다. 그리고 이야기나 글의 화제를 이끄는 구나 절로 When it comes to ... (구어체)/ When people think/*talk* of/*about* .../ As to*(for)* .../ Regarding .../ As regards .../ With*(In)*regard to .../ With*(In)* reference to .../ In connection with (the topic/*issue* of) ... 등이 사용됩니다.

- **Most people say (that)** kids have a lot of fun trick-or-treating on Halloween.

    대부분의 사람들은 아이들이 Halloween에 trick-or-treating (동네 순회 사탕 수집)을 하면서 많은 재미를 즐긴다고 한다.

- **People generally think (that)** Halloween is just for children.

    사람들은 일반적으로 Halloween이 아이들만을 위한 것이라고 생각한다.

- **When people talk/think about** Halloween, **most of them feel (that)** it's basically about kids in costumes making rounds in their neighborhoods shouting "Trick or treat!"

  Halloween에 관해 이야기할/생각할 때 사람들 대부분은 Halloween은 기본적으로 의상을 입은 아이들이 "Trick or treat!"라고 외치며 동네에서 돌아다니는 것이 핵심이라고 느낀다.

- **When it comes to Halloween, people tend to talk/think about** children, their trick-or-treating, and heaps of candy.

  Halloween에 관해서라면 사람들은 아이들, 아이들의 trick-or-treating, 그리고 수북한 사탕에 관해 이야기/생각하는 경향이 있다.

- **I hear say** grownups also have tons of fun on Halloween enjoying costume parties and drinking.

  어른들 역시 Halloween 때 의상 파티를 즐기고 술을 마시면서 엄청난 재미를 즐긴다고들 하네요.

미국 어린이들은 Halloween날 해가 지자마자 costume을 입고 나가 이웃을 돌면서 "Trick or treat!" [골탕 먹어 혼줄이 날래요? 아니면 나한테 (사탕) 대접할래요?] 라고 외친다. 소위 trick-or-Treating을 엄청난 기쁨을 가지고 즐긴다.
사진: ⓒ 박우상 박사 (Dr. David)

스페인 해적 (pirate), 일본 기모노를 입은 백인 여학생 그리고 중남미계의 Latino angel이 한 팀이 되어 자정이 넘은 Wisconsin 대학교 캠퍼스에 등장했다. 상당히 다문화적 (multicultural)로 변화된 미국 사회를 반영하는 장면이다. 사진: ⓒ 박우상 박사 (Dr. David)

어린 아이들과 학생들만이 Halloween을 즐기는 것은 아니다. 실은 아이들을 빙자해서 어른들이 더 노는 분위기가 많다 (1인당 쓰는 돈도 물론 어른들이 훨씬 더 많다). 옆 사진은 동심으로 돌아가고 싶은 어른들이 1939년의 영화 〈The Wizard of Oz〉에 나오는 등장인물들의 의상으로 costume party를 즐기고 있다. 사진: ⓒ 박우상 박사 (Dr. David)

02   It is often/generally/usually/commonly said/thought/known/believed that ...

흔히/일반적으로... 라고 이야기된다/생각된다/알려져 있다/믿어진다.

[설명]

유형 (1)의 수동태 구문입니다. 사람 주어를 배제하고 가주어 It을 사용하여 진술의 주관적인 분위기보다 객관성을 노리는 표현기법이죠. 상당한 격식체 또는 문어체적인 표현입니다. 여기서 It은 가주어, 그리고 that-절이 진주어 (의미상의 주어)입니다. 동사는 이외에도 argued, assumed, admitted, understood, agreed, held, stated, supposed, reported, claimed, alleged, presumed 등이 사용될 수 있어요. 시제 또한 '사람들이 오랫동안 그렇게 말해/생각해/알아/믿어 온'의 경우 현재완료 시제가 사용되기도 합니다. 격식을 갖춘 글에서는 접속사 <u>that을 생략하지 않는</u> 것이 정어법입니다.

- **It is** generally **believed that** late-night trick-or-treating is not safe for children.

    밤 늦은 trick-or-treating은 아이들에게 안전하지 않다고 일반적으로 믿어진다.

- **It is** widely **known that** most children hide their Halloween loot under their beds.

    대부분의 아이들이 Halloween에 받은 것들을 침대 아래에 숨긴다는 것은 널리 알려져 있다.

- **It is** often **reported that** Americans spend billions of dollars annually on their Halloween costumes and activities.

    미국인들이 Halloween 복장과 활동에 수십억 달러를 쓴다는 것이 종종 보도된다.

03 주어 + is/are often/generally/usually/commonly said/thought/known/believed + to-부정사 ...

...는 종종/일반적으로/흔히 ...라고/한다고 이야기되다/생각되다/알려져 있다/믿어지다.

[설명]

유형 (1)의 또 다른 수동태 구문입니다. 수동태와 to-부정사가 결합되고 유형 (2)에서의 that-절의 주어가 문장 전체의 주어로 표현되어 있어서 한국인 학습자에게는 대단히 고난도의 구문입니다. 그러나 원어민의 입장에서는 유형 (2)의 경우보다 격식성이나 문어체적 성격이 상대적으로 낮은 구문으로 자주 사용하는 구문입니다. 학습자는 구문의 구성을 이해한 후에 좋은 예문을 반복적으로 읽어 숙달해야 합니다.

- Late-night trick-or-treating **is** generally **believed** not **to be** safe for children.

  밤 늦은 trick-or-treating은 아이들에게 안전하지 않다고 일반적으로 믿어진다.

- Most children **are** widely **known to hide** their Halloween loot under their beds.

  대부분의 아이들은 Halloween에 받은 것들 (their Halloween loot)을 침대 아래에 숨기는 것으로 널리 알려져 있다.

  [참고] loot: 원래 전쟁이나 승리로부터 뺏은 노획물을 뜻하는데, 비유적으로 소중한 것들의 총칭명사 (a collection of valued objects)로 자주 사용된다. Halloween 때 아이들이 거두어들인 사탕들을 총칭하는데도 자주 사용된다.

- Americans **are** often **reported to spend** billions of dollars annually on their Halloween costumes and activities.

  미국인들은 매년 Halloween 복장과 활동에 수십억 달러를 쓰는 것으로 종종 보도된다.

04 The/*A* prevailing/*popular*/*dominant* view/*wisdom*/*opinion*/*idea* (among/*most* people) is that ...

It is the/*a* prevailing/*popular*/*dominant* view/*wisdom*/*opinion*/*idea* (among /*most* people) that ...

대부분의 사람들의/지배적인 견해/생각/정설은 ...라는 것이다.
...라는 것이 대부분의 사람들의 지배적인 견해/생각이다.

[설명]

The/*A* prevailing/*popular*/*conventional*/*dominant* view/*wisdom*/ *opinion*/*understanding* (on/*about*/*as to*/*regarding* ...) is that ... 구문 또는 It ... that ... (가주어 It ... 진주어 that-절 ...)를 사용한 It is the/*a* prevailing/*conventional*/*dominant* view/*wisdom*/*opinion*/*understanding* that ... 구문을 사용하여 사람들의 일반적인 생각 또는 보편적인 이해나 주류인 관점을 처음에 진술할 수도 있습니다. Understanding, perception, notion, thought, conception, viewpoint, perspective, theory 등이 사용되기도 하며, 전치사로 with/*in* regard to, as regards, with/*in* reference to, concerning, in connection with 등이 사용되기도 합니다. 형용사로도 (almost) unanimous, conventional, traditional, universal, mainstream, widely-held 등이 사용될 수 있습니다.

유일하거나 특정하거나 뚜렷한 정설은 the로, 여러 관점들 중의 비특정한 어떤 하나의 관점이라는 뜻으로 이야기를 풀어 나갈 때는 a를 사용합니다. 두 구문 구조 모두 상당히 격식을 갖춘 문어체적 표현이 됩니다. 격식을 덜 갖춘 글이나 구어체에서는 that이 생략되는 경우들이 있으나, 격식을 갖춘 글이나 말에서 that의 생략은 바람직하지 않습니다.

- **The prevailing idea** about Halloween **is that** it is an exciting evening only for children. The truth, however, is that adults have as much fun or even more fun on Halloween.

  Halloween에 관한 대부분 사람들의 생각은 그날이 기본적으로는 아이들에게만 신나는 저녁이라는 것이다. 그러나 실은 어른들이 아이들만큼의 또는 그보다 더 많은 재미를 즐긴다.

- **It is a popular notion** as to Halloween **that** you should look like a witch, a vampire, or some other spooky figure. Nevertheless, a new trend in recent years is that you can be anybody or anything, such as Abraham Lincoln, Elvis Presley, Spiderman, or even a geisha.

  우리가 마녀, 흡혈귀 또는 어떤 다른 무시무시한 인물로 보여야 한다는 것이 Halloween에 관한 대중적인 생각이다. 그럼에도 불구하고, 근래의 새로운 추세는 Abraham Lincoln, Elvis Presley, Spiderman 또는 게이샤 같은 어떤 사람이나 어떤 것이든 될 수 있다는 것이다.

EXERCISE

Q-1 세계 사람들의 생활 수준이나 상태인 living standards를 주제로 글을 쓸 때, 다음의 표현들 중에 주제/화제를 도입하는 표현이 (서론을 이끄는 문장이) 되기에 적절하지 <u>않은</u> 것은 어느 것입니까?

(1) **People have long assumed that** living standards of humanity have been improving steadily.

(2) Living standards of people around the world **have made tremendous progress** over the past thousands of years.

(3) **When it comes to** living standards of mankind, **most people think that** they have been getting better and better over time.

(4) Living standards of humankind **are commonly believed to have** been advancing steadily and expected to continue to improve in the future as well.

[정답과 해설]

- ◆ 정답 : (2)
- ◆ 해설 : (1) (3) (4)는 세계인들의 생활 수준이 꾸준히 향상되어 왔다고 보는 <u>일반적인 견해를 소개하는</u> 표현들로, 뒤따르는 글이 이 주류 의견을 확인하거나 반론을 제기할 것을 예상하게 합니다. 반면에 <u>(2)</u>는 세계적으로 사람들의 생활 수준이 수천 년에 걸쳐 꾸준히 향상되어 왔다고 글을 쓴 (또는 말하는) 이가 <u>단언하는</u> 진술이므로, 화제를 처음 거론하거나 이슈를 제기하는 글의 <u>처음에 사용되기에 적절</u>하지 않습니다.

[번역]

(1) 사람들은 인류의 생활 수준이 꾸준히 향상되어 왔다고 오랫동안 가정해 왔다.

(2) 전세계적으로 사람들의 생활 수준은 지난 수천 년에 걸쳐 대단한 발전을 해 왔다.

(3) 인류의 생활 수준에 관해서라면, 대부분의 사람들은 오랜 시간에 걸쳐서 점점 더 좋아져 왔다고 생각한다.

(4) 인류의 생활 수준은 꾸준히 발전해 왔고 미래에도 계속해서 향상될 것이고 흔히 믿고 기대된다.

Q-2 다음의 표현들 중에 비교적 격식을 덜 갖춘 표현으로 적절한 것은 어느 것입니까?

(1) The prevailing opinion among Americans about fly-fishing is that Montana is the best state.

(2) It is generally believed that Montana is the best state for fly-fishing.

(3) As for fly-fishing, most Americans hold the view that Montana is the best state.

(4) When it comes to fly-fishing, Americans almost unanimously agree Montana's the best among all the states.

[정답과 해설]

- 정답: (4)
- 해설: That-보어절을 가진 (1)이나 진주어 It과 가주어 that-절을 취한 (2), 그리고 동격의 명사절인 that-절을 가진 (3) 모두 상당히 격식을 갖춘 문어체적 표현입니다. (1)과 (2)보다는 격식성이 낮지만 (3) 역시 나름대로 격식을 갖춘 구어체와 문어체 모두 사용될 수 있는 표현입니다. 그러나 (4)에서는 When it comes to + 화제/주제/이슈'와 agree 뒤에 생략된 목적어절을 이끄는 접속 that, 그리고 Montana is 대신에 사용된 축약형인 Montana's가 이 표현에 상당히 비격식 구어체적 어감을 줍니다.

[번역]

(1) 미국인들 가운데 fly-fishing에 관한 지배적인 견해는 Montana가 가장 뛰어난 주라는 것이다.
(2) 일반적으로 Montana가 fly-fishing에 가장 좋은 주라고 믿어진다.
(3) Fly-fishing에 관해서는 대부분의 미국인들이 Montana가 가장 훌륭한 주라는 의견을 갖고 있다.
(4) Fly-fishing에 관해서라면, 미국인들은 모든 주들 중에 Montana가 가장 좋다고 거의 만장일치로 동의한다.

미국 서북부 Montana 주의 남쪽 산악지대는 빼어난 자연환경과 함께 fly-fishing의 오랜 전통을 자랑하는 곳이다. 조용하고 상쾌한 강가의 맑은 물속에 들어가 낚시대와 줄을 유연하게 던지는(cast) 모습이 fly-fishing의 아름다움이다. 사진 제공: ⓒ Todd Harris

fly-Fishing은 낚시 미끼(bait)로 파리(fly)를 사용한데서 비롯된 이름이다. 그러나 요즘은 종종 기상천외한 수많은 인조 미끼들(artificial baits/lures)이 사용된다. 왼쪽은 club sandwich 모양의 인조 미끼. 오른쪽은 메뚜기 (grasshopper) 모양의 인조 flies (bugs). 사진 제공: ⓒ Brandon Kiesling

Q-3 다음의 한국어 표현을 영어로 표현해 보세요.

수퍼보울 (the Super Bowl)이 미국에서 한 해에 가장 많이 관전되는 스포츠 이벤트라는 것은 널리 알려져 있다.

[모범 영어]

⇒ **It is widely known that** the Super Bowl is the most watched sporting event in a year/of the year in the United States.
⇒ [Alternative: 대안] The Super Bowl **is widely known as/ to be** the most watched sporting event in a year/of the year in the United States.

Q-4 다음의 한국어 표현을 영어로 표현해 보세요.

<u>위대한 미국 대통령들에 관한 미국인들의 지배적인 견해는 Abraham Lincoln이 단연코 가장 훌륭한 대통령이었다는 것이다.</u>

[모범 영어]

⇒ **The prevailing/ dominant idea/ view/ opinion/ notion/ wisdom** of Americans as to great American presidents **is that** Abraham Lincoln was the greatest by far.
⇒ [the greatest (president) by far: by far the greatest (president); the single greatest (president); the greatest (president) ever; much/simply/hands down the greatest (president)]

SUMMARY : 말과 글을 시작하는 표현 1

(1) (When it comes to .../ As to ....) People often/generally/usually/commonly say/think/know/believe (that) ...

(2) It is often/generally/usually/commonly said/thought/known/believed that ...

(3) 주어 + is/are often/generally/usually/commonly said/thought/known/believed + to-부정사 ...

(4) The/A prevailing/popular/dominant view/wisdom/opinion/idea (among/most people) is that ...

It is the/a prevailing/popular/dominant view/wisdom/opinion/idea (among /most people) that ...

Lecture #2
말과 글을 시작하는 표현 2
Introductory Remark 2

앞의 Lecture #1에 이어 Lecture #2에서도 우리가 (말하거나 글 쓰는 이가) 영어로 어떤 말이나 글을 시작할 때 흔히 사용하는 대표적인 표현들을 공부합니다.

 KEY EXPRESSIONS

(1) There is/are/has been/have been ...

   (So far/ Until now) There has/have been a lot of/ much/ little research/talk/literature/reports on/about ...

(2) There once lived .../ There emerged/came/appeared ...

(3) When it comes to ..., ...

(4) When people/we talk about/ discuss/ mention ..., ...

(5) (Not) much/Little/(Not) a (whole) lot is/has been studied/known/written about/of/on/as to ...

(6) Rumor/Legend/Tradition/Academic consensus has it (that) ...

(7) According to ..., ...
(8) It is/was ... [It: 상황의 It (Situation 'it')]

TEACHING CLASS

01

There is/are/has been/have been ...

(So far/ Until now) There has/have been a lot of/ much/ little research/talk/literature/reports on/about ...

...가 있다/있어 왔다.
(지금까지) ...에 관해 많은 연구/이야기/문헌/보고들이 있어 왔다/거의 없어 왔다.

[설명]

There is/are ... 구문은 어떤 주제/화제로 이야기를 시작할 때 가장 대표적으로 사용되는 구문의 하나입니다. 격식을 갖춘 글에서도 사용되지만, 상대적으로 격식성이 떨어지는 글이나 일상적인 (casual) 구어체에서는 대단히 빈번히 사용됩니다.

- **There are** still a lot of people who love folk tales about a giant lumberjack named Paul Bunyan across the United States.

  미국 각지에 Paul Bunyan이라는 이름의 거인 벌목꾼에 관한 민담을 아주 좋아하는 사람들이 아직도 많이 있다.

- **There have been** numerous folk tales about Paul Bunyan around upper Midwestern States.

북부 중서부 주들 주변에는 Paul Bunyan에 관해 많은 민담들이 있어 왔다.

■ **There has been** a lot of literature/research/folklore on Paul Bunyan over the last century.

지난 한 세기에 걸쳐 Paul Bunyan에 관한 많은 문헌/연구/민속이 있어 왔다.

[문화적 배경]

미국의 Paul Bunyan 이야기 (folk tale)

Paul Bunyan은 미국 전설 속에 나오는 거인 나무꾼으로 푸른 소(Blue Ox)와 함께 등장한다. 미국 북서부에서 인기있는 인물로 영화, 게임 속의 주인공으로 수없이 재탄생되고 있다. 사진 제공: ⓒ J&E Wood

Minnesota 주의 state fair에 모인 사람들이 당시 벌목꾼들(lumberjacks)이 작업 틈틈이 즐겼던 통나무 돌리기(log rolling)를 즐겁게 지켜보고 있다. log를 두 발로 돌리거나 정지하려고 애쓰면서 상대방을 중심을 잃고 물에 빠지게 하는 게임이다. 사진: ⓒ 박우상 박사 (Dr. David)

미국 북부의 Minnesota 주는 19세기에 개척과 정착 당시 벌목과 제재 산업에 크게 의존했다. Minnesota 주의 state fair에서 옛날 lumberjacks의 전통 게임인 log lifting 시합을 벌이고 있다.
사진: ⓒ 박우상 박사 (Dr. David)

02 There once lived ... / There emerged/came/appeared ...

한 때 ...가 살았다. /...가 나타났다.

[설명]

이 구문은 'There is/are ...' 구문의 한 변형입니다. 'There + 자동사 + 주어 [(a +) 단수명사/ 복수명사] ...' 구문으로 주제/화제인 주어에 관해 이야기를 처음으로 시작할 때 사용되는 storytelling 스타일의 표현입니다. 학구적이거나 논리적인 격식체의 글에서는 피하는 것이 좋습니다.

- **There once lived** a giant lumberjack in the forests around the Great Lakes.

    5대호 연안의 숲 속에 한 거인 벌목꾼이 살았었다.

- **There emerged** a giant lumberjack along with his big blue ox in a forest near Lake Superior, leaving behind their footprints, which would be the 10,000-plus lakes in Minnesota.

    수피리어 호 근처의 한 숲 속에 거인 벌목꾼 하나가 거대한 푸른 색 황소와 함께 미네소타 주의 1만여 개 호수가 될 발자국들을 남기면서 나타났다.

03 When it comes to …, …

…에 관해서라면, …; … 이야기라면, …

[설명]

'when it comes to + 명/대명/-ing, …'의 관용어구적인 구조로 일상적인 글에서도 자주 사용됩니다. 문맥에 따라 '…에 관해서는, …에 관해 언급하자면, …가 이슈/초점 또는 중요한 것일 때는' (when … is an issue/ *important*; to speak/ talk of/*about* …; as for/*to* …)이라는 일상적인 구어체에서 자주 쓰입니다. (대단한 격식을 갖춘 문어체에서의 사용 빈도는 떨어집니다)

- **When it comes to** stories of Paul Bunyan, Minnesota beats all other states with its numerous forests and 10,000 lakes.

    Paul Bunyan 스토리에 관해서라면, Minnesota 주가 수많은 숲과 1만 개의 호수가 있어 다른 주들을 능가한다.

- **When it came to** felling mighty forests, Paul Bunyan was simply second to none.

    엄청난 숲의 나무를 베는 것을 이야기하자면, Paul Bunyan은 단연 타의 추종을 불허했다.

04 When people/*we* talk about/*discuss*/*mention* ..., ...

사람들이/우리가 ...에 관해 이야기/논의/언급할 때는, ...

[설명]

이 구문은 사람들이 일반적으로 어떤 주제/화제에 관해 이야기할 때의 기본적인 표현입니다. 일상적인 문어체와 구어체 양쪽에서 자주 사용됩니다.

- **When people talk about** the natural environments in their areas that had many forests and a vigorous logging industry in the early history of their settlement, they often mention Paul Bunyan.

  사람들이 자기들 지역의 정착 초기에 많은 숲과 활발한 벌목 산업이 있었던 곳에서는 자연환경을 이야기할 때 종종 Paul Bunyan 이야기를 합니다.

- **When cultural historians conduct research or write on** Paul Bunyan, they invariably pay particular attention to the early natural environments and industries of the states where the Bunyan tales are still strong.

  문화 역사가들이 Paul Bunyan에 관해 연구를 하거나 글을 쓸 때는 항상 Bunyan 민담들이 아직도 강력한 (강하게 남아있는) 주들의 초기 자연환경과 산업에 각별히 주목한다.

05 (Not) much/Little/(Not) a (whole) lot is/has been studied/known/written about/of/on/as to ...

...에 관해 연구된/알려진/쓰여진 바가 많다/거의 없다.

[설명]

사물을 주어로 하는 수동태 구문을 사용하여 어떤 주제/화제에 관해 객관적이고 사무적인 분위기로 말/글을 이끄는 서술 방식입니다. <u>(Not) a (whole) lot</u>은 much에 비해 <u>비격식적 구어체</u>에서 더욱 자주 사용됩니다.

- **Much has been studied, written, and talked about** Paul Bunyan in a few upper Midwestern states, especially in Minnesota, Wisconsin, and Michigan.

  몇몇 북부 중서부 주들, 특히 Minnesota, Wisconsin, 그리고 Michigan 주에서는 Paul Bunyan에 관해서 많이 연구되고 쓰여지고 이야기되어 왔다.

- **Very little is known about** the origin of the Paul Bunyan tales or the identity of the real person, if any, that Paul Bunyan was modeled after.

  Paul Bunyan 민담들의 기원이나 Paul Bunyan의 모델이 된 실제 인물의 정체에 대해서는 알려진 바가 혹시 있더라도 거의 없다.

06 Rumor/*Legend/Tradition/Academic consensus* has it (that) ...

소문/전설/전통/학구적으로 일치된 의견에 따르면 ...이다/하다.

[설명]

일상적인 대화에서도 사용되지만 기본적으로는 <u>약간의 격식성을 갖춘 문어체에서 선호되는</u> 표현입니다. '소문/전설에 따르면 ...' (According to a rumor/*legend/tradition/academic consensus*, ...: 소문/ 전설/ 전통/ 학문적인 일치된 의견에 따르면 ...)이라는 의미를 지니죠. 목적격 보어가 없음에도 불구하고 가목적어 it 바로 뒤에 진목적어 (의미상의 목적어) that-절을 취한 <u>특수 구문</u>이며, <u>일상 대화에서는 that</u>이 종종 생략됩니다.

- **Legend has it that** Paul Bunyan was so gigantic and strong that he could cut down acres of pine trees by tying his huge ax to the end of a long rope and swinging it in a circle.

  전설에 따르면, Paul Bunyan은 대단히 거대하고 강해 그의 커다란 도끼를 긴 밧줄 끝에 묶어 빙빙 원으로 돌려서 여러 에이커의 소나무들을 베어낼 수 있었다고 한다.

07 According to ..., ...

...에 따르면 ...

[설명]

문어체와 구어체, 격식체와 비격식체 모두에서 대단히 자주 사용되는 기본적인 어구입니다. '...에 따르면, ...에 의하면'이라는 의미의 판단 기준/원천/권위를 나타내며 이야기를 풀어가는 역할을 합니다.

- **According to** a Paul Bunyan legend, the 2,500-mile-long Mississippi River was formed by a leak that sprang from the water wagon Babe, his enormous blue ox, was hauling.

  한 Paul Bunyan 전설에 따르면, 2,500마일의 Mississippi 강은 그의 거대한 파란색 황소 Babe가 끌던 물통 마차에서 새어 나온 물에 의해 만들어졌다고 한다.

08 It is/was ... [It: 상황의 It (Situation 'it')]

...이다/이었다.

[설명]

앞에서 언급된 단수의 명사어구를 뒤에서 특정한 것으로 지칭하는 지시대명사로서의 it이 아닌 점에 주의해야 합니다. 시간이나 장소 등 상황 또는 문맥상 이해되는 것을 나타내는 상황의 it (Situation 'it')을 내세워 이야기를 풀어가는 표현 방식입니다. 소설이나 드라마 같은 storytelling 스타일로, 읽는 이의 관심/호기심을 이끌어 내고자 하는 기법입니다.

- **It was** around Lake Bemidji in northern Minnesota in the mid-19th century. There were woods everywhere in the area, and there were swarms of new settlers moving in. There was a huge demand for lumberjacks to clear the land and supply lumber for development, housing, and unbound dreams of the new frontier. In a sense, the lumberjacks were the lords of the great wilderness and outdoors, and they naturally needed a superhero among themselves. Then there appeared their superhero – Paul Bunyan, along with his gigantic blue ox, Babe.

  19세기 중반에 Minnesota 주 북부에 있는 Lake Bemidji 주변이었다. 이 지역은 사방이 숲이었고 새로운 정착인 무리들이 몰려들어 오고 있었다. 개발과 주택과 새로운 변방의 무한한 꿈들을 위해 땅을 개간하고 목재를 공급할 벌목꾼들의 엄청난 수요가 있었다. 어떤 의미에선 그 벌목꾼들은 커다란 야생 자연과 야외의 군주들이었으며, 당연히 그들 가운데 수퍼 영웅을 필요로 했다. 그리고 나서 그들의 수퍼 영웅인 Paul Bunyan이 그의 거대한 파란색 아기 황소인 Babe (the Blue Ox)와 함께 등장했다.

- **It was** a land of opportunity. There was life to be made for any man with drive and ambition. If your dream was big enough and you had the guts to follow it, there was truly a fortune to be made. [Seabiscuit (2003 film)]

  그곳은 (20세기 초의 미국은) 기회의 땅이었다. 추진력과 야심을 가진 남자라면 누구나 멋진 인생을 이룰 수 있었다. 꿈이 충분히 큰 자라면 그리고 그 큰 꿈을 추구할 배짱이 있는 자라면 정말 한 재산 만들 수 있었다.

[설명]

앞의 예문은 영화 〈Seabiscuit〉의 맨 처음 시작 부분의 narration입니다. 대명사 It이 앞에서 가리키는 명사어구가 없이 사용되었죠. 이는 영화를 보는 사람들로 하여금 이 대명사 It이 가리키는 것이 무엇 (20세기 초의 미국)인가 하는 관심을 불러일으키고 이야기에 주목하게 하는 기법입니다. 이 예문의 근거가 되는 미국의 사회문화적인 배경이 있습니다. 산업화와 경제 개발이 한창 진행되고 낙관주의와 진보주의가 사회의 정신적 주류였던 20세기 초 미국의 사회 분위기를 그린 표현이라는 점입니다.

**[drive: 명. 추진력, 적극성] [fortune: 명. 큰 재산/부; great wealth/riches]

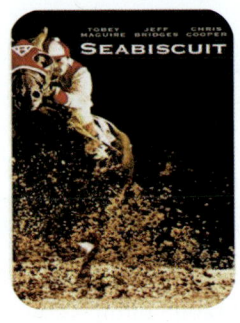

1930년대 the Great Depression (대공황) 때, 미국인들이 배고프고 희망을 잃어가던 중 늙고 병약해서 아무 가능성도 없던 경주마(race horse) Seabiscuit의 활약상을 그린 영화가 등장했다. jockey, trainer, 그리고 promoter의 헌신과 열정의 teamwork에 힘입어 기적처럼 일어서 달리고 또 달려 race의 챔피언으로 우뚝 서 미국인들에게 희망과 용기의 상징이 된 Seabiscuit의 American Dream이 줄거리다.
사진: ⓒ Universal Pictures, DreamWorks, Spyglass Entertainment, et al.

EXERCISE

Q-1 Paul Bunyan에 관한 글 또는 이야기를 처음 시작할 때 적절하지 않은 표현은 어느 것입니까?

(1) There once lived a giant lumberjack near the Great Lakes.

(2) There has been a considerable amount of research on Paul Bunyan, the legendary giant lumberjack, whose stories have been heard and read by millions of American children.

(3) The identity and the origin of Paul Bunyan have not been found out yet.

(4) When it comes to American folk tales and legends, Paul Bunyan is probably the most popular one.

[정답과 해설]

◆ 정답: (3)
◆ 해설: There ... 구문이나 주제/화제에 관심을 끄는 When it comes to ... 구문은 글이나 이야기를 시작하기에 적합하고 실제로 대단히 자주 사용됩니다. 그러나 (3)은 Paul Bunyan에 관한 어떠한 배경 정보도 제공되지 않은 상태에서 그의 특정한 "the identity and the origin"에 관한 언급이 느닷없이 (abruptly) 시작되고 있어 글/이야기의 첫 문장이 되기에 부적절합니다.

[번역]

(1) 한때 5대호 근처에 한 거인 벌목꾼이 살았다.

(2) 수백만 명의 미국 어린이들이 이야기를 듣고 읽은 전설적인 거인 벌목꾼 Paul Bunyan에 관해 상당한 양의 연구가 있어 왔다.

(3) Paul Bunyan의 정체와 기원은 아직 알려지지 않고 있다.
(4) 미국의 옛날 이야기와 전설에 관한 한 Paul Bunyan이 아마도 가장 인기있는 이야기일 것이다.

Q-2 미국의 the Ohio River Valley로부터 중서부 일대에 여행을 하면서 수많은 사과나무를 심고 씨를 퍼뜨려 거의 전설적인 인물이 된 Johnny Appleseed (John Chapman, 1774?-1845)에 관한 글을 시작하기에 적절하지 않은 문장을 고르세요.

(1) A myriad of tales have been told of a man named Johnny Appleseed to millions of American children over the past century.

(2) As a kid, you probably heard a lot of stories of Johnny Appleseed, an orchardist who is believed to have planted lots of apple trees and spread millions of apple seeds.

(3) Johnny Appleseed planted thousands of apple trees in the first half of the nineteenth century.

(4) When Americans talk about folk legends, there often appears an eccentric figure named Johnny Appleseed.

[정답과 해설]

◆ 정답: (3)
◆ 해설: (1) (2) (4)는 Johnny Appleseed에 관한 글을 그에 관한 기본적인 정보를 서서히 자연스럽게 풀기 시작하고 있는 반면, (3)은 Johnny Appleseed에 관한 갑작스러운 진술로 시작함으로써 그에 관해 들어본 적이 없는 독자들이 있음을 생각할 때, 또 그에 관해 들어본 적이 있는 독자라고 하더라도 그 독자들의 관심과 주의를 불러모으는 첫 문장이 되기에 적절하지 않습니다.

[번역]

(1) Johnny Appleseed라고 불린 한 남자에 관한 수많은 이야기들이 지난 세기에 걸쳐 수백만의 미국 어린이들에게 들려졌다.
(2) 어린아이였을 때 당신은 수많은 사과나무를 심고 수백만 개의 사과씨를 심었다고 믿어지는 Johnny Appleseed 이야기를 아마도 들었을 것이다.
(3) Johnny Appleseed는 19세기 전반기에 수천 그루의 사과나무를 심었다.
(4) 미국인들이 민속/전설들에 관해 이야기할 때는 Johnny Appleseed라는 이름의 괴상한 인물이 종종 등장한다.

Q-3 다음의 한국어 표현을 영어로 표현해 보세요.

미국 어린이들이 특히 좋아하는 전설적인 인물로 Paul Bunyan이라는 거인 벌목꾼이 있다. 그에 관해 많은 문화적 연구가 있어 왔는데, 최근의 연구는 그의 이야기들의 환경적 그리고 경제적인 의미에 더욱 초점을 맞추고 있다.

[모범 영어]

⇒ **There is** a giant lumberjack named Paul Bunyan among legendary figures that American children are especially fond of. **There have been** many cultural studies about him/**There has been** plenty of cultural research on him, but recent research focuses on the environmental and economic significance of his stories to a greater extent.

Q-4 다음의 한국어 표현을 영어로 표현해 보세요.

한때 미국 중서부에 Johnny Appleseed라는 사람이 살았다. 흔히 그는 Ohio 강기슭 연안에 수천 그루의 사과나무를 심고 수백만 개의 사과씨를 뿌렸다고 이야기되고 있다.

[모범 영어]

⇒ **There once lived** a man named Johnny Appleseed in the American Midwest. **It is commonly said** that he planted thousands of apple trees and sowed millions of apple seeds around the Ohio River Valley.
⇒ [Alternative: 대안] ... **People often say that** he planted ...
⇒ [Alternative: 대안] ... **He is commonly said to have planted** ...

SUMMARY : 말과 글을 시작하는 표현 2

(1) There is/*are/has been/have been* …
   (So far/ *Until now*) There has/*have been* a lot of/ *much/ little* research/*talk/literature/reports* on/*about* …

(2) There once lived …/ There emerged/*came/appeared* …

(3) When it comes to …, …

(4) When people/*we* talk about/ *discuss/ mention* …, …

(5) (Not) much/*Little/(Not) a (whole) lot is*/has been studied/*known/written* about/*of/on/as to* …

(6) Rumor/*Legend/Tradition/Academic consensus* has it (that) …

(7) According to …, …

(8) It is/*was* … [It: 상황의 It (Situation 'it')]

Lecture #3

이유와 원인의 표현
Expression of Reason & Cause

우리가 말을 하거나 글을 쓸 때, 어떤 진술이나 주장을 하고 나면 그 진술이나 주장을 하게 된 이유나 원인을 제시해야 합니다. 논리와 설득력을 강화하기 위해서이죠. 경험적이고 실체적인 사고방식과 문화 전통을 가진 영어권 사람들은 진술과 주장의 원인, 근거, 이유 등의 제시를 필수적으로 생각합니다. 그렇지 않으면 그 진술이나 주장이 막연하고 근거 없는 것일 뿐이기 때문입니다.

이번 Lecture #3에서는 진술이나 주장의 이유와 근거를 제시하는 영어 표현들을 공부합니다. 이유, 원인, 근거의 제시 역시 격식을 갖춘 말과 글뿐만 아니라, 일상적인 말과 글에서도 매우 자주 사용되는 표현의 테크닉이며 그 표현 방식 또한 다양합니다. 이번 Lecture에서 공부하게 될 모든 영어 표현의 형태와 스타일 그리고 그 표현이 사용되는 언어적 문맥, 뉘앙스, 격식성, 스타일에 주목해 주세요. 말 또는 글이 사용되는 인간관계와 사회적 상황과 문화적 코드에도 주목해 주십시오.

KEY EXPRESSIONS

(1) A절 + because + B절.
(2) A절 + since + B절.
(3) A절 + as + B절.
(4) Now (that) + B절, + A절.
(5) A절 + seeing/*considering* (that) + B절.
   A절 + in that + B절.
(6) A절, + for + B절.
(7) A절, + insofar as/ *inasmuch as/ forasmuch as* + B절.
(8) A절 + because of/ *due to/ on account of/ owing to/ thanks to*(*for/ of/from/with/through*)+ B.

TEACHING CLASS

 01 A절 + because + B절.

B이기 때문에 A이다./ A는 B이기 때문이다.

[설명]

이유/원인을 나타내는 기본 접속사들 중에서 <u>because</u>는 물리적, 논리적 또는 직접적인 인과 관계를 가장 뚜렷이 나타내는 접속사입니다. <u>because</u>는 비교적 격식을 갖춘 표현에 사용됩니다.

- Mt. Kilimanjaro has lost more than 80 percent of its ice cap over the last century **because** the Earth has been getting warmer.

  Kilimanjaro 산은 지구가 더워져 왔기 때문에 지난 한 세기에 걸쳐 그 산의 만년설 80% 이상을 잃어버렸다.

Mt. Kilimanjaro를 배경으로 한 아프리카 Northern Tanzania의 코끼리들이 노닐고 있는 평화로운 sunrise 시간. 그러나 지난 한 세기 동안 Mt. Kilimanjaro 위의 만년설 (ice cap)은 80% 이상이 녹아 없어졌다. 사진제공: ⓒ Sarah Brooks

02 A절 + since + B절.

B절 이니까/ B인 것을 보니 A절이다.

[설명]

 Since는 흔히 과거의 한 시점으로부터 현재까지 계속을 나타내는 시간/기간의 접속사입니다. 현대 영어에서 상황적 이유나 근거를 설명하는 가장 일상체적인 접속사의 위치를 차지하여 자주 사용됩니다. 간혹 since가 지닌 '과거로부터 현재까지 계속의 의미'를 since의 독보적인 의미로만 강조해서 since의 이유/원인의 어법으로의 사용을 금기시하는 영어의 순수파들이 있습니다. 그러나 since는 이제 교육 수준이 높은 원어민들을 포함한 원어민 절대다수가 일상적으로 가장 자주 사용하는 이유, 원인, 근거의 표현입니다.

- America's so-called Bible Belt is well named **since** the rural South and Midwest have by far the most traditional religious profile.

미국의 소위 성서 벨트 (the Bible Belt)라는 것은 시골 지역인 남부와 중서부가 단연 가장 전통적인 종교적 모습을 지니고 있기 때문에 이름이 제대로 붙여진 것이다.

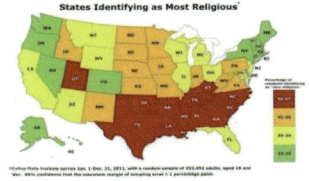

The Bible Belt(성서벨트)를 표시한 지도인데, 빨강색이 그 핵심 주들(Belt Bcukle)이다. 즉 미국 동북부에서 남쪽으로 Appalachian 산맥을 따라 남부 주들로 통한다. 서쪽으로 Rocky 산맥 지역인 Colorado, Idaho, Wyoming 쪽으로 둥근 벨트 모양이다.

South Carolina 주의 시골 Camden 외곽 풍경, 교회들의 표지판이 세워져 있다. 이 교회들의 대부분이 evangelical churches (복음 교회들)이다. 사회 문화적으로 보수적 성향을 가지고 있고 정치적으로는 미국 Republican Party (공화당)의 주요 기반이다. 사진: ⓒ 박우상 박사 (Dr. David)

03 A절 + as + B절.

B절 하/이니까/이므로 A절 하/이다.

[설명]

As는 일상적인 이유/원인의 어법으로 종종 사용됩니다. 그러나 유의할 점은 as의 가장 주된 의미인 '... 하/이듯이' (in the manner that ...)라는 방식/양태의 접속사로만 생각하면 의미 전달에 혼돈을 일으킬 수 있습니다. 문맥상 뚜렷하지 않은 경우에 as를 이유/원인의 의미로 사용하는 것이 바람직하지 않다고 보는 원어민 영어 전문가들이 제법 되며, 실제로 상당한 근거를 가진 지적입니다.

[주목] 'Because/*Since/As* + B절, + A절'의 구조로 종속절이 주절 앞에 위치할 경우, 종속절 끝에 (주절 바로 앞에) 구문의 문법적 경계를 표시하기 위해 쉼표 (comma)를 찍는 것이 writing의 정어법입니다. 다른 종속접속사들의 경우도 마찬가지입니다.

- Thanksgiving Day is the most quintessentially American holiday **as** more than 95 percent of Americans celebrate the day eating roast turkey with their family and friends.

    Thanksgiving Day는 미국인들의 95% 이상이 가족과 친구들과 함께 구운 칠면조를 먹으며 지내기 때문에/ 지내듯 가장 핵심적으로 미국적인 명절이다.

04 Now (that) + B절, + A절.

이제 B절 하/이니까 A절 하/이다.

[설명]

'Since + 절' 또는 'Considering/*Seeing* + that-절'이 나타내는 상황적 이유와, 이 진술이 이루어지는 현재/당시의 시간이 결합된 접속사입니다. '이제 ...하 / 이니/ 하는/ 인 것을 보면' 정도로 번역되며, 구어체와 비격식체에서는 that이 종종 생략됩니다. 국내 영어교육에서는 사용 빈도가 낮지만 실제 영어에서는 많이 사용됩니다.

- Well, **now that** women have more control over their lives than ever before, why don't they start proposing to us men? One doesn't have to be male to ask for dates or marriage.

자, 이제 여자들이 예전 어느 때보다도 자기 인생을 더 잘 챙기고 있으니 여자들이 저희 남자들에게 먼저 프로포즈 해보는 것이 어떨까요? 데이트나 결혼을 청하기 위해 반드시 남성이어야 할 필요는 없지요.

- **Now** winter has melted away, black bears are making their annual springtime comeback into human habitat around Colorado.

이제 겨울도 녹아 물러가니 흑곰들이 Colorado 주 여기저기 인간의 서식 지역 안으로 연례 봄 행사로 돌아오고 있다.

05

A절 + seeing/*considering* (that) + B절.
A절 + in that + B절.

B절 하는/인 것을 보면/고려하자면 A절 하/이다.
B절 한다/이라는 점에서 A절 하/이다.

[설명]

'B절 하는/인 것을 보면/고려하면 A절' (in view of the fact + that-절)이라는 의미의 분사구문에서 유래한 접속사절입니다. 문어체뿐만 아니라 구어체에서도 제법 사용되는 약간 격식을 갖춘 표현이죠. 격식성을 낮추는 경우에 that을 생략하기도 합니다. 'Seeing/*Considering* (that) …'에 비해 'in that …'은 훨씬 격식성이 높은 문어체의 구접속사입니다.

- Population projections have underestimated the number of Native Americans every year, **seeing (that)/ considering (that)/ in that** more people who used to check white now begin to identify themselves as Native Americans.

전에는 백인에 체크하던 사람들이 이제는 더 많이 자신의 정체를 미국 원주민으로 밝히기 시작하는 것을 보면, 인구 추산치는 매년 원주민의 수를 과소평가해 왔다.

South Dakota 일대에 거주해 온 Sioux Nation의 Oglala Lakota족 Native American들의 모습. The Pine Ridge Reservation에서 전통적 집단의식인 powwow에서 dancing과 drumming & chanting 을 하고 있다. 사진: ⓒ 박우상 박사 (Dr. David)

06 A절, + for + B절.

B절 하/이기 때문에 A절 하/이다.
B절 하는/인 것을 보니 A절 하/이다.

[설명]

여기에서의 for는 국내의 영어 교육에서 거의 가르치지 않는 것으로, 판단의 근거나 이유를 제시하거나 배경을 설명하는 접속사입니다. 구어체보다 격식을 갖춘 문어체적 표현에서 주로 사용합니다. 그리고 문장의 앞보다는 일단 판단이나 주장의 표현을 앞세운 후에 문장 뒤쪽에서 그 판단이나 주장의 근거를 설명하게 됩니다. 그래서 주관적이거나 상황적인 뒷생각 (afterthought)이나 정보를 추가할 때 자주 씁니다. 또 For는 이유를 나타내는 다른 접속사 (소위 종속 접속사; 예: because, since, as)와는 달리, 판단이나 주장을 한 진술 뒤에서 F를 대문자로 써서 그 근거나 이유를 설명해요. 그래서 독자적인 (For + 절로만 구성된) 특수 구문을 이끄는 경우도 많아요.

- Let's welcome controversial books and controversial authors, **for** our liberty is the guardian of our security. [John F. Kennedy, 10-29-1960]

    우리의 자유는 (곧) 우리의 안전/보안의 수호자이니 논란을 일으키는 책들과 저자들을 환영합시다.

    * 아래 예문은 위 문장의 원래의 구문 구조 (For + 절)이다.

- Let's welcome controversial books and controversial authors. **For** our liberty is the guardian of our security.

    논란을 일으키는 책들과 저자들을 환영합시다. 우리의 자유는 (곧) 우리의 안전/보안의 수호자이기 때문입니다.

07 A절, + insofar as/ *inasmuch as*/ *forasmuch as* + B절.

B절 하는/인 (정도) 만큼 / B절 하/이니까 A절.

[설명]

'정도 + 이유/원인의 의미'가 혼합된 접속사로, 매우 격식을 갖춘 학구적이고 논리적인 글이나 법률 언어에서 가끔씩 사용됩니다. '... 하는/인 정도로/한, ... 하/이기 때문에, ... 하는/인 것을 보면' (to the extent that ...; to such an extent/*degree* as ...; because/*since* ...; in view of the fact that ...)라는 의미죠. 영어권의 일상생활에서 사용 빈도는 대단히 낮습니다. 유사한 의미로 'inasmuch as + 절' 또는 'forasmuch as + 절'의 구문 역시 매우 격식을 갖춘 공식적인 글에서 이따금 사용됩니다.

[주목] 유의할 점은 표기에서 in so far as, in as much as, for as much as로 띄어 쓰는 것이 아니라, insofar as, inasmuch as, forasmuch as라고 두 낱말로 쓰는 것이 정어법입니다. 발음에 있어서도 [inˋ·sō·färˊ]로 발음하는 경우도 있지만, 흔히 [inˋ·sə·färˊ]라고 보조 강세 (secondary stress)와 주강세 (primary stress) 사이에 오는 so의 발음이 약화됩니다. Inasmuch as 역시 [inˋ·əz·muchˊ əz/azˋ]로, forasmuch as 또한 [fô/ərˋ·əz·muchˊ az/əz]로 특히 두 번째 음절의 발음이 약합니다.

- **Insofar as** the '60s are still a force in our present, we need more of them [= the '60s], not less – more civil rights, more women's rights, more gay rights, more citizens' say in government, less censorship and less hypocrisy.

  1960년대가 아직도 우리의 현재에서 하나의 세력인 만큼 우리는 60년대가 더 적게가 아니라 더 많이 필요하다 - 더욱 많은 민권, 더욱 많은 여권, 더 많은 동성애 자들의 권리, 정부에서의 더 많은 시민들의 목소리, 그리고 더 적은 검열과 더 적은 위선을 필요로 한다.

- **Inasmuch as** most good things are produced by labor, all such things of right belong to those whose labor has produced them. [Abraham Lincoln, 12-01-1847]

  좋은 것들은 대부분 근로자들에 의해 생산되기 때문에, 그러한 모든 좋은 것들은 응당 그것들을 노동해서 생산하는 사람들의 것이 되어야 한다.

08 A절 + because of/ *due to*/ *on account of*/ *owing to*/ *thanks to*(*for*/*of*/ *from*/*with*/*through*)+ B.

B 때문에/B로 인해서 A하다/이다.
B 덕분에 A하다/이다.

[설명]

이유/원인이 전치사구로 표현되는 경우들입니다. 전치사의 선택은 글 쓰는 사람의 의도/의미, 문맥, 그리고 앞 또는 뒤에 오는 어구의 용례 (usage)에 의해 결정됩니다. 이유/원인의 전치사로 가장 대표적으로 사용되는 것은 because of (사용 빈도가 단연 가장 높습니다), due to, 그리고 on account of가 있습니다. 'thanks to ...'와 'owing to ...'는 주로 그 이유/원인이 혜택이나 도움이 되는 경우에 사용되며, for는 특히 앞 또는 뒤에 reason이 올 때, of와 from은 특히 사고, 질병, 과정 등이 이유가 될 때 (특히 동사 die와 함께 쓰입니다), with는 배경이나 동시 상황적 이유를 표현할 때, through는 매개물이나 중개인 또는 수단/방식이 이유/원인으로 작용할 때 사용됩니다.

- My mother was an immigrant, and my father was the orphan son of immigrants. Neither of them had any education, and they worked at very menial tasks in our society. But **because of** opportunity and equal justice under law in America, I sit here today a United States senator. [George J. Mitchell, U.S. Senator 미연방 상원의원, 7-13-1987]

저의 어머니는 이민자이셨고 저의 아버지는 이민자들의 고아 아들이셨습니다. 제 부모님의 어느 분도 아무런 교육도 받지 못하셨고, 우리 사회에서 아주 천한 일들을 하셨습니다. 그러나 미국에서의 기회와 법 아래에서의 평등한 정의 때문에 저는 오늘 미합중국 상원의원으로서 여기 앉아 있습니다.

**[menial: 천한, 하찮은]

- Roosevelt died **of** a cerebral hemorrhage less than three months into his fourth term.

    Roosevelt (1882-1945, 미국 32대 대통령, FDR)는 네 번째 임기에 들어선 지 석 달도 안되어서 뇌출혈로 죽었다.

- Why are Americans grazing the day away? No time. **With** the demands of work, household duties, family and friends, cooking is often put on the back burner.

    왜 미국인들은 하루를 (제대로 식사하지 못하고) 우물우물 먹으면서 보내야 하는가? 시간이 없다. 직장의 요구, 집안일들, 가족과 친구들이 있으니 요리는 종종 뒷전에 놓인다.

**[put … on the back burner: 중요하지 않게 취급하다, 뒷켠에 놓다]

- Today, Colonial Williamsburg, Virginia, is the world's largest living history museum, **thanks to** John D. Rockefeller Jr., who began restoration and preservation in 1926.

    오늘날 Virginia 주 Colonial Williamsburg는 1926년에 복원과 보존 작업을 시작한 John D. Rockefeller, Jr. 덕분에 세계에서 가장 큰 살아있는 역사 박물관이다.

Colonial Williamsburg에서 식민지 당시의 복장을 한 두 소녀가 당시에 체벌(corporal punishment)의 일종으로 사용되었던 pillory에 머리와 손을 넣어 보고 있다. 사진: ⓒ 박우상 박사 (Dr. David)

Colonial Williamsburg에 재건된 노예들의 오막집 (slave quarters) 안팎을 둘러보며 노예를 재연하는 사람들과 노예들의 생활에 관해 이야기들을 듣고 있는 방문객들. 사진: ⓒ 박우상 박사 (Dr. David)

EXERCISE

Q-1 다음의 표현에서 인과 관계를 나타내기에 적절하지 않은 것은 어느 것입니까?

In the early years of the twentieth century, _____ workers had proved unable to protect themselves and employers seemed unwilling to alter prevailing conditions, social reformers argued that the state should interpose itself between workers and employers, slum dwellers and landlords, in order to protect the helpless from the powerful.

(1) provided that   (2) seeing that
(3) insofar as   (4) now that

이유와 원인의 표현 | 63

[정답과 해설]

◆ 정답: (1)
◆ 해설: (2) (3) (4)는 모두 뒤따르는 주절의 이유/원인이 되는 절이지만, (1)은 '... 한다면/라면' (on the condition or understanding that ...)이라는 조건, 가정, 전제의 절을 이끄는 문어체적인 구접속사입니다 (격식의 정도를 낮추기 위해 that이 자주 생략됩니다.).

[번역]

20세기 초에 근로자들은 스스로를 보호할 수 없음이 입증되고 고용주들은 현재의 상황을 개선할 용의가 없는 듯했기 때문에, 사회 개혁가들은 국가가 강자로부터 약자를 보호하기 위해서 근로자들과 고용주들, 빈민가 거주자들과 건물주들 사이에 개입해야 한다고 주장했다.

Q-2 다음의 표현에서 문맥상 빈칸에 들어가기에 적절하지 않은 것은 어느 것입니까?

An increasing number of men are taking on domestic roles these days, _____ the women in their lives earn more money.

(1) now that   (2) inasmuch as
(3) because   (4) so

[정답과 해설]

◆ 정답: (4)
◆ 해설: (1) (2) (3)은 모두 이유/원인을 설명하는 접속사들로 문맥에 적합하지만, so는 결과를 나타내는 대등 접속사로 이 문장의 인과 관계의 방향을 잘못 설명하는 것이 됩니다.

[번역]

요즈음 점점 더 많은 남자들이 자기의 여자들이 돈을 더 많이 벌기 때문에 가정 내의 역할을 떠맡고 있다.

Q-3 다음의 한국어 표현을 영어로 표현해 보세요.

미국은 인종, 민족, 문화, 그리고 지역적 기후와 이익의 관점에서 대단히 다양한 나라여서 미국 사회를 전체적으로 객관적이고 균형 있게 이해하는 것은 극히 힘들다.

[... 관점에서: in terms of ...; in (the) light of ...; from/in the perspective of ...] [(지)극히: extremely; exceptionally; tremendously; enormously; incredibly] [객관적인: objective] [균형 있게: in a balanced way/manner/ fashion]

[모범 영어]

⇒ **Since/ Because/ As/ Now that** the United States is such a diverse country in terms of races, ethnicities, cultures, and regional climates and interests, it is extremely difficult to understand American society as a whole in an objective and balanced manner/ way/ fashion.

인구의 절대 다수가 백인인 Wisconsin 주 Madison의 어느 광장. 전통 중국 부채춤을 추는 소녀들은 대부분 백인이다. 이제 미국 사회는 multicultural society (다문화 사회)의 대표주자다. 문화적 동화(cultural assimilation or acculturation)는, 주류사회의 일방적인 요구가 아니라 two-way street (쌍방향 거리)가 되었다. 사진: ⓒ 박우상 박사 (Dr. David)

Q-4 다음의 한국어 표현을 영어로 표현해 보세요.

미국인들은 총기 소유에 낭만적 신화들을 결부시키고 총기 자살, 살인 그리고 치명적인 사고를 서로 별개의 문제로 간주하기 때문에/간주하는 만큼, 미국의 총기 위기의 엄청난 심각성이 인식되지 못하고 지나간다.

[총기 소유: gun ownership; weapons possession] [A를 B에 결부시키다/연결하다: attach/link A to B; associate A with B] [치명적인: fatal; deadly; lethal] [별개의 문제: separate/ discrete/ isolated problems] [엄청난 심각성/정도: the enormity of ...; the enormous seriousness of ...] [인식/포착되지 않고 지나가다: go unrecognized/ unnoticed]

[모범 영어]

⇒ **Since/ Insofar as/ Inasmuch as/ Forasmuch as/ Now that** Americans attach romantic myths to gun ownership and view firearm suicides, murders, and fatal accidents as separate problems, the enormity of America's gun crisis goes unrecognized.

SUMMARY : 이유와 원인의 표현

(1) A절 + because + B절.

(2) A절 + since + B절.

(3) A절 + as + B절.

(4) Now (that) + B절, + A절.

(5) A절 + seeing/considering (that)
    A절 + in that + B절.

(6) A절, + for + B절.

(7) A절, + insofar as/ inasmuch as/ forasmuch as + B절.

(8) A절 + because of/ due to/ on account of/ owing to/ thanks to(for/ of/ from/ with/ through) + B.

Lecture #4

조건과 전제의 표현
Expression of Condition & Assumption

어떤 진술이나 주장을 통해 결론을 내릴 경우, 그것은 흔히 어떤 조건이나 전제 또는 가정 위에 성립하게 됩니다. 이건 말하기나 글쓰기 모두에 해당됩니다. 특히 경험적이고 실증적인 사고방식과 문화 전통을 가진 영어권 사람들은 말과 글에서 진술과 주장을 접할 때, 그 가정과 전제를 제시하는 것이 필수적이라고 생각합니다. 그렇지 않으면 그 진술이나 주장의 설득력이나 논리성이 약해지거나 전혀 인정할 수 없기 때문입니다.

Lecture #4에서는 진술이나 주장의 조건과 전제를 제시하는 영어 표현들을 공부합니다. 조건, 가정, 전제의 사용 역시 격식을 갖춘 말과 글뿐만 아니라, 일상적인 말과 글에서도 대단히 자주 사용되는 표현의 테크닉이며 그 표현 방식 또한 다양합니다. 이 Lecture에서도 독자들에게 부탁드리고 싶은 것이 있습니다. 공부할 모든 영어 표현의 형태와 스타일 그리고 그 표현이 사용되는 언어적 문맥, 뉘앙스, 격식성, 말 또는 글이 사용되는 인간관계와 사회적 상황, 더 나아가 문화적 코드에도 주목해 주십시오.

KEY EXPRESSIONS

(1) If + A절, (then) + B절.
　　If it is so/*true/the case*, (then) ...

(2) Unless + A절, B절.

(3) When + A절, B절.

(4) In case + A절, B절.
　　In the event that + A절, B절.
　　If it should/ *Should it happen* that + A절, B절.

(5) Once + A절, B절.

(6) Providing/*Assuming/Granting/Supposing* (that) + A절, B절.

(7) Provided/*Given* (that) + A절, B절.

(8) Suppose (that) ...
　　(Let us) assume (that) ...

(9) A절 ... on (the) condition that + B절.
　　A절 ... on/*with* the assumption/*premise/supposition/provision/proviso/stipulation* that + B절.

(10) B in case of/ *in the event of* A.
　　B절 ... on the condition/ *assumption/ premise* of A

TEACHING CLASS

01
If + A절, (then) + B절.
If it is so/*true/the case*, (then) …

A한다/이다면 B하/이다.
(그것이) 그렇다면/사실이라면, (그러면) …

[설명]

조건과 결론을 하나의 문장으로 엮는 표현입니다. 구어체와 문어체, 격식체와 비격식체 모두에서 활용되는 대표적인 표현이죠. 'If it is so/*true/the case*, (then) …'에서 it은 앞에서 언급한 진술 내용 또는 문맥상 이해되는 상황의 it입니다. so는 true/ the case라는 의미이며, 이 구문은 종종 생략형인 'If so, (then) …'로 표현되기도 합니다.

- **If** immigrants don't want to learn English and the culture of Americans, why do they come to this country?

    이민자들이 영어와 미국인들의 문화를 배우고 싶지 않다면 이 나라에 왜 옵니까?

    * 위 예문은 문화적으로 보수적이며 이민에 대해 부정적인 한 미국인의 의견.

- **If** you're invited to a Kwanzaa celebration, it's customary to wear red, black, and green (the colors of Kwanzaa).

    Kwanzaa 파티에 초대받으면 (Kwanzaa 색깔들인) 빨강색, 검은색 그리고 녹색을 입는 것이 상례이다.

[참고] Kwanzaa (or Kwanza) (Dec. 26-Jan. 1): 미국 흑인들(African-Americans)의 아프리카적 뿌리와 미국 사회의 주체적 기여를 기리는 12월 26일부터 1월 1일 간의 celebration이다. 이때 많은 미국 흑인들이 가정과 교회나 주민센터 등 지역사회에서 의식과 식사 친교 등을 나눈다. 흑인들의 정체성(black)과 역사적 희생(blood, red), 미래의 희망(green)을 되새기며 단결, 자주, 협력과 책임, 협력경제, 목표의식, 창의성, 믿음(unity, self-determination, collective work and responsibility, collective economics, purpose, creativity, and faith)라는 7 principles(원칙)을 추구한다.

미국 Milwaukee 시의 한 African-American community에서 한 여성이 미국 흑인들의 Africa적 전통을 기리는 7일간(12월 26일-1월 1일)의 명절인 Kwanzaa를 기리는 7개의 초에 불을 붙이고 있다. 사진: ⓒ 박우상 박사 (Dr. David)

- When you stare into the night sky, do you think someone – or something – is staring back? **If so**, you're not alone. Thirty percent of Americans think E.T.s exist.

  밤하늘을 들여다 볼 때에 누군가 또는 무엇인가가 등 뒤에서 (당신을) 바라보고 있다고 느끼십니까? 만일 그렇다면 당신은 혼자가 아닙니다. 미국인의 30%가 외계인들이 존재한다고 생각합니다.

**[If so, = If it is so/*true*, ⋯ = Then, ⋯] [E.T.: extraterrestrial (being): 외계인]

> **02** Unless + A절, B절.
>
> A절 하/이지 않으면 B절 하/이다.

[설명]

Unless는 '... 하지 않으면, ... 하는 상황/경우가 아니고는' (except under the circumstances that ...; if ... not ...)이라는 의미인 부정의 조건절을 이끕니다. Unless는 비격식체에서도 사용되지만, 상대적으로 격식체에서 사용 빈도가 더 높습니다.

- San Franciscans like to talk about the "real" San Francisco and brag that they never go to Fisherman's Wharf **unless** they have out-of-town guests.

  샌프랜시스코 사람들은 "진짜" 샌프랜시스코에 대해 이야기 하기를 좋아하며, 자기들은 외부에서 손님이 오지 않으면 '어부의 부두'에 절대 가는 법이 없다고 자랑한다.

* '어부의 부두'는 San Francisco 해변가에 있는 곳으로 뱃사람들이 활약했던 시절의 오랜 전통이 숨쉬는 장소다. 지금은 관광 명소로 인기를 끈다

> **03** When + A절, B절.
>
> A절 할/일 때 B절 하/이다.

[설명]

시간의 접속사 when (= at the time that ...)은 문맥에 따라서 '... 하/이면, ... 하는/인 경우에는' (in the event that ...; if ...)이라는 의미의 조건의 접속사로도 자주 쓰입니다.

- Today's divorcees are much more interested in reconstructing their own lives first. And because a divorced mom doesn't *need* to find a man, **when** she chooses to do so, she can do it on her own terms.

  오늘날의 이혼녀들은 (남자를 만나는 것보다) 우선 자기 자신의 삶을 재건하는데 훨씬 더 관심이 있다. 그리고 이혼한 엄마는 남자를 찾을 필요가 없기 때문에, 남자를 찾기로 했을 때는 그녀 자신의 식/조건대로 할 수가 있다.

04

In case + A절, B절.

In the event that + A절, B절.

If it should/ *Should it happen* that + A절, B절.

A절 하는/인 경우 B절 하/이다.
혹시 A절 하는/인 경우가 생기면 B절 하/이다.

[설명]

'... 하는/인 경우에는, ... 하는/인 경우에 대비해서'라는 의미를 가진 in case ...는 일상적인 글과 말에서 대단히 자주 사용됩니다. 반면 'in the event that ...'과 'If it should/ Should it happen that ... (혹시 ... 하는 일이 벌어지면)'은 in case ...보다 상대적으로 격식을 갖춘 표현입니다.

- **In case** you were invited or treated to a nice dinner or given a gift by someone you have not known for long, do not forget to write him or her a thank-you card.

오랫동안 알지 못했던 사람에게 근사한 저녁 식사에 초대 또는 대접을 받거나 선물을 받으면, 잊지 말고 그분에게 감사의 카드를 쓰십시오.

- Roughly 70 to 80 percent of American men would be unwilling to enlist for military service, whether to protect American interests in the Persian Gulf, or to save a third world country from falling to communism, or even to come to the aid of a democratic ally like England. In contrast, **in the event that** war breaks out on the North American continent, 73 percent of American men are willing to fight for their country.

약 70-80%의 미국 남성들은 페르시아만에서 미국의 이익을 보호하거나, 공산주의에 빠지지 않도록 제3세계 국가를 구하거나, 영국과 같은 민주 우방을 도와주러 간다고 해도 군대에 참가할 의향이 없다. 대조적으로 전쟁이 북미 대륙에서 발발한다면 73%의 미국 남자들이 국가를 위해 싸울 용의가 있다.

05 Once + A절, B절.

일단 A절 하/이면 B절 하/이다.

[설명]

'일단 (언제든) ... 하면' 또는 '할 때는 언제나' 또는 '...하면 바로 ...' (if or when ... at any time; if ever; whenever; as soon as)라는 시간과 조건을 결합한 접속사입니다. 문어체와 구어체, 격식체와 비격식체 모두 자주 사용됩니다.

- **Once** immigrant students arrive in the U.S. and learn English, they often leave their American peers in the academic dust.

  이민자 학생들은 일단 미국에 도착해서 영어를 배우면 종종 미국인 동료 학생들을 학업적인 면에서 추월해 버린다.

**[leave someone in the dust: to overtake and surpass a competitor; (경쟁에서) ...를 이기다, 제끼다]

06 Providing/Assuming/Granting/Supposing (that) + A절, B절.

A절 하/이면 B절 하/이다.

[설명]

원래 분사구문에 기원을 둔 (If we provide/assume/grant/suppose (that) ...) 준접속사입니다. 'A를 가정하면, A라는 조건이/단서가 주어지면 (on the premise/assumption that ...)'이라는 의미로 흔히 격식을 갖춘 문어체에서 사용됩니다.

- America is a nation on the go. **Providing/ Assuming/ Granting/ Supposing (that)** there is one place symbolizing that perpetual motion, it's O'Hare, a small city with the sole mission of moving people. No airport in the world is busier.

  미국은 끊임없이 움직여 가는 나라이다. 그런 영원한 이동을 상징하는 한 곳이 있다고 가정한다면 그것은 (Illinois 주 Chicago 바로 서쪽 교외의 O'Hare Airport가 있는) O'Hare로서, 사람들을 이동시키는 유일한 임무를 가진 작은 도시이다. 이 세상의 어떤 비행장도 더 바쁠 수는 없다.

> **07** Provided/*Given* (that) + A절, B절.
>
> A절 하/이면 B절 하/이다.

[설명]

'Provided (that) …'의 경우 'A라는 가정/조건/단서가 주어지면 (on the premise/*assumption* that …)'을 의미합니다. 'Given (that) …'은 '…라는 사실이 주어지면/인정되면 (If it is acknowledged that …)'이라는 의미를 갖죠. 원래 분사구문에 기원을 둔 (If it is provided/*given* that …) 준접속사들로 흔히 격식을 갖춘 문어체에서 사용됩니다.

- "I am not afraid of the utmost exercise of the powers of the government," declared President Wilson, "**provided** they are exercised with patriotism and intelligence and really in the interest of the people."

    "저는 애국적이고 총명하게 그리고 정말로 국민의 이익을 위해 행사된다면 정부 권력의 최대한의 행사를 두려워하지 않습니다," 라고 Wilson 대통령이 선언했다.

- Many of American kids are woefully out of shape. More than 40 percent of the kids get wiped out after running a mile. Student fitness scores in general are dismal, which is not surprising **given that** so many kids have become couch potatoes.

    많은 미국 아이들은 통탄할 정도로 비만이다. 아이들의 40% 이상이 1마일을 뛰고 나면 완전히 녹초가 된다. 일반적으로 학생들의 fitness 점수는 형편없는데, 너무도 많은 아이들이 (움직이지 않고 소파에 앉아 potato chips나 까먹는) couch potatoes가 되어 버렸다는 사실이 인정된다면 그것은 놀라운 일이 아니다.

학교가 끝나고 보조 운동장에서 kickball 놀이를 즐기고 있는 미국의 초등학교 5학년생들. 사진: ⓒ 박우상 박사 (Dr. David)

08 Suppose (that) ...
(Let us) assume (that) ...

...라고 가정해 보다.

[설명]

'... 라고 가정해 보다'라는 격식을 갖춘 말과 글에서 자주 사용되는 표현입니다.

[주목] 유의할 점으로, 'Suppose (that) ...' 구문은 종종 가정법 과거 구문을 사용합니다. 즉 [Suppose (that) + 주어 + 과거 시제 ...]의 형식이죠. 그러나 가정의 현실적 가능성을 상당히 긍정적으로 전제하는 경우에는 직설법이 사용됩니다.

- We see bustling 85-year-olds driving to the bridge club, running errands, visiting great-grandchildren, shopping for food. **Suppose** their children **took** the car away from their 85-year-old parents. They would practically destroy their parents' lives. They might as well be dead.

  우리는 분주하게 움직이는 85세 되신 분들이 브리지 (card game의 일종) 클럽에 차를 몰고 가거나, 잔일들을 보러 다니거나, 증손주들을 보러 가거나, 음식 쇼핑을 하는 것을 본다. 그 자식들이 85세 된 부모로부터 그 차를 빼앗아 간다고 가정해 보자. 그 자식들은 사실상 부모의 인생을 파괴할 것이다. 그 부모들은 죽는 것이 나을지도 모른다.

09 A절 ... on (the) condition that + B절.

A절 ... on/with the assumption/*premise/supposition/provision/ proviso/stipulation* that + B절.

A라는 가정/전제 하에는 B절 하/이다.
A라고 가정/전제 하면 B가 성립된다.

[설명]

'... 라는 조건하에/ 전제/가정/단서/규정이 있으면 ...'라는 의미의 표현들입니다. condition의 경우 앞에 the가 쓰이지 않는 경우가 대부분인 반면, assumption 등의 유사한 다른 명사들은 대부분의 경우 특정함을 나타내는 정관사 the를 사용합니다. 모두 기본적으로 격식을 갖춘 표현이며 premise, supposition, provision, proviso, stipulation은 교육 수준이 높은 문어체적 낱말입니다.

- From its very beginning, the American political system observed the rule of law by the majority **on the provision that** the basic rights of the minorities be also respected.

    맨 처음부터 미국 정치 체제는 소수의 기본권 또한 존중되어야 한다는 조건/규정 위에 다수에 의한 법의 통치를 준수했다.

    * on the provision that the basic rights of the minorities (should) be ….(위 예문에서 minorities와 be 사이에 should를 넣어도 되고 빼도 된다)

10 B in case of/ *in the event of* A.

B절 ... on the condition/*assumption*/*premise* of A.

A하는/인 경우 B하/이다.
A라고 가정/전제하면 B하/이다.

[설명]

'A의 경우에는 B' 또는 'A라는 조건/가정/전제 하에 B'라고 조건의 의미를 전치사구로 나타내는 표현입니다.

- Republicans are for both the man and the dollar, but **in case of** conflict the man before the dollar. [Abraham Lincoln, 4-06-1859]

    공화당 사람들은 사람과 돈을 다 지지/추구하지만, (그 둘 간에) 충돌이 있는 경우에는 돈보다 사람을 지지/추구한다.

- Teachers should use standard English in the classrooms. **In the event of** a mistake – whether written or spoken – it should be corrected immediately without crippling a child emotionally.

    선생님들은 교실에서 표준 영어를 사용해야 한다. 글로 쓰였든 말로 한 것이든 (학생 편에서) 실수가 있는 경우에는 아이를 정서적으로 불구로 만들지 않고 즉시 교정되어야 한다.

EXERCISE

Q-1 다음 문장의 빈 칸에 사용되기에 적절하지 <u>않은</u> 것은 어느 것입니까?

_____ the population of the world keeps growing at the current pace, the environment won't be able to sustain the growth of humanity any longer in the near future.

(1) Providing
(2) Supposing that
(3) Giving that
(4) In case

[정답과 해설]

◆ 정답: (3)
◆ 해설: 이 문장의 주절과 종속절의 관계를 이해하자면 종속절은 가정, 전제, 조건을, 주절은 그에 기반한 결론을 나타냅니다. 'Providing (that)/Supposing (that)/In case + 절'은 '…한다면'이라는 가정, 전제, 조건을 나타내는 접속사의 역할을 하며, 그와 같은 역할을 하는 분사형 접속사는 giving (that)이 아니라 'given (that) + 절' 또는 'given the fact that + 절'입니다. 즉 (3)은 Giving이 아니라 Given이 되어야 합니다.

[번역]

세계의 인구가 현재의 속도로 계속 증가한다면, 환경은 가까운 미래에 인류의 성장을 더 이상 지탱하지 못할 것이다.

Q-2 다음 문장의 빈 칸에 사용되기에 적절하지 <u>않은</u> 것은 어느 것입니까?

_____ patterns of immigration and natural births in America keep going on the same way, white Americans will become a minority sometime during the 2050s whereas the current racial minorities will make up the majority.

(1) Now that (2) In the event that
(3) If it should happen that (4) On the premise that

[정답과 해설]

◆ 정답: (1)
◆ 해설: 'In the event that/ If it should happen that/ On the premise that + 절' 구문은 가정/전제/조건과 결론을 연결하는 접속사구의 역할을 합니다. 그러나 'Now that + 절'은 현재의 사실을 배경 이유로 제시하는 접속사구로서, that-절의 내용을 사실로 진술하기 때문에 가정-결론의 의미 관계에 적절하지 않습니다.

[번역]
미국에서 이민과 자연 출생의 패턴이 같은 식으로 계속 간다면, 백인 미국인들은 2050년대에 언젠가 소수 인종이 될 것인 반면에 현재의 소수 인종들은 다수를 구성하게 될 것이다.

Q-3 다음의 한국어 표현을 영어로 표현해 보세요 (suppose를 사용하여).

당신이 미국을 가로질러 주간 고속도로 (Interstate Highway) 90번을 따라 Seattle에서부터 Boston까지 막 운전 여행을 떠났다고 하자. 앞으로 3일 밤낮을 쉬지않고 계속 운전하면 Boston에 도달할 것이다. 그것은 3,100 마일이나 되는 거리이다.

[미국/국가를 가로질러 하는 여행: cross-country travel] [여행을 떠나다: embark/ go/ set out on a travel] [쉬지 않고: without any break; ceaselessly; on end; around the clock; without stopping for rest] [계속 운전하다: keep (on) driving; continue to drive (without any break)] [Boston에 도달하다: arrive at/in / get to/ reach Boston] [... 만큼이나 (되는) 먼 거리: as long a distance as ...]

[모범 영어]

⇒ **Suppose** you just embarked on a cross-country travel across the United States, from Seattle to Boston, driving along Interstate Highway 90 (I-90). You'll reach/ get to Boston **if/ provided** you keep driving without any break for three days and nights. That's as long a distance as 3,100 miles (almost 5,000 kilometers)

Q-4 다음의 한국어 표현을 영어로 표현해 보세요.

토네이도가 당신의 지역에 접근해 오고 있는 경우에는 튼튼한 건물의 지하실이나 다리 아래에 피하십시오.

[Tip: ... 하는/인 경우나 사례를 조건으로 표현하므로 in case + 절 또는 in the event that + 절의 구문이 가장 적절하다.] [...에 접근하다: approach] [튼튼한 건물: a sturdy/strong building] [지하실: basement; cellar] [피하다 (몸을 보호하다): take shelter]

[모범 영어]

⇒ **In case/ In the event that/ If/ When** a tornado is approaching your area, take shelter in the basement of a sturdy building or under a bridge.

SUMMARY : 조건과 전제의 표현

(1) If + A절, (then) + B절.
　　If it is so/*true/the case*, (then) ...

(2) Unless + A절, B절.

(3) When + A절, B절.

(4) In case + A절, B절.
　　In the event that + A절, B절.
　　If it should/ *Should it happen* that + A절, B절.

(5) Once + A절, B절.

(6) Providing/*Assuming/Granting/Supposing* (that) + A절, B절.

(7) Provided/*Given* (that) + A절, B절.

(8) Suppose (that) ...
　　(Let us) assume (that) ...

(9) A절 ... on (the) condition that + B절.
　　A절 ... on/*with* the assumption/*premise/supposition/provision/ proviso/ stipulation* that + B절.

(10) B in case of/ *in the event of* A.
　　B절 ... on the condition/*assumption/premise* of A

Lecture #5

결과와 결론의 표현 1
Expression of Result & Conclusion 1

이번 Lecture #5와 다음 Lecture #6에서는 앞 문장과 뒤 문장을 원인 (cause)과 영향, 결과, 또는 결론(effect, result, consequence, or conclusion)의 논리로 연결하는 어구와 표현들을 공부합니다. 원인과 결과(영향, 효과) 또는 조건과 결론의 논리는, 어느 정도의 설득력과 비판적 사고력을 가진 말과 글에서는 대단히 자주 사용되는 표현의 테크닉입니다. 그 표현 방식들도 다양하며, 표현마다 가지고 있는 격식성의 정도에도 유의해야 합니다.

이 Lecture에서 공부하게 될 모든 영어 표현들의 형태와 스타일을 주목하기 바랍니다. 그리고 그 표현이 사용되는 언어적 문맥, 뉘앙스, 격식성, 스타일에도 주목해야 합니다. 또 말이나 글이 사용되는 인간관계와 사회문화적 코드에도 항상 주목해 줄 것을 부탁드립니다. 말을 듣거나(Listening) 글을 읽는 경우(Reading)도 마찬가지입니다.

KEY EXPRESSIONS

(1) Therefore, ...
(2) Thus, ...
(3) Hence/ Thence, ...
(4) Ergo, ...
(5) So, ...
(6) Accordingly/ Consequently, ...
(7) In accordance/ In consequence/ As a consequence/ As a result, ...
(8) Then/ If so, ...

TEACHING CLASS

01 Therefore, ...

따라서/그리하여, ...

[설명]

Therefore (따라서, 그래서, 그리하여)는 진술 A와 B간의 cause-effect 또는 condition-conclusion 관계를 나타내는 대표적인 논리적 연결어들 중의 하나입니다. 원래 'for that (reason)' (그런 이유로 해서/인해)라는 의미인 therefore는 상당한 격식성을 갖춘 문어체적 연결부사입니다. 모든 논리적 연결 부사 또는 부사어구는 바로 뒤에 (진술 B 앞에) 쉼표(comma)를 찍는 것이 정어법입니다. 그러나 논리적 연결 부사로 가장 많이 쓰이는 And와 But은 쉼표를 찍지 않습니다. (특별한 삽입어구가 바로 뒤에 따라오는 경우는 예외로 쉼표를 찍습니다)

- The American Founding Fathers sought to balance the interests of the majority and the rights of the minorities. **Therefore,** they created the House of Representatives, which would be proportional to the population of each state, and the Senate, which would be equally represented by two Senators from each state.
  미국 건국 아버지들은 다수의 이익과 소수의 권리를 균형 맞추고자 했다. 따라서 그들은 각 주의 인구와 비례할 하원과 각 주 출신 두 명의 상원의원들에 의해 동등하게 대표될 상원을 만들었다.

02 Thus, ...

그리하여, ...

[설명]

Thus 역시 진술 A와 B간의 cause-effect 또는 condition-conclusion 관계를 나타내는 논리적 연결어입니다. Therefore보다 사용 빈도가 많이 떨어지며, Therefore보다 더욱 격식을 갖춘 문어체적 표현이죠. 일상 구어체에서는 코믹 발언 같은 특별한 경우 외에 안씁니다.

[참고] Thus는 '(in) this way, in the way just indicated (이런 식으로, 방금 언급된 식으로)'라는 의미의 부사로도 자주 사용됩니다.

- George Washington led the American nation to independence at the risk of losing his own life and wealth. And he surrendered his power voluntarily at the close of his second term, at a time when he could have been a king thanks to his absolute popularity if he had wanted to. **Thus**, he is justly considered the father of the American republic.

George Washington은 자기의 목숨과 재산을 빼앗길 위험을 무릅쓰고 미국을 독립으로 이끌었다. 그리고 그는 그가 원했더라면 그의 절대적인 인기 덕택에 왕이 될 수도 있었던 시기에, 자기의 두 번째 임기가 끝났을 때 자기의 권력을 자발적으로 양도했다. 따라서 그가 미국 공화국의 아버지라고 여겨지는 것은 당연하다.

A portrait of George Washington. Portrait original: Gilbert Stuart; Lithograph: Pendleton's; 사진 제공: the Library of U.S. Congress

03 Hence/ Thence, ...

그리하여, ...

[설명]

진술 A와 B의 인과관계를 나타내는 표현 중에 가장 격식을 갖춘 대단히 문어체적인 연결부사들입니다. 일상 구어체에서는 잘 사용되지 않습니다.

결과와 결론의 표현 1 | 87

[주목] 각별히 유의할 점으로, Hence는 뒤에 완전한 문장 구조를 취하지 않고 명사어구만 취하는 경우들이 대부분입니다. 또 semi-colon(;), colon(:), 또는 dash(-) 뒤에서 앞에 온 진술의 결과나 결론을 추가하는 어법으로도 자주 사용됩니다. 이 외에 Hence는 바로 뒤에 comma를 찍지 않는 경우들이 매우 많습니다. Thence는 Hence보다도 더 격식적이며 고어체적이어서 현대영어에서 사용 빈도가 더 더욱 떨어집니다.

- Prior to Thomas Jefferson, American politics had been dominated by the power elite – the wealthy and educated few. Then emerged Thomas Jefferson, who spoke for the average farmers and artisans for the first time and won the presidential election in 1800. **Hence,** (his election is called) 'the Revolution of 1800.'

Thomas Jefferson 이전에는 미국 정치는 부유하고 교육받은 소수인 권력 엘리트들에 의해 장악되어 왔었다. 그런 다음에 Thomas Jefferson이 등장하여 처음으로 평범한 농부들과 장인들을 옹호하고는 1800년에 대통령에 당선되었다. 그리하여 (그의 당선이) '1800년의 혁명' (이라고 불리는 것이다).

Thomas Jefferson(1743-1826)은 정치,경제적 민주주의의 이상을 추구하는 미국을 가장 잘 대표한 정치 지도자이자 사상가로 꼽힌다. 인간의 존엄과 평등을 선언하면서도, 자신은 노예들을 소유하는 등 자기 모순과 한계를 보였다. Portrait original: Gilbert Stuart; Lithograph: Pendleton's; 사진 제공: the Library of U.S. Congress

04 Ergo, ...

그래서/따라서, ...

[설명]

Ergo [ûrʹ·gō; erʹ·gō]는 앞에 온 진술의 논리적 결론을 표현하는 부사입니다. Hence처럼 사용 빈도는 상당히 낮습니다. 그러나 대단히 격식적인 문어체인 Hence와 달리, Ergo는 상대적으로 구어체에서 보다 자주 사용됩니다.

[주목] Hence처럼 뒤에 완전한 문장 대신에 명사어구가 따르는 경우가 아주 흔합니다.

- In the 1820s and 1830s, Andrew Jackson made American democracy truly popular, exciting and engaging ordinary people in politics. **Ergo,** the term 'Jacksonian Democracy.' [Ergo, (there appeared) the term 'Jacksonian Democracy.'/ Ergo, the term 'Jacksonian Democracy' came into being.]

  1820년대와 1830년대에 Andrew Jackson은 평범한 사람들을 신나게 만들어 정치에 참여시키면서 미국 민주주의를 진정으로 대중적으로 만들었다. 그러므로 'Jackson의 민주주의'라는 용어(가 생겨나게 된 것이다).

05 So, ...

그래서, ...

[설명]

인과 관계를 나타내는 논리적 연결어 중 가장 대표적이죠. 격식성을 갖출 필요가 없는 일상적인 글과 대화에서 많이 사용됩니다.

- Abraham Lincoln grew up poor and hardworking. He earned the highest place in American politics as an honest lawyer and sincere statesman. He pulled the American nation through its most tragic years with his overarching leadership. **So,** he still remains the most respected president ever.

    Abraham Lincoln은 가난했지만 열심히 일하면서 자랐다. 그는 정직한 변호사와 성실한 정치인으로서 미국 정치에서 가장 높은 지위를 차지했다. 그는 그의 탁월한 리더쉽으로 가장 비극적인 몇 해 동안 미국을 이끌었다. 그래서 그는 언제나 가장 존경받는 대통령으로 여전히 남아있다.

- Rudy: My father hated lawyers all his life. But I've wanted to be a lawyer ever since I read about the civil rights lawyers in the fifties and sixties. They gave lawyers a good name. **And** so I went to law school. [The Rainmaker (1997 film)]

    Rudy: 나의 아버지는 일생 내내 변호사들을 미워했지. 그러나 난 1950년대와 60년대의 민권 변호사들에 관해 읽은 이후로 줄곧 변호사가 되길 원해 왔어. 그 민권 변호사들은 변호사들의 이름을 빛냈지. 그래서 내가 법대에 간 거야.

06 Accordingly/ Consequently, ...

그리하여/따라서, ...

[설명]

인과 관계를 나타내는 논리적 연결어 중에 (Hence보다는 격식성의 정도가 상대적으로 낮지만) 상당한 격식성을 갖춘 글과 말에서 선호되는 연결 부사들입니다.

- Theodore Roosevelt reformed American politics and society, tamed big businesses, regulated American industries, and expanded American power overseas "speaking softly and carrying a big stick." **Accordingly/ Consequently,** he is considered the first modern American president.

    Theodore Roosevelt는 미국 정치와 사회를 개혁하고, 대기업들을 길들이고, 미국의 산업들을 규제하고, "부드럽게 이야기하며 큰 몽둥이를 들고 다니면서" 미국의 힘을 해외로 확장시켰다. 따라서 그는 미국의 최초의 현대적인 대통령으로 간주된다.

07 In accordance/ In consequence/ As a consequence/ As a result, ...

따라서/그리하여/그로 인해/그 결과로 ...

[설명]

이 표현들 중에서는 In accordance, In consequence 그리고 As a consequence는 비교적 격식성을 갖춘 문어체적 표현입니다. 대조적으로 As a result는 (기본적으로는 문어체적이지만) 문어체와 구어체에 모두 자주 사용되는 일상적인 표현입니다. 참고로 result의 경우에는 In result라는 표현은 사용하지 않습니다.

- In 1977, Alex Haley's television series Roots stirred African-Americans' quest for their Southern heritage. Partly **as a result,** for nearly a generation, more black Americans have moved to the South than have left.

    1977년에 앨릭스 헤일리의 텔레비젼 연재물인 〈Roots〉는 미국 흑인들이 남부의 뿌리를 찾고자 하는 열기를 불러 일으켰다. 일부 그 한 결과로 거의 한 세대 동안 남부를 떠난 것 (흑인들)보다 더 많은 미국 흑인들이 남부로 이사를 했다.

    * 이 예문에서 than은 접속사가 아니라 관계 대명사로 뒤따르는 관계사절인 have left의 주어의 역할을 하고 있다.

**[stir: 타동. 휘젓다, 동요시키다] [quest: 명. 추구] [heritage: 명. 유산] [generation: 명. 세대]

[배경] 〈Roots〉는 18세기 중기에 아프리카로부터 잡혀와 미국 남부에서 노예가 된 Kunta Kinte와 그 후손들의 삶의 애환을 그린 소설이다. 미국의 흑인 전기 작가 Alex Haley(1921-1992)는 〈Roots〉에서 흑인들의 인간적 존엄과 미국 사회와 역사에의 기여를 생생하게 묘사하고 있다.

흑인 노예 무역의 중요한 항구 중 하나였던 Maryland 주 Annapolis 시의 대서양 부둣가에 세워진 Kunta Kinte-Alex Haley 기념비. Haley가 흑인 아이들에게 Kunta Kinte의 이야기를 담은 자신의 책 〈Roots〉의 내용을 들려주고 있는 모습이다. 사진 제공: ⓒ Vicky & Ken Foreman

- Franklin Roosevelt was an elite man in wealth and education, yet he showed tremendous compassion for "the forgotten man at the bottom of the economic pyramid." **In accordance/ In consequence/ As a consequence/ As a result,** he was so popular as to be elected president four times.

  Franklin Roosevelt는 부와 교육 면에서는 엘리트였지만 "경제 피라미드의 맨바닥에서 잊혀진 사람"에 대해 엄청난 동정심을 보였다. 그 결과 그는 네 번이나 대통령으로 선출될 만큼 인기가 있었다.

President Franklin Delano Roosevelt in the first year of his presidency(1933). 사진 제공: the Library of U.S. Congress

08 Then/ If so, ...

그러면/그렇다면 ...

[설명]

조건을 나타내는 진술 A와 결론을 나타내는 진술 B를 논리적으로 연결하는 어구입니다. 둘 다 문어체와 구어체에서 매우 자주 사용됩니다. 여기서 then은 'in that case; as a consequence; in those circumstances' (그런 경우에는, 그 결과)라는 의미이며, 'If A, then B.'의 구문으로도 자주 사용됩니다. If so는 'If (it/*that* is) so,' 'If it/*that* is the case/*true*' (그것이) 그러하다면, 그런 경우라면, 그것이 사실이라면'이라는 의미입니다.

- The Kennedy brothers were born into an exceptionally wealthy and privileged family. **Then/ If so,** thought Joe Kennedy, the big daddy of the Kennedy family, his sons had a social obligation to serve the public.

    Kennedy 가문의 형제들은 남달리 부유하고 특권이 있는 가정에서 태어났다. Kennedy 가문의 큰 아버지인 Joe Kennedy는 그렇다면 자기 아이들이 공공에게 봉사할 사회적 책임이 있다고 생각했다.

EXERCISE

Q-1 다음의 표현들 중에 앞 문장과 뒤 문장의 연결을 논리적인 인과 관계로 표현하기에 적절하지 <u>않은</u> 것은 어느 것입니까?

(1) In the mid-1960s, Americans were astounded to find extreme poverty, ill health, and poor education in their midst. **Thus**, they declared a 'war on poverty' under the government policy of Lyndon Johnson billed as 'the Great Society.'

(2) When Harry Truman took over the presidency upon the death of Franklin Roosevelt in office in 1945, his lack of a college education came to be revealed to the public. **In result**, initially, most American voters looked down on him as the leader of their nation.

(3) The Watergate Scandal of Richard Nixon tarnished his achievements in domestic and foreign policy once and for all. **Consequently**, he was forced to resign in infamy.

(4) The terrorist attacks of 9/11 in 2001 steered the American political atmosphere in a decisively conservative direction. **In accordance,** the tragic, heart-rending events actually gave a tremendous boost to the precarious leadership of George W. Bush, a conservative Republican president.

[정답과 해설]

- 정답: (2) [In result, ... → As a result, ...]
- 해설: 떤 원인의 한 결과를 표현할 때에 As a result, ...가 정어법이지, In consequence, ... 또는 In accordance, ... 형에 맞춰서 In result, ...라고 하지 않습니다.

[번역]

(1) 1960년대 중반에 미국인들은 자기들 가운데 극심한 빈곤, 나쁜 건강, 그리고 형편없는 교육을 발견하고 크게 놀랐다. 그리하여 그들은 '위대한 사회'(the Great Society)라고 홍보된 Lyndon Johnson의 정부 정책하에 '빈곤과의 전쟁'을 선언했다.

(2) Harry Truman이 Franklin Roosevelt가 1945년에 재임 중 사망하면서 대통령직을 인수했을 때 그가 대학 교육을 받지 않은 것이 대중에게 드러나게 되었다. 그 결과 처음에 대부분의 미국 유권자들은 그를 국가의 지도자로서 얕잡아 보았다.

(3) Richard Nixon의 Watergate 스캔들(1972-74)은 국내와 국외 정책에서의 그의 업적들을 완전히 더럽혔다. 그리하여 그는 불명예 속에 사임하지 않으면 안되었다.

(4) 2001년의 9/11 테러 공격은 미국의 정치 분위기를 결정적으로 보수적인 방향으로 돌려놓았다. 따라서 그 비극적이고 가슴을 찢는 사건들은 실은 보수 공화당 대통령인 George W. Bush의 위태 위태한 지도력을 엄청나게 지원해 준 것이 되었다.

Q-2 다음 보기의 문장과 뒤 문장의 연결이 원인-결과 또는 조건/이유-결론의 자연스러운 연결이 되지 않는 것은 어느 것입니까?

Lincoln overcame an incredible amount of personal hardship on one hand and pulled the American nation through its most tragic and catastrophic crisis on the other.

(1) **Ergo**, Lincoln, the greatest American president of all time.

(2) **Hence** the most respected American president ever.

(3) **As a consequence**, he is still considered the most respectable president by far in American presidential history.

(4) **Nonetheless**, he is usually voted simply the best of all American presidents.

[정답과 해설]
- 정답: (4)
- 해설: (1) (2) (3) 모두가 원인/이유가 되는 앞의 진술에 따르는 결과/결론을 이끄는 논리적 연결어들로 이끌리고 있는 반

면에, (4) Nonetheless, …는 '그럼에도 불구하고'라는 의미로 앞에 온 진술을 인정하면서도 반박/번복하는 논리적 연결어이므로 이 두 문장의 논리적 관계를 자연스럽게 표현하지 못합니다.

[번역]

Lincoln은 한편으로는 믿을 수 없을 만큼의 개인적인 역경을 극복하고, 다른 한편으로는 미국을 가장 비극적이고 파국적인 위기로부터 이끌어냈다.

(1) 그러므로 전 시대에 걸쳐 가장 훌륭한 미국 대통령 Lincoln이란 것이다.
(2) 그리하여 그 어느 때고 가장 존경받는 대통령이다.
(3) 그 결과 미국 대통령 역사상 단연 가장 존경할 만한 대통령으로 간주된다.
(4) 그럼에도 불구하고 그는 흔히 전 미국 대통령들 중에 단연 최고의 대통령으로 뽑힌다.

Q-3 다음의 한국어 표현을 Hence를 사용하여 영어로 표현해 보세요.

그의 대학 교육의 결여에도 불구하고 Harry Truman은 냉전과 극보수의 정치 풍경을 헤치며 탁월한 지도력을 보여 주었다. 그리하여 그는 '위대한 보통 사람'이라는 별명이 붙여졌다.

[모범 영어]

⇒ Despite his lack of a college education, Harry Truman demonstrated outstanding leadership through the Cold War and the ultra-conservative political landscape. (1) **Hence** his nickname/moniker 'the Great Common Man.'

(2) ... political landscape; (or : or -) **hence** his nickname/ moniker 'the Great Common Man.'

(3) **Hence** he came to be nicknamed/dubbed 'the Great Common Man.'

[주목] Hence ... 구문은 문맥상 뚜렷이 이해되는 부분을 매우 자주 생략합니다.

Q-4 다음의 한국어 표현을 영어로 표현해 보세요.

Ronald Reagan은 매력적인 몸매와 능숙한 언변을 지녔다. 그래서 그는 미국인들의 다수에게 사랑을 받으며 '위대한 의사소통자'라고 불렸다.

[매력적인: attractive; gorgeous; handsome; good-looking; sleek (미끈하게 빠진)] [몸매: physique; physical/bodily shape/ style] [능숙한 언변: a glib/ an eloquent tongue; a fluent/ an eloquent speaker/talker] [다수: a/the majority of ...]

[모범 영어]

⇒ Ronald Reagan had both an attractive physique and a glib tongue. **Therefore/ Thus/ As a result/ In consequence**, he was loved by the great/vast majority of American people and called/ dubbed/ nicknamed 'the Great Communicator.'

SUMMARY : 결과와 결론의 표현

(1) Therefore, …

(2) Thus, …

(3) Hence/Thence, …

(4) Ergo, …

(5) So, …

(6) Accordingly/ Consequently, …

(7) In accordance/ In consequence/ As a consequence/ As a result, …

(8) Then/If so, …

Lecture #6
결과와 결론의 표현 2
Expressions of Result & Conclusion 2

이번 Lecture #6에서는 앞의 Lecture #5에 이어 앞 문장과 뒤 문장을 원인(cause)과 결과, 효과, 영향, 또는 결론(result, effect, consequence, or conclusion)의 논리로 연결하는 어구와 표현들을 계속 공부합니다.

 KEY EXPRESSIONS

(1) A(n) result/*consequence/effect/outcome* (of A) is B/(that) ...
A logical/*natural* conclusion/*corollary/outcome/consequence* (of A) is B/(that) ...

(2) A means/*indicates/shows/suggests/proves/supports* B/ (the point/*view/argument/fact*) that ...

(3) A results in/ *leads to/ translates into* B.

(4) A gives/*lends/adds* credit/*credence/credibility* to B (the point/*view/argument/fact*) that ...
A bears witness to B (the point/*view/argument/fact*) that ...
A speaks volumes for B (the point/*view/argument/fact*) that ...

TEACHING CLASS

01 A(n) result/*consequence*/*effect*/*outcome* (of A) is B/(that) ...

A logical/*natural* conclusion/*corollary*/*outcome*/*consequence* (of A) is B/(that) ...

A의 결과/영향/효과는 B(라는 것)이다.
A의 논리적 결론/자연적인 결과는 B(라는 것)이다.

[설명]

앞에 오는 진술 A와 뒤따르는 진술 B의 원인-결과/영향/효과의 논리적 관계를 나타내는 기본적인 표현입니다. B가 that-절인 경우, 구어체 또는 비격식 문어체에서 접속사 that이 생략되기도 합니다. 하지만 어느 정도의 격식을 갖추는 경우, 글에서든 말에서든 that을 생략하지 않는 것이 정어법입니다.

- Efforts to protect the environment have so far been led by a few industrialized nations and environmental organizations. **A result of** that conventional approach to environmental protection is the limited efficacy of those efforts/ **that** those efforts have been very limited in their efficacy.

  환경을 보호하고자 하는 노력들은 지금까지 몇몇 선진국들과 환경보호 기구들에 의해 주도되어 왔다. 환경 보호에 대한 종래의 접근 방식의 결과는 그 노력들의 제한된 효율성이다/ 그 노력들이 효율성에 있어서 대단히 제한되어 왔다는 것이다.

- Environmental protection often remains a lofty ideal that can be prohibitively costly for developing and underdeveloped countries. **A natural outcome of** the cost of environmental protection is their inability to pursue the noble dream even though it is their responsibility too as members of humankind. / ... **is that** they cannot afford to pursue the noble dream even though it is their responsibility too as members of humankind.

환경 보호는 종종 개발도상국들과 저개발국가들에게는 엄두도 못 낼 정도로 (거의 불가능할 정도로) 비쌀 수 있는 고상한 이상으로 남아 있다. 환경 보호 비용의 당연한 결과는 환경 보호가 그 국가들이 인류의 구성원들로서의 자기들 책임이기도 함에도 불구하고 그 숭고한 꿈을 추구할 수 없다는 것이다.

미국의 한 kindergarten 학급 아동들이 Earth Day (4월 22일)에 한 nature center (자연 보호 구역)에 field trip을 가서 ant hill (개미 언덕)의 생태계를 관찰하며 공부하고 있다. 사진: ⓒ 박우상 박사 (Dr. David)

미국 Wisconsin 주 Madison의 한 서점에서 한 시각 장애인 시인이 자신이 쓴 시를 낭송하고 있다. 호랑이의 멸종 위기와 환경 보호의 절박성에 관한 대중적 의식을 고양하는 내용의 시다. 사진: ⓒ 박우상 박사 (Dr. David)

02 A means/*indicates/shows/suggests/proves/supports* B/ (the point/ view/argument/fact) that ...

A는 B(라는 것)을 뜻한다/ 가리킨다/ 보여준다/ 시사한다/ 입증한다/ 지지한다.

[설명]

A와 B의 순접의 논리적 연결을 나타내는 대표적인 표현들입니다. 진술 B가 that-절로 표현되는 경우에 말이나 비격식체의 글에서는 접속사 that이 종종 생략됩니다. 보다 격식을 갖추거나 교육 수준이 높은 글과 말에서는 strengthen, reinforce (강화/보강하다); affirm, confirm, verify (확인하다); evidence (입증하다); signify (의미하다); corroborate, substantiate (지지하다); illustrate, exemplify (예시/예증하다); highlight, stress, emphasize, accentuate (강조하다) 등의 동사들이 사용되기도 합니다.

- Many developing countries have been reluctant to follow the leadership of industrialized countries in strengthening environmental regulations and innovating eco-friendly technologies. These divided perspectives and interests between developed and less developed nations **suggest** the difficulty of achieving a united front against environmental degradation/ ... **suggest that** it is difficult to achieve a united front against environmental degradation.

  많은 개발도상국들은 환경 규제를 강화하고 친환경적인 기술을 혁신하는데 있어 선진 산업국들의 리더쉽을 따르길 주저해 왔다.

개발국들과 덜 개발된 국가들 간의 이러한 다른 관점과 이익은 환경의 악화를 막기 위한 연합 전선을 형성하는 어려움을 / 연합 전선을 형성하는 것이 어렵다는 것을 시사한다.

03 A results in/ leads to/ translates into B.

A가/는 B로 결과한다/ B에 이른다/ B를 의미한다.

[설명]

이 표현들도 A와 B의 순접의 논리적 연결을 나타내는 대표적인 표현입니다. Result in과 lead to는 말과 글에서 일상적으로 자주 사용되며, translate into는 교육 수준이 높은 표현입니다.

- Developing countries often resist environmental regulations enforced or proposed by developed countries. This lack of unified viewpoints and concerted actions frequently **translates into** the inefficiency of global endeavors to curb pollution and promote conservation.

    개발도상국들은 선진국들에 의해 시행되거나 제안되는 환경 규제들을 종종 거부한다. 통일된 관점과 일치된 행동의 이러한 결여는 흔히 오염을 억제하고 (환경, 자원, 에너지 등의) 보존을 증진시키려는 국제적 노력들의 비효율성을 의미한다.

04 A gives/*lends/adds* credit/*credence/credibility* to B (the point/*view/argument/fact*) that ...
A bears witness to B (the point/*view/argument/fact*) that ...
A speaks volumes for B (the point/*view/argument/fact*) that ...

A는 B에 신빙성을 더하다/입증하다/크게 지지하다.

[설명]

A가 근거, 자료, 증거, 예 등이 되어 B를 지지하거나 입증하는 관계를 나타내는 표현들입니다. gives credit/*credence/credibility* to ...와 bears witness to ...는 비교적 격식을 갖춘 표현이고, speaks volumes for ...는 일상체적인 표현입니다.

- Advanced economies such as the United States and industrializing countries such as China look at global environmental issues from different perspectives. Their different economic self-interests **speak volumes for** an urgent need for a new awareness of the people of the world as global citizens that transcends the interests of individual persons and countries with regard to environmental issues.

  미국과 같은 선진 경제 국가들과 중국과 같이 산업화 과정에 있는 국가들은 지구 전체의 환경적 이슈들을 서로 다른 관점에서 본다. 그들의 서로 다른 경제적 이해 관계는 환경 이슈와 관련해 개인들과 개별 국가들의 이익을 초월하는 국제시민으로서의 세계인들의 새로운 인식이 절실히 필요함을 말해 준다.

- A couple of major obstacles to environmental protection have generally been the relatively high costs and low efficiencies of eco-friendly policies and products. These problems **bear witness to** the sore need for closer cooperation among governments, non-governmental organizations, corporations, and civic groups around the world than ever before.

환경 보호에 대한 몇몇 주된 장애물은 주로 친환경적인 정책들과 제품들의 상대적으로 높은 비용과 낮은 효율성이었다. 이 문제들은 전 세계의 정부들, 비정부기구들, 기업들, 그리고 시민 단체들 간의 더욱 긴밀한 협력이 그 어느 때보다도 절실히 필요하다는 것을 입증한다.

EXERCISE

Q-1 다음의 문장으로부터 자연스럽게 인과 관계를 표현하지 않는 문장은 어느 것입니까?

In efforts to protect Mother Earth, there are huge challenges to overcome such as the costliness of eco-friendly choices and the divided interests of industrialized nations and developing countries.

(1) Such harsh realities **add creditability to** a call for a new consciousness of the people of the world as global citizens and consumers that invites them to look beyond their personal horizons and national borders in their dealing with global environmental issues.

(2) The situation all too often **translates into** cases where less well-off individuals and countries avoid pro-environmental products and technologies.

(3) Such adversities **contradict the view that** the world should look at pollution, global warming, and energy and natural resources from a truly global standpoint and in terms of their collective survival and shared duty for the future of all humanity.

(4) **A logical corollary of** such obstacles to environmental protection **is that** people and nations of the world should look at environmental issues as urgent and collective imperatives that transcend their personal pocketbooks and national borders.

[정답과 해설]

- ◆ 정답: (3)
- ◆ 해설: (3)은 기본적으로 'A contradicts B.'의 구조로 A와 B가 자연스러운 논리적 관계가 아니라 서로 모순/ 반대되는 관계임을 나타냅니다.

[번역]

어머니인 지구를 보호하기 위한 노력에는 친환경적인 선택의 높은 비용과 선진국들과 개발도상국가들의 분열된 이익과 같은 극복해야 할 큰 과제들이 있다.

(1) 그러한 냉혹한 현실은 지구의 환경 이슈들을 다루는데 있어서, 세계 사람으로 하여금 그들의 개인적 지평과 국경을 넘어서 보도록 요구하는 세계의 시민이자 소비자로서 새로운 인식이 필요하다고 보는 입장에 신빙성을 더해 준다.

(2) 그러한 상황은 너무 자주 부유하지 못한 개인들과 국가들이 친환경적인 제품들과 기술들을 회피하는 경우를 의미한다.
(3) 그런 역경들은 세계가 오염, 지구온난화 그리고 에너지와 천연자원들을 진정으로 세계적 관점에서, 그리고 그들의 집단 생존과 모든 인류의 미래를 위한 공유된 의무라는 견지에서 보아야만 한다는 견해와 모순된다.
(4) 환경 보호에 있어 그런 장애물들의 논리적인 결론은, 세계 사람들과 국가들이 환경의 이슈들을 개인의 지갑 (주머니 사정)과 국경을 초월하는 절박하고 공동적인 절대 명제로 보아야 한다는 것이다.

Q-2 다음의 문장으로부터 자연스럽게 인과 관계를 표현하지 <u>않는</u> 문장은 어느 것입니까?

The prices of alternative energy have been declining and its efficiency has been increasing at a very slow pace.

(1) Many advocates of environmental protection and environmentally conscious consumers have been patronizing more expensive eco-friendly products **still the same.**
(2) The relatively higher prices and lower efficiency of alternative energy usually **result in** most consumers' reluctance to give alternative energy a chance.
(3) The high costs and low efficiency of eco-friendly technologies **speak volumes for** the lack of financial viability of most sources of alternative energy.
(4) Those obstacles to the effective development and widespread use of eco-friendly technologies **bear witness to** the urgent need

for vigorous public support in many forms, including government subsidies, tax incentives, and the relaxation of antitrust and relevant laws.

[정답과 해설]

- ◆ 정답: (1)
- ◆ 해설: (2) (3) (4)는 앞의 진술 내용이 뒤따르는 진술 내용으로 자연스럽고 논리적으로 연결되는 반면에 (1)에서는 still/*just/all* the same이 '그럼에도 불구하고, 여전히' (nonetheless, nevertheless, in spite of/*despite* that)이라는 의미로 앞의 진술을 부정/번복하는 기능을 합니다.

[번역]

대체에너지의 가격은 아주 느린 속도로 하락해 왔고, 효율성은 아주 느린 속도로 증가해 왔다.

(1) 환경 보호의 많은 옹호자들과 환경적인 의식이 있는 소비자들은 그럼에도 불구하고 더 비싼 친환경 제품들을 후원해 오고 있다.
(2) 대체에너지의 그러한 상대적으로 높은 가격과 낮은 효율성은 흔히 대부분의 소비자들이 대체연료에 기회를 주는 것을 꺼리게 하는 결과를 낳는다.
(3) 친환경적인 기술의 높은 비용과 낮은 효율성은 대체 에너지원 대부분의 재정적 승산의 부재를 잘 설명해 준다.
(4) 친환경적인 기술의 효과적인 개발과 광범위한 사용에 대한 그러한 장벽들은 정부의 재정 지원, 세금 혜택 그리고 독점금지법과 관련된 법률의 완화를 포함한 많은 형태로 적극적인 공적 지원이 절실히 필요하다는 것을 여실히 입증해 준다.

Q-3 다음의 한국어 표현을 영어로 표현해 보세요.

대부분의 소비자들은 자신들이 환경 보호의 지지자들이라고 믿으면서도 실은 플라스틱과 병을 사용한 보기 좋은 포장을 선택한다. 그들의 순간적인 판단의 착오와 풍부한 소비는 자연히 끊임없는 쓰레기 투기와 환경 오염에 이르게 한다.

[선택하다: choose, select, go for/with] [지지자: supporter, proponent, advocate, friend, ally] [실은: actually, as a matter of fact, in fact] [포장: packaging, wrapping] [판단의 착오: lapse of judgment] [풍부한 소비: abundant consumption; (지나치고 흥청망청 쓰는 어감) lavish/ sumptuous consumption] [쓰레기 투기: dumping of trash/garbage] [환경 오염: environmental pollution] [...에 이르다/결과하다: result in/ lead to/ translate into ...]

[모범 영어]

⇒ Most consumers actually go for lots of good-looking packaging using plastics and bottles even though they believe that they are supporters of environmental protection. Their momentary lapses of judgment and indulgence in lavish consumption naturally **result in/ lead to/ translate into** their endless dumping of trash and environmental pollution.

Q-4 다음의 한국어 표현을 영어로 표현해 보세요.

산업혁명 이래로 온실가스가 지구의 하층 대기에서 점차적으로 증가해 왔다. 온실 효과라고 불리는 그 자연 과정의 한 결과가 지구 온난화이다.

[모범 영어]

⇒ Greenhouse gases have been increasing gradually in the Earth's lower atmosphere since the Industrial Revolution. **One of the consequences of/ A result/ A corollary of** the natural process called the greenhouse effect is global warming.

SUMMARY : 결과와 결론의 표현 2

(1) A(n) result/*consequence/effect/outcome* (of A) is B/(that) ...

A logical/*natural* conclusion/*corollary/outcome/consequence* (of A) is B/(that) ...

(2) A means/*indicates/shows/suggests/proves/supports* B/ (the point/ *view/argument/fact*) that ...

(3) A results in/ *leads to/ translates into* B.

(4) A gives/*lends/adds* credit/*credence/credibility* to B (the point/ *view/argument/fact*) that ...

A bears witness to B (the point/*view/argument/fact*) that ...

A speaks volumes for B (the point/*view/argument/fact*) that ...

Lecture #7

부정과 반전의 표현
Expression of Denial & Reversal

우리가 말을 하거나 글을 쓸 때에 앞에 한 설명을 부정하거나, 번복하거나, 이의를 제기하거나, 대폭 수정하는 경우가 자주 있습니다. 이번 Lecture #7에서는 그렇게 앞의 진술을 부정 또는 번복하거나, 논리의 흐름에 반전을 가하거나, 앞에 묘사한 의견이나 입장에 이의를 제기하거나, 대폭 수정하는 영어 표현들을 공부합니다. 부정, 번복, 반전, 대폭 수정 역시 격식을 갖춘 말과 글뿐만 아니라, 일상적인 말과 글에서도 대단히 자주 사용되는 표현의 테크닉이며 표현 방식 또한 다양합니다.

이번 Lecture에서도 공부할 모든 영어 표현들의 형태와 스타일에 주목해 주십시오, 그리고 그 표현이 사용되는 언어적 문맥, 뉘앙스, 격식성, 스타일에도 말입니다. 그뿐 아니라 말 또는 글이 사용되는 인간관계와 사회문화적 코드에도 주목해 주시기 바랍니다.

KEY EXPRESSIONS

(1) However, ... / ..., however, ... / ..., however. / ..., though, ... / ..., though.

(2) Yet, ... / Still, ...

(3) Nevertheless, ... / Nonetheless, ... / Notwithstanding, ...

(4) In spite of ..., ... / Despite ..., ...

(5) In fact/truth, ... / As a matter of fact, ... / Actually, ...

(6) But ...

(7) ... just/all/still the same.

TEACHING CLASS

01 However, ... / ..., however, ... / ..., however. / ..., though, ... / ..., though.

그러나/하지만 ...

[설명]

However는 앞의 진술을 부정, 번복, 또는 대폭으로 수정하는 논리적 연결어의 대표적인 표현 중의 하나입니다. 격식을 갖춘 문어체적 어감을 주죠. 그리고 however의 위치는 문장 앞, 중간, 끝 등 어디에든 사용될 수 있으나 문장 맨 앞에서 가장 많이 사용됩니다.

Though는 however에 비해 격식성이 낮아 대화체에서 주로 사용됩니다. 또 however와 달리 문장 맨 앞에서는 사용될 수 없고, 문장 중간에 사용될 수는 있으나 대부분의 경우 문장 끝에 사용됩니다. Though가 문장 맨 앞에 사용되는 경우에 원어민은 그 Though를 바로 기계적으로 '...할/일지라도' (although/ *even though*)라는 양보의 접속사로 인식하기 때문입니다. 그리고 However와 though 모두 문장 내에서는 comma를 찍어 구분해줘야 합니다.

- New York City is well known as the epitome of capitalism, which implies conservatism and callousness to many people. **However**, the city has been quite liberal and warm-hearted through much of its modern history.
  [(X) **Though**, the city ... has been ...]

- New York City is ... The city, **however/though**, has been quite liberal and warm-hearted through much of its modern history.

- New York City is ... The city has been quite liberal and warm-hearted through much of its modern history, **however/though**.

  뉴욕시는 많은 사람들에게 보수주의와 매정함을 함축적으로 의미하는 자본주의의 상징으로 잘 알려져 있다. 그러나 뉴욕은 현대사의 대부분을 통해 제법 진보적이고 따뜻한 마음을 가져왔다.

- Keep the television turned off during the Thanksgiving meal. It is acceptable, **however**, to check the score between courses.

  Thanksgiving Day (추수감사절, 11월 넷째 목요일) 식사 동안에는 텔레비전을 끄고 계십시오. 그러나 음식 중간에 점수를 확인하는 것은 허용될 수 있습니다.

[문화 배경] Thanksgiving dinner의 식사 예절에 관한 충고이다. 대부분의 미국 가정에서는 구운 칠면조(roast turkey)가 없는 Thanksgiving Day를 상상할 수 없다. 그러나 칠면조에 버금가는 것이 Turkey Bowl이라 불리는 football 경기다. 그 경기를 텔레비전으로 관전하는 것 또한 Thanksgiving Day의 거의 핵심적인 일이다.

- With their strong family culture and emphasis on academics, Asian-Americans showed high rates of college attendance and upward mobility. As in most other immigrant groups, however, young people wavered between traditional ways and the lure of the mass culture.
[As (young people wavered between traditional ways and the lure of the mass culture) in most other immigrant groups], however, …]

튼튼한 가족 문화와 학업에 대한 강조에 힘입어 아시안계의 미국인들은 높은 대학 수학률과 계층 상승을 보였다. 그러나 대부분의 다른 이민 그룹들에서처럼 젊은 이들은 전통적인 문화와 (주변 사회의) 대중 문화의 유혹 사이에서 갈등하였다.

**[emphasis: 명. 강조] [academics: 명. 학업, 공부] [attendance: 명. 재학, 출석, 참석] [upward mobility: (사회경제적 지위의) 상승 이동] [waver: 자동. 흔들리다, 왔다리 갔다리 하다, 불안정하다, 우유부단하다] [lure: 명. 유혹, 미끼]

부정과 반전의 표현 | 115

02 Yet, ... / Still, ...

그러나/그럼에도 불구하고/하지만 ...

[설명]

'그러나, 그럼에도 불구하고, 하지만' 정도로 번역되는 'Yet, ...과 Still, ...' 또한 자주 사용되는 부정/반전/번복의 논리적 연결부사입니다. 상대적으로 Yet이 보다 격식을 갖춘 문어체적 표현입니다. Still은 글에서도 사용되지만, 구어체에서 보다 자주 사용되며, Yet과 Still 모두 뒤에 comma를 찍는 것이 정어법입니다.

- Boston is an attractive city to most tourists with many historic sites and neighborhoods with distinct characters and flavors. **Yet/Still**, many tourists find it frustrating to drive on the rolling roads and through irregular traffic patterns in the city.

    Boston은 많은 역사적인 유적들과 뚜렷한 개성과 정취를 지닌 동네들이 많아 대부분의 관광객들에게 매력적인 도시이다. 그러나 많은 관광객들이 그 도시에서 구불구불한 길과 불규칙한 교통 패턴으로 운전하는 것이 힘들다는 것을 발견한다.

Boston 다운타운에 있는 Quincy Market 광장. Boston의 많은 장소들은 현대풍과 역사적인 유적들의 고풍스러움이 어우러져 있다. 점심식사나 쇼핑을 하는 도중 한 juggler의 juggling show를 즐기고 있는 Boston 시민들과 관광객들의 모습을 담았다. 사진: ⓒ 박우상 박사 (Dr. David)

03 Nevertheless, ... / Nonetheless, ... / Notwithstanding, ...,

그럼에도 불구하고/그러나/하지만 ...

[설명]

부정/반전/수정의 논리적 연결어로 사용되는 표현입니다. Nevertheless, ...와 Nonetheless, ...와 Notwithstanding , ...는 모두 상당한 격식을 갖춘 표현들입니다. 이들 중에 Notwithstanding이 가장 격식을 갖춘 문어체의 낱말이죠. 대부분의 다른 논리적 연결어처럼 뒤에 comma를 찍는 것이 정어법입니다.

- Thousands and thousands of American towns and villages appear dainty and peaceful for good. **Nevertheless/ Nonetheless/ Notwithstanding**, the peace occasionally gets devastated by violent crimes.

  수천 개의 미국의 타운들과 마을들은 영원히 아담하고 평화롭게 보인다. 그럼에도 불구하고 그 평화가 이따금씩 폭력적 범죄에 의해 파괴된다.

04 In spite of ..., ... / Despite ..., ...

...에도 불구하고

[설명]

In spite of, despite …은 '...에도 불구하고'라는 의미의 전치사인데, In spite of는 일상적인 글과 구어체에서, despite는 주로 문어체에서 사용되는 경향이 있습니다.

- The State of Colorado lies on the high mean elevation of 6,800 feet (2,070 m), and you get to see heaps of snow and ski resorts all over the state in winter. **In spite of/ Despite** those facts, the average temperatures of the state in winter are not as low as most people in other states think.

Colorado 주는 평균 6,800피트 (2,070미터)의 높은 고도 위에 위치해 있으며, 겨울이면 주 전역에서 수북이 쌓인 눈과 스키장들을 보게 된다. 그러한 사실에도 불구하고 그 주의 겨울 평균 기온은 다른 주의 대부분의 사람들이 생각하는 것만큼 낮지 않다.

스키 리조트들이 많은 Colorado 주의 Vail의 겨울 풍경. 아이들을 둔 가족이 이 산의 정상에서 스케이트를 타면서 즐거운 시간을 보내고 있다.
사진: ⓒ 박우상 박사 (Dr. David)

05 In fact/*truth*, ... / As a matter of fact, ... / Actually, ...

실은/사실상은/실제로는 ...

[설명]

앞의 진술을 확인 또는 보강하는데 자주 사용되기도 하지만, 앞의 진술을 부정, 번복, 또는 대폭 수정하는 데에도 종종 사용되는 표현임에 유의해야 합니다. In fact/*truth*는 As a matter of fact나 Actually 보다 격식을 갖춘 표현입니다.

- When you think of Colorado in winter, what comes to your mind? You probably think of piles of snow all over the state and ski lovers heading to premium ski resorts, don't you? And you think the state should be very cold in winter. **Actually**, most winters of Colorado are not as cold as you think.

    겨울의 Colorado를 생각할 때 무엇이 생각에 떠오릅니까? 아마도 그 주 전역에 쌓여 있는 눈과 고급 스키장으로 향해 가는 스키 애호가들을 생각하겠죠? 그리고 그 주는 겨울에 매우 추울 것이라 생각합니다. 실제로 Colorado의 대부분의 겨울은 생각하는 것만큼 춥지 않습니다.

[주목] 아래 예문의 표현에서 볼 수 있듯이 In fact/truth, …/ As a matter of fact, …/ Actually, …는 앞의 진술을 부정, 번복, 또는 대폭 수정하는 것이 아닙니다. 오히려 그와 반대되게 앞의 진술을 보강/확인하는 역할을 하는 경우도 자주 있습니다. 그렇기 때문에 문맥과 상황에 비추어 정확한 의미를 파악해야 합니다.

- In winter, Colorado boasts piles of quality snow, superior ski slopes, and relatively moderate winter temperatures. **In fact**, the state is a travel destination that millions of American outdoor lovers dream of.

    겨울에 Colorado는 수북이 쌓인 질이 좋은 눈, 뛰어난 스키 슬로프, 그리고 상대적으로 온건한 (너무 춥거나 너무 덥지 않은) 겨울 온도를 자랑한다. 사실 Colorado는 아웃도어를 즐기는 수백만의 미국인들이 꿈꾸는 여행 목적지이다.

06 But ...
그러나 ...

[설명]

But은 앞의 진술을 부정, 번복, 또는 대폭 수정하는 대표적인 연결어입니다. 문어체와 구어체에서 모두 대단히 자주 사용됩니다.

[주목] But은 문장을 이끌 때에 However, Yet, Still, Nevertheless, Nonetheless, Notwithstanding 등과는 달리 (바로 뒤에 복잡한 삽입어구가 오는 경우가 아니면) 바로 뒤에 comma를 찍지 않는 것이 표기의 정어법입니다. 국내의 영어 학습서들이나 수업 현장에서 But 바로 뒤에 (다른 복잡한 구문적 필요가 없는 경우인데도) comma를 찍는 오류가 자주 발견되므로 유의해야 합니다.

- Seattle, Washington, is often called the Rain City as well as the Emerald City and the City of Goodwill. **But** the city actually receives less precipitation annually than New York City, Boston, Atlanta, and most cities on the Eastern Seaboard of the United States. It is definitely not one of the 10 rainiest cities in the U.S.

    Washington 주의 Seattle은 에머럴드 색의 도시이자 호의의 도시일 뿐만 아니라, 종종 the Rain City라고도 불린다. 그러나 Seattle은 실제로 New York City, Boston, Atlanta 그리고 미국 동부 해안의 대부분의 도시들보다 강수량이 더 적다. Seattle은 미국에서 비가 많이 오는 10대 도시들 중의 하나가 분명히 아니다.

07 ... just/*all*/*still* the same.

그럼에도 불구하고 (여전히)

[설명]

앞의 진술을 인정하면서도 '그럼에도 불구하고/여전히 ...하/이다' (nevertheless/*nonetheless*/*still*)이라는 의미의 반박을 나타내는 부사구입니다. 기본적으로 <u>구어체 또는 비격식체의 표현</u>이며 <u>문장의 끝</u>에 위치합니다. 그리고 종종 <u>문장 맨 앞에 But, However, Yet, Nevertheless, Nonetheless, Still</u> 등의 연결어를 사용합니다.

- Winters in northern parts of the Midwest – such as North Dakota, Minnesota, Wisconsin, and Michigan – can be nipping cold, and the winds and snow blizzards can be cutting your face. But people in those states love their states and enjoy their winters **just/ all/ still the same**.

  North Dakota, Minnesota, Wisconsin 그리고 Michigan 주와 같은 미국 중서부의 북부 지역에서는 겨울이 에일 듯이 추울 수 있으며 바람과 눈보라는 얼굴을 베는 정도일 수 있다. 그러나 그 주의 사람들은 그럼에도 불구하고 여전히 자기들 주를 사랑하고 겨울을 즐긴다.

겨울 중에도 가장 추운 1월 중순, Wisconsin 주의 Wisconsin Dells에서 어른들이 한겨울 축제에 모였다. 주차장 바닥에 물을 부어 얼린 다음에 동심으로 돌아가 세발자전거 시합(tricycle races)를 벌이는 중이다. 사진: ⓒ 박우상 박사 (Dr. David)

EXERCISE

Q-1 다음의 표현들 중에서 보기의 문장을 부정하거나 번복하거나 대폭 수정하는 표현이 아닌 것은 어느 것입니까?

The Nixon presidency was remarkably successful in reforming domestic politics, taking care of the elderly and poor, promoting environmental protection, and initiating a détente between the U.S. and China.

(1) **Nevertheless**, most American voters still rate Nixon the worst president ever.

(2) **But** the American public looks down on Nixon all the same.

(3) **Notwithstanding** those notable achievements, most Americans still regard Nixon as the head figure of corruption and dishonesty.

(4) **In fact**, Nixon proved himself to be one of the most masterful statesmen of all time in American political history.

[정답과 해설]

- 정답: (4)
- 해설: (4)에서의 In fact는 앞의 진술을 부정, 번복, 또는 수정하는 것이 아니라 반대로 보강/확인하는 역할을 하고 있습니다. 이렇게 In fact/ As a matter of fact/ Actually, ...는 앞의 진술에 대해 부정과 확인의 서로 반대되는 표현으로 사용될 수 있으므로, 문맥에 비추어 의미를 신중하게 판단해야 합니다.

[번역]

Nixon의 대통령직은 국내 정책을 개혁하고 노인들과 빈곤층을 돌보고 환경 보호를 촉진하며 미국과 중국 간의 해빙외교를 주도하는데 있어서 놀라울 정도로 성공적이었다.

(1) 그럼에도 불구하고 대부분의 미국 유권자들은 Nixon을 아직도 지금까지 최악의 대통령으로 평가한다.
(2) 그러나 미국 대중은 Nixon을 여전히 얕잡아 본다.
(3) 그 주목할 만한 업적들에도 불구하고 대부분의 미국인들은 Nixon을 부패와 부정직의 우두머리로 간주한다.
(4) 사실 Nixon은 자신을 미국 정치사 전체에 있어서 가장 탁월한 정치가들 중의 한 사람이었음을 입증했다.

Q-2 다음의 두 문장을 논리적으로 자연스럽게 연결하지 <u>않은</u> 것은 어느 것입니까?

Most people think of the tragic events of the 9/11 terrorist attacks almost entirely from diplomatic and military perspectives. _____, their greatest casualty has been the closing of the American mind, that is, the setback of the long tradition of liberal and democratic thinking.

(1) Thus　　　　　　　　(2) However
(3) Nonetheless　　　　　(4) Still

[정답과 해설]
◆ 정답: (1)

◆ 해설: (2) (3) (4)는 모두 앞의 진술을 반대, 번복, 또는 대폭 수정하는 논리적 연결어로서 두 문장의 논리적 관계를 제대로 표현하는 반면, (1)은 앞의 진술의 결과, 영향, 결론을 표현하는 논리적 연결어이므로 이 두 문장의 의미 관계를 잘못 연결했으므로 올바르지 않습니다.

[번역]

대부분의 사람들은 9/11 테러 공격의 비극적인 사건들을 거의 전적으로 외교적이고 군사적인 관점에서 생각한다. 그러나 그 최대의 희생은 미국인들이 마음의 문을 닫은 것, 즉 진보적이고 민주적인 사고의 오랜 전통의 후퇴이다.

Q-3 다음의 한국어 표현을 영어로 표현해 보세요.

Franklin Roosevelt 대통령은 대단히 부유한 가정에서 자랐으며 끝까지 엘리트급의 사교육을 받았다. 그럼에도 불구하고 그는 불운한 사람들과 가난한 근로자들에 대한 커다란 동정심을 가졌다.

[대단히 부유한 가정: a super/exceptionally rich/affluent/wealthy/well-to-do; dirty/filthy-rich family] [끝까지: all the way through/up; (up) to/till the end] [엘리트 급의 사교육: an elite(,) private education] [불운한 사람들: the unfortunate; unfortunate people; the underprivileged; the downtrodden] [가난한 근로자들: the working poor; poor workers] [동정심: compassion; sympathy; pity]

[모범 영어]

⇒ President Franklin Roosevelt grew up in a super affluent family and received an elite private education all the way up. **Nevertheless/ Nonetheless,** he had enormous compassion for the unfortunate and working poor.

Q-4 다음의 한국어 표현을 영어로 표현해 보세요.

우리는 우리의 민주주의가 거의 완성된 것으로 생각하는 경향이 있다. 그러나 민주주의라는 학교는 특히 사법부의 독립과 언론의 자유를 포함하여 완성하는데 오랜 시간이 걸리는 수업들을 제공한다.

[완성된: complete; perfect; consummate] [... 하는 경향이 있다: tend/ be inclined/disposed + to-부정사] [사법부: the judiciary. 참고. 입법부: the legislature; 행정부: the executive; 3부/권: the three branches of government] [언론/표현의 자유: freedom of the press/speech/expression]

[모범 영어]

⇒ We tend/ are inclined/disposed to consider our democracy almost complete. **However/ Yet/ Still,** the school of/called democracy offers numerous classes that take a long time to complete/ perfect, including the independence of the judiciary and the freedom of the press, in particular.

SUMMARY : 부정과 반전의 표현

(1) However, ... / ..., however, ... / ..., however. / ..., though, ... / ..., though.

(2) Yet, ... / Still, ...

(3) Nevertheless, ... / Nonetheless, ... / Notwithstanding, ...

(4) In spite of ..., ... / Despite ..., ...

(5) In fact*/truth*, ... / As a matter of fact, ... / Actually, ...

(6) But ...

(7) ... just*/all/still* the same.

"영어로 글쓰기에 익숙해질수록 영어로 말하기도 편해지죠. 책 제목은 <영작문의 정석>이지만 사실 이 책은 스피킹을 가르치고 있기도 합니다. 글쓰기를 제대로 배우면 스피킹이 저절로 따라옵니다. 또한 자연스럽게 영어가 들리게 되고, 독해도 빠르고 정확해집니다."

- by Dr. David -

Lecture #8

예시의 표현
Expression of Exemplification/Illustration

우리가 어떤 진술이나 주장을 할 때 아무리 현란한 미사여구와 거창한 표현을 사용한다 하더라도 구체적인 증거나 예를 제시하지 못한다면 설득력을 가질 수 없습니다. 특히 경험적이고 실체적인 사고방식과 문화 전통을 가진 영어권 사람들은 말과 글에서 증거나 예를 매우 중요시합니다. 이번 Lecture #8에서는 앞서 진술한 내용의 이해를 돕기 위해 증거나 예를 제시하는 영어 표현들을 공부합니다. 예시 역시 격식을 갖춘 말과 글뿐만 아니라 일상적인 말과 글에서도 대단히 자주 사용되는 표현의 테크닉입니다. 물론 표현 방식들 또한 다양합니다.

이번 Lecture에서도 공부하게 될 모든 영어 표현들의 형태와 스타일에 신경써주세요. 그리고 그 표현이 사용되는 언어적 문맥, 뉘앙스, 격식성, 스타일도 물론이고요. 또한 말 또는 글이 사용되는 인간관계와 사회적 상황과 문화적 코드에도 주목해 주십시오. 이 말을 반복하는 것은 그만큼 중요한 포인트이기 때문입니다.

 **KEY EXPRESSIONS**

(1) For (the sake of) example/*instance, ...* / ..., e.g., ...

(2) A such as B; such A as B; A like B

(3 Specifically (speaking), ... / To speak specifically, ...

To give/*cite* (you) an example, ...

(4) ..., namely, / viz., [videlicet,] ...

(5) Let me give/*get* you an example. ...

(Let us/*Let's*) Take the example of ...

(6) Examples include ...

People often talk about the example(s)/*case(s)* of ...

This point can/*may* be well illustrated/*exemplified* by ...

A good/*few/concrete/specific* example(s)/*instance(s)/case(s)* in point is/*are/can be* found in/*among* ...

Examples/*Instances* abound (in/*among* ...) showing/*indicating* ...

By way of illustration, one can refer to/ *cite* the story/*case of* ...

 TEACHING CLASS

01 For (the sake of) example/*instance, ...* / ..., e.g., ...

예를 들자면/예로 ...

예시의 표현 | 129

[설명: 주의]

'For example, ...' 또는 'For instance, ...'는 앞에 온 진술에 관한 예를 드는 가장 대표적인 표현으로, 문어체와 구어체에서 모두 매우 자주 사용됩니다. 유의할 점은 단 하나의 예를 드는 경우든 여러 개의 예를 드는 경우든 For example과 For instance 모두 부정관사 a 또는 복수형 -s를 사용하지 않는다는 것입니다. 또한 for example은 문장 중간에 ..., e.g., ...로 표현되기도 하며 [ˈiː ˈdʒiː]라고 발음합니다. [e와 g에 중간에 space가 없이 각각 마침표 (period, 여기서는 실은 줄임표)를 찍음에도 주의]

- Residents along the banks of the Thames River enjoy an extensive array of water sports. **For example/instance,** there are over 200 rowing clubs and more than 20 sailing clubs along the river. Skiffing, punting, kayaking, and canoeing are popular for pleasure and for racing alike. Regattas are yearly events for towns along the Thames. Swimming events raising money for charity, meanders (which are similar to triathlons of running, swimming, and boating), and most town festivals throughout England are recreational events centered around the Thames.

    Thames 강 둑을 따라 사는 거주민들은 광범위한 수상 스포츠들을 즐긴다. 예를 들어 그 강을 따라 200개 이상의 조정 클럽과 20개 이상의 항해 클럽이 있다. Skiffing (1인 rowing 또는 sailing), punting (장대로 밀어 나아가는 boating), kayaking 그리고 canoeing은 오락과 경주용 모두 인기가 높다. Regatta (boat races)들은 Thames 강을 따라 있는 타운들의 연례 행사들이다. 자선 기금을 모으는 수영 이벤트, (running, swimming, boating의 3종 경기와 유사한) meander 경기들 그리고 대부분의 타운 축제들은 영국 전역에 걸쳐서 Thames강을 중심으로 이루어지는 레크리에이션적인 이벤트들이다.

영국 Thames 강에서는 다양한 수상 레저 활동들과 스포츠 행사들이 열린다. 친구들이 장대로 밀면서 가는 punting 뱃놀이를 즐기고 있다.
사진 제공: ⓒ Charos Pix

02 A such as B; such A as B; A like B

B 같은 A

[설명]

앞에 언급한 상위 개념/항목 A에 속하는 하위 항목/예(들)인 B를 제시하는 표현으로 매우 자주 사용됩니다. A such as B의 경우 이따금 such가 앞에 위치해 such A as B로 표현되기도 합니다. 예를 드는 전치사 like를 사용하는 표현은 비격식체에서 such as보다 사용빈도가 더욱 높습니다.

- Americans go gaga over professional sports **such as** football, baseball, and basketball.
- Americans go gaga over **such** professional sports **as** football, baseball, and basketball.

미국인들은 미식 축구, 야구, 그리고 농구 같은 프로 스포츠에 뿅 간다.

- Small enterprises **such as** grocery stores, newsstands, and tailor and dressmaking shops allowed many immigrants their start in business.

  청과상, 신문 가판점, 그리고 양복점과 양장점 같은 소기업들은 많은 이민자들에게 그들의 (이민 생활의 새로운) 시작을 사업에서 시작하는 것을 허용했다.

- Teens can buy clothes at age 14 with parental supervision. At age 15, they buy their own clothes. After that, parents have no other choice but to allow them to buy whatever they want to wear – in most cases. Parents could add an addendum. They might have a list of no-no clothes that the teen can't wear until age 18, **like** very short miniskirts.

  틴에이저들은 14세 때에 부모의 감독 아래 옷을 살 수 있다. 15세에는 혼자서도 옷을 살 수가 있다. 그 이후 대부분의 경우에 부모는 틴에이저가 입고 싶은 것은 무엇이든 살 수 있도록 허용하는 수밖에 없다. 부모는 추가 사항을 더할 수는 있다. 18세가 될 때까지는 아주 짧은 미니 스커트 같은 금지된 복장 리스트가 있을 수도 있다.

03

Specifically (speaking), ... / To speak specifically, ...
To give/*cite* (you) an example, ...

구체적으로 말하자면 ...
(특정한) 예를 들자면 ...

[설명]

'구체적으로 말하자면,' '예를 들자면'이라는 의미의 일상체적인 표현들입니다. 독립 분사 구문 또는 독립 to-부정사구를 사용하여 구체적인 예를 들 때 사용합니다.

- Most Native Americans do not separate their art from their lives just as they do not separate their religion from their lives. **Specifically speaking,** every item of their art work or handicraft is deeply rooted in their daily lives – whether it be a blanket for keeping warm, a basket for drawing water, or a pipe for smoking.

대부분의 미국 원주민들은 그들의 종교를 삶으로부터 분리하지 않는 것과 마찬가지로 예술을 삶으로부터 분리하지 않는다. 구체적으로 말하자면, 그들의 모든 미술품이나 수공예품은 보온하기 위한 담요든, 물을 긷기 위한 바구니든, 담배를 피우기 위한 파이프든 그들의 일상 생활에 깊이 뿌리박혀 있다.

아름다운 색상과 정교한 무늬를 자랑할 뿐만 아니라 실용적이고 견고한 Navajo 도자기 단지들.
사진 제공: ⓒ Christopher King

Navajo족의 뛰어난 직조술을 기리는 2004년의 미국 우표. 사진: ⓒ the United States Postal Service (USPS)

04 ..., namely, / viz., [videlicet,] ...

말하자면/예를 들어 ...

[설명]

앞에서 진술한 내용이나 언급한 화제의 구체적인 예를 들 때에 사용되는 부사들입니다. namely는 문어체와 구어체 양쪽에, videlicet (축약형인 viz.가 훨씬 더 자주 사용된다)는 격식을 갖춘 문어체에서 쓰입니다. 이 부사들은 또한 앞에 언급한 진술이나 화제에 관해 다른 어구를 사용하여 설명하는 데 사용되기도 하며, 의미가 혼용되어 사용되는 경우도 많습니다.

- Today, knitting is coming back in new ways for new reasons: **namely** stress relief and good old-fashioned girl time.

    오늘날 뜨개질이 새로운 이유들로 인해 새로운 방식들로, 예를 들어 스트레스를 달래고 여자들끼리 멋진 옛날식의 즐거운 시간을 갖기 위해 다시 인기를 얻고 있다.

05 Let me give/get you an example. ...

(Let us/Let's) Take the example of ...

예를 들자면 .../ 예를 하나 들어보겠다.
...의 예를 들어 보겠다/들어 보자.

[설명]

앞에 온 진술의 예를 드는 표현으로 비교적 비격식체의 글이나 구어체에서 사용됩니다.

- An increasing number of Indian Catholics are looking for an opportunity to express their Catholic faith in ways that fit their native culture. Many parishes around Indian reservations incorporate Indian symbols, songs and traditions in their Masses. **Take the example of** a Catholic church on the Winnebago Indian Reservation in northeast Nebraska. They burn sacred cedar branches instead of incense, spreading the fragrance with an eagle feather. The Winnebago people believe cedar purifies – it helps to take away sin.

점점 더 많은 수의 (아메리칸) 인디언 가톨릭 신자들이 그들의 가톨릭 신앙을 그들의 문화에 맞는 방식으로 표현할 기회를 찾고 있다. 인디언 보호 구역들 주위의 많은 교구들이 미사에 인디언들의 상징과 노래와 전통을 포함시키고 있다. Nebraska 주 동북부 Winnebago 인디언 보호 구역에 있는 한 가톨릭 교회의 예를 들어 보자. 그 교회는 향 대신에 (원주민들에게는) 신성한 삼나무 가지를 태우고 독수리 깃털로 그 향내를 퍼뜨린다. Winnebago 사람들은 삼나무가 정화하여 죄를 없애는데 도움이 된다고 믿는다.

06

Examples include ...

People often talk about the example(s)/*case(s)* of ...

This point can/*may* be well illustrated/*exemplified* by ...

A good/*few/concrete/specific* example(s)/*instance(s)/case(s)* in point is/*are/can be* found in/*among* ...

Examples/*Instances* abound (in/*among* ...) showing/*indicating* ...

By way of illustration, one can refer to/ *cite* the story/*case* of ...

예들로는 ...과 같은 것들을 포함한다.
사람들은 흔히 ...과 같은 예들을 이야기한다.
이 포인트 (주장, 요지)는 ...에 의해 잘 예시될 수 있다.
사례에 맞는 좋은/특정한/구체적인 예들이 ...에서/중에 발견될 수 있다.

[설명]

다양한 방식의 이 표현들은 앞에 위치한 진술이나 주장의 구체적인 예를 드는 문어체적 또는 격식체적 표현들입니다.

- When and how should children's allowances be administered? **Examples of** "extra" jobs for earning allowance money include helping dust the furniture; helping wipe fingerprints and window sills; helping load or unload the dishwasher or wash dishes; helping move stones in the yard or garden; helping pull weeds or bag leaves; helping gather and sort dirty clothes, putting them in the washer; helping make lunch; helping clean sinks; shaking small rugs; helping prepare vegetables for dinner; helping wash the car; helping groom the pet.

  아이들의 용돈은 언제 어떻게 주어야 할까? 용돈을 벌기 위한 여타의 일들의 예로는 가구의 먼지 터는 일 돕기, 지문과 창틀 닦는 일 돕기, 식기세척기에 그릇을 집어넣거나 빼내는 일 또는 접시 닦는 일 돕기, 뜰이나 정원에서 돌을 제거하는 일 돕기, 잡초를 뽑거나 낙엽을 자루에 담는 일 돕기, 더러워진 옷을 모으고 분리하여 세탁기에 넣는 일 돕기, 점심 만드는 것을 돕기, 싱크대 닦는 일 돕기, 작은 카펫 털기, 저녁 식사용 야채 준비하는 일 돕기, 자동차 세차하는 일 돕기, 애완동물 단장하는 일 돕기를 포함한다.

- As First Lady, Eleanor Roosevelt held more than 300 press conferences that she restricted to women journalists. She was instrumental in securing the first government funds ever allotted for the building of child-care centers. And when women workers were fired as the war came to an end, she fought to stem the tide. Although she insisted that she was not a feminist, a good, enduring **example** of a feminist **can be found in** her who transcended the dictates of her times to become one of the century's most powerful and effective advocates for social justice.

영부인으로서 Eleanor Roosevelt는 여성 언론인들로만 제한한 300번 이상의 기자회견을 열었다. 그녀는 아동 보육 센터들의 건설을 위해 할당된 최초의 정부 기금을 확보하는데 중요한 역할을 했다. 그리고 전쟁 (World War II)가 끝나면서 여성 근로자들이 해고당했을 때에 그 추세를 저지하기 위해 싸웠다. 자신은 여권주의자가 아니라고 주장했지만, 그녀의 시대가 명령하는 바를 초월하여 이 세기의 가장 강력하고 효과적인 사회정의의 옹호자가 된 그녀에게서 훌륭하고 지속적인 한 여권주의자의 예를 발견할 수 있다.

Franklin D. Roosevelt 대통령의 부인인 Eleanor Roosevelt(1884-1962)는 소수인종들과 여성의 권리, 가난한 사람들과 장애인들을 위한 복지를 위한 헌신적인 옹호자였다. 흑인 민권을 위한 그녀의 기여를 기념하는 미국의 우표. Stamp © U.S. Postal Service

EXERCISE

Q-1 다음의 진술에 관한 구체적인 예를 드는 표현이 되기에 적절하지 <u>않은</u> 것은 어느 것입니까?

Although born in Italy, Frank Capra is regarded as the most American of all film directors by most Americans.

[참고] **Frank Capra** (1897-1991): American (Italian-born) movie director, best known for such movies as: It Happened One Night (1934, starring Clark Gable); Mr. Smith Goes to Washington (1939, starring James Stewart); It's a Wonderful Life (1946, starring James Stewart)]

(1) **For instance,** Mr. Smith Goes to Washington (1939) and It's a Wonderful Life (1946) – his two towering masterpieces – are considered to represent core American values such as character, dignity, and optimism both in person and in society.

(2) **For examples,** it is widely agreed that Mr. Smith Goes to Washington (1939) and It's a Wonderful Life (1946) represent core American values such as uncompromised integrity and undaunted hopes.

(3) **By way of illustration,** Mr. Smith Goes to Washington (1939) and It's a Wonderful Life (1946) can be cited as the two best examples of his movies embodying such American values as honesty and hard work.

(4) **The best examples** by far **can be found in** his two towering masterpieces, i.e., Mr. Smith Goes to Washington (1939) and It's a Wonderful Life (1946).

[정답과 해설]

- 정답: (2)
- 해설: 기본적인 메시지를 전달하는 데는 문제가 없지만 앞에 온 진술의 예를 들 때에는 단수의 예를 들 경우에도 an example이라고 부정관사 a를 사용하지 않고, 복수의 예를 들 경우에도 복수형 -s를 붙이지 않는 것이 정어법입니다. 따라서 (2)의 For examples가 For example로 표현되어야 합니다.

[번역]

이탈리아에서 태어났지만 Frank Capra는 대부분의 미국인들에게 모든 영화 감독들 중에 가장 미국적인 감독으로 간주된다.

(1) 예를 들어, 그의 두 개의 탁월한 걸작인 Mr. Smith Goes to Washington (1939)과 It's a Wonderful Life (1946)는 개인과 사회에 있어서 성품, 존엄 그리고 낙관적 태도와 같은 핵심적인 미국의 가치관들을 대표하는 것으로 생각된다.

(2) 예를 들자면, Mr. Smith Goes to Washington (1939)과 It's a Wonderful Life (1946)는 타협당하지 않는 존엄과 꺾이지 않는 희망과 같은 핵심적인 미국의 가치관들을 대표한다고 생각된다.

(3) 예시를 하자면 Mr. Smith Goes to Washington (1939)과 It's a Wonderful Life (1946)는 정직과 근면과 같은 미국의 가치관들을 구현하는 그의 영화들 중에서 가장 훌륭한 두 가지 예로 인용될 수 있다.

(4) 단연코 가장 훌륭한 예들은 그의 두 개의 우뚝 솟은 걸작들, 즉 Mr. Smith Goes to Washington (1939)과 It's a Wonderful Life (1946)에서 발견될 수 있다.

Q-2 다음의 진술에 관한 구체적인 예를 드는 표현이 되기에 적절하지 <u>않은</u> 것은 어느 것입니까?

Even in America, namely the land of plenty, not everyone really lives in abundance.

(1) Even in America, namely the land of plenty, not everyone really lives in abundance – **i.e.,** 12 percent of the population living below the poverty line and another 18 percent living near poverty.

(2) Even in America, namely the land of plenty, not everyone really lives in abundance – **e.g.,** 12 percent of the population living below the poverty line and another 18 percent living near poverty.

(3) **For instance,** 12 percent of the American population lives below the poverty line.

(4) Salient **examples** of poverty in America **can be found in** the proportions of those of the entire population – 12 and 18 percent respectively – living below the poverty line and above but close to it.

[정답과 해설]

- 정답: (1)
- 해설: ..., i.e., ...는 앞에 온 진술/내용의 정체를 다른 말로 환언하여 밝히거나 설명하는 것으로 A, i.e., B라 하면 곧 A = B로서 동일성을 나타냅니다. 여기서 미국에서 poverty line (빈곤선) 아래에 살고 있는 인구의 12%와 poverty line은 넘었지만 비교적 그에 가깝게 살고 있는 18%의 미국인들은 poverty in America의 구체적 예들이지 그와 동일한 정체의 현상은 아닙니다. 즉 여기서는 i.e., 보다 e.g.,가 더욱 적절한 표현입니다. (3)과 (4) 모두 구체적인 예를 드는 대표적인 표현들입니다.

[번역]

미국, 즉 풍요의 나라라는 곳에서 조차 모든 사람이 정말 풍요 속에 살고 있는 것은 아니다.

(1) 미국, 즉 풍요의 나라라는 곳에서조차 모든 사람이 정말 풍요 속에 살고 있는 것은 아니어서, 즉 인구의 12%가 빈곤선 아래 살고 있고 또 추가적인 18%가 빈곤 근처에 살고 있다.
(2) 미국, 즉 풍요의 나라라는 곳에서조차 모든 사람이 정말 풍요 속에 살고 있는 것은 아니어서, 예를 들어 인구의 12%가 빈곤선 아래 살고 있고 또 추가적인 18%가 빈곤 근처에 살고 있다.
(3) 예를 들어 미국 인구의 12%가 빈곤선 아래에 살고 있다.
(4) 미국에서 빈곤의 현저한 예들은 전 인구 중에서 빈곤선 아래에 살고 있는 사람들과 빈곤선을 넘기는 하지만 그에 가까이 살고 있는 사람들의 비율 - 각각 12와 18% - 에서 발견할 수 있다.

Q-3 다음의 한국어 표현을 영어로 표현해 보세요.

미국의 고등학교들에서 homecoming은 여러 가지의 신나는 활동과 프로그램들로 구성되는 중요한 연례 이벤트이다. 예를 들어 학생들은 homecoming 퍼레이드, 줄다리기, 미식축구 경기와 댄스 파티 등에 참가하며, 나이든 졸업생들은 모교를 방문하여 homecoming 동창 모임 (class reunion), 댄스 파티와 골프 등을 즐긴다.

[여러 가지의 ...: a variety/host/number of ...; many (different) kinds of ...] [신나는: exciting; fun; delightful] [연례 이벤트: annual event] [줄다리기: a tug-of-war; (복수형) tugs-of-war] [졸업생: graduate] [모교: alma mater (äl´·mə· mä´·tər)] [등(등): and so on/forth; and the like]

[모범 영어]

⇒ Homecoming is an important annual event at American high schools that consists of a host of exciting/fun activities and programs. **For example/ instance,** students take part in a homecoming parade, tugs-of-war, a football game, a dance party, and so on, and old graduates visit their alma mater and enjoy their homecoming class reunion, a dance party, golf, and the like.

매년 10월에 열리는 The University of Wisconsin-Madison의 homecoming parade에 참가하고 있는 밴드부의 모습. homecoming football 경기가 치러지는 전날 저녁에 열리는데, 퍼레이드 참가자들은 다음날 경기에서 손님팀을 박살내자는 결의를 한껏 북돋우기도 한다. 사진: ⓒ 박우상 박사 (Dr. David)

미국 동북부 Vermont 주의 작은 도시 Barre에서 7월의 한 주말에 벌어지는 Homecoming Days 행사 모습. 대형 화물트럭을 어느 그룹이 빨리 끄는지를 겨루는 truck pull 경기를 벌이고 있다. 사진: ⓒ 박우상 박사 (Dr. David)

Middleton High School이 Janesville High School의 football 팀을 초청하여 homecoming의 최대 행사인 football 경기를 하고 있다. 사진: ⓒ 박우상 박사 (Dr. David)

Wisconsin주 Middleton에 있는 Middleton High School의 homecoming 행사들 중에 졸업반 학생들 (seniors)과 3학년생들 (juniors)가 선생님들과 어울려 줄다리기 (tug-of-war)를 하고 있다. 사진: ⓒ 박우상 박사 (Dr. David)

Middleton High School의 homecoming dance에서의 Homecoming King과 Queen. 사진: ⓒ 박우상 박사 (Dr. David)

Homecoming이 흥청망청 노는 행사는 아니다. 달리기나 걷기 경주, 골프 대회, 댄스 파티 등을 열어서 자선 단체들을 위한 기부금을 모으는 것도 흔한 대학 homecoming 행사들 중의 하나이다. 사진: ⓒ 박우상 박사 (Dr. David)

예시의 표현 | 143

Q-4 다음의 한국어 표현을 영어로 표현해 보세요.

미국 남부에 있는 대부분의 도시와 타운들은 정치적으로 그리고 문화적으로 보수적이다. 그러나 대학 캠퍼스 주위에는 진보주의의 지역들이 있다. Texas 주의 Austin과 North Carolina 주의 Chapel Hill을 예로 들어보자.

[미국 남부: the (American) South] [보수적인: conservative] [진보주의: liberalism] [지역/구역: enclave; pocket; district; area]

[모범 영어]

⇒ Most cities and towns in the American South are both politically and culturally conservative. Yet, there are pockets of liberalism around college campuses. **Take the examples of** Austin, Texas, and Chapel Hill, North Carolina.

SUMMARY : 예시의 표현

(1) For (the sake of) example/*instance, ...* / ..., e.g., ...

(2) A such as B; such A as B; A like B

(3) Specifically (speaking), ... / To speak specifically, ...
   To give/*cite* (you) an example, ...

(4) ..., namely, / viz., [videlicet,] ...

(5) Let me give/*get* you an example. ...
   (Let us/ *Let's*) Take the example of ...

(6) Examples include ...
   People often talk about the example(s)/*case(s)* of ...
   This point can/*may* be well illustrated/*exemplified* by ...
   A good/*few/concrete/specific* example(s)/*instance(s)/case(s)* in point is/*are/can be* found in/*among* ...
   Examples/*Instances* abound (in/*among* ...) showing/*indicating* ...
   By way of illustration, one can refer to/ *cite* the story/*case of* ...

Lecture #9

추가와 보강의 표현
Expression of Addition & Reinforcement

이번 강의에서는 앞에서 한 진술에 대해 새로운 주장이나 예를 추가하여 논리나 설득력을 보강하는 어구와 표현들을 공부합니다. 말을 듣고 글을 읽는 경우도 마찬가지입니다. 추가와 보강 역시 격식을 갖춘 말과 글뿐만 아니라, 일상적인 말과 글에서도 매우 자주 사용되는 표현의 테크닉입니다. 지금부터 강의하는 그 다양한 표현 방식들에 집중해 주십시오.

이 Lecture에서도 공부할 모든 영어 표현들의 형태와 스타일에 주목해 주세요. 그리고 그 표현이 사용되는 언어적 문맥, 뉘앙스, 격식성, 스타일도 눈여겨보십시오. 말 또는 글이 사용되는 인간관계와 사회문화적 코드에도 항상 주목해 주시기 바랍니다.

KEY EXPRESSIONS

(1) Moreover, ... / Furthermore, ... / Further, ...

(2) Also, ... / Additionally, ... / In addition, ... / Besides, ...

(3) In addition to ..., ... / Besides ..., ... / On top of ..., ...

(4) ... in addition / as well / also / too / to boot:
   [주의] Not only/*just* that, ...

(5) In fact/*truth*, ... / As a matter of fact, ... / Actually, ... / Indeed, ...

TEACHING CLASS

01 Moreover, ... / Furthermore, ... / Further, ...

게다가/더구나/그에 더해서, ...

[설명]

Moreover, ...는 Also, /In addition, /Besides와 함께 앞의 진술에 새로운 정보를 추가하여 보강하는 역할을 하는 부사 어구들 중에 대표적인 것입니다. 'Moreover, ...'는 약간의 격식성을 갖추는 부사어이지만 일상적인 대화와 글 모두에서 자주 사용됩니다. 'Further(more), ...'는 상대적으로 교육수준이 높은 말이나 격식을 갖춘 글에서 사용되는 경향이 있습니다. 이 계통의 모든 표현은 대부분 문장 앞에 위치하며, 앞에 올 때는 바로 뒤에 comma를 찍는 것이 writing의 정어법입니다.

■ The Super Bowl is the annual championship game of the National Football League. Watched by an estimated 100 million Americans, it is the single most popular sporting event in the United States. **Moreover,/ Furthermore,/ Further,** Super Sunday, the Sunday on which the game is held, is one of the most festive, partying days in American life – in the league of New Year's Eve, St. Patrick's Day, and Halloween – with millions of Americans guzzling beer and snacking on potato and nacho chips and buffalo wings.

Super Bowl은 매년 NFL (the National Football League)의 챔피언을 가리는 결승 경기이다. 1억 2천-1억 4천만으로 추산되는 미국인들이 관전하는 이 경기는 미국에서 단연 가장 인기 있는 스포츠 이벤트이다. 게다가 그 경기가 열리는 일요일 Super Sunday는 수백만 명의 미국인들이 맥주를 꿀꺽꿀꺽 마셔 대며 감자와 나초 칩과 닭 날개 튀김 (buffalo wings/ hot wings)를 스낵으로 먹는 날로, 새해 전야, (3월 17일로 아일랜드의 문화적 전통을 기리는) St. Patrick's Day 그리고 (10월 31일 저녁/밤인) Halloween과 같은 급으로 미국인의 삶에서 가장 축제적인 분위기 파티하는 날 중의 하나이다.

Super Sunday에 Super Bowl 경기를 TV로 보는 대학생들. 맥주, buffalo wings, nacho chips 등의 finger food를 먹으며 Super Bowl party를 즐기고 있다. touchdown이 이루어지자 환호를 하고 있다. 사진: ⓒ 박우상 박사 (Dr. David)

02 Also, ... / Additionally, ... / In addition, ... / Besides, ...

또한/게다가/그에 더해서/그런데다가, ...

[설명]

Moreover, ...처럼 추가/보강의 논리적 연결어로 자주 사용되는 부사어구로, Also, ...와 Besides, ...는 일상적으로 자주 사용되며 Besides, ...는 (Besides: s에 주의) 각별히 비격식체와 구어체에서 자주 사용됩니다. Additionally, ...와 In addition, ...은 상대적으로 격식체와 문어체에서 선호됩니다.

- Millions of Americans watch the Super Bowl game along with their friends and neighbors. **Also,/ Additionally,/ In addition,/ Besides,** they throw parties, which usually start way before the game, in order to relieve the cabin fever and the doldrums of the midwinter.

  수백만 명의 미국인들이 Super Bowl 게임을 친구들과 이웃들과 함께 본다. 게다가 그들은 한겨울 실내에만 있어온 답답함과 축쳐진 기분을 달래기 위해 파티를 하는데, 그 파티는 보통 경기보다 훨씬 먼저 시작된다.

미국에서 1년 중 최대의 sporting event인 the Super Bowl을 함께 즐기기 위해 여러 이웃 가족들이 모였다. buffalo wings, chips, hot dogs 등을 먹으면서 게임을 즐기고 있다. 사진: ⓒ 박우상 박사 (Dr. David)

추가와 보강의 표현 | 149

- Guys have always dated younger women, so why can't we turn the tables and have some fun too? Besides, you can date an older guy who turns out to be more immature than your little brother.

  남자들은 항상 연하의 여자와 데이트를 해왔으니 왜 우리 (여자들)도 상황을 반전시켜 재미 좀 볼 수 없겠어요? 게다가 연상남이라 해도 남동생보다도 미숙한 (정신적으로 어린) 것으로 드러나는 남자랑 데이트할 수도 있잖아요.

**[turn the tables: 상황을 변화 (반전) 시키다 (흔히 호전시키거나 성공적으로 이끌다). 주목: the + 복수형]

03 In addition to ..., ... / Besides ..., ... / On top of ..., ...
...에 더해서/...에다가

[설명]

'...에 더해서, ...에다가' 정도로 번역될 수 있는 추가/보강의 전치사구를 이끄는 (구)전치사입니다. 'In addition to ..., ...'가 비교적 격식성을 갖추는 반면, 'Besides ..., ...'와 'On top of ..., ...'는 흔히 비격식성의 구어체에서 사용됩니다.

- St. Patrick's Day is observed by the Irish in honor of St. Patrick, the patron saint of Ireland, on March 17. **In addition to** that, in the United States, the day celebrates Irish cultural heritages, especially Irish food, music, and dance.

St. Patrick's Day는 Ireland의 수호성인인 St. Patrick에 경의를 표하기 위해 아일랜드 사람들에 의해 3월 17일에 기념되고 있다. 게다가 미국에서 그날은 아일랜드의 문화적 유산들, 특히 아일랜드 음식, 음악, 그리고 춤을 기념한다.

- St. Patrick's Day, March 17, is a day to commemorate St. Patrick, the patron saint of Ireland. **On top of** that, the day is celebrated by millions and millions of Americans of Irish descent and their non-Irish friends and neighbors as a day to have a darned good time enjoying Irish beer, corned beef, cabbage, potato soup, bagpipe music, and Irish dance

3월 17일인 St. Patrick's Day는 아일랜드의 수호성인인 St. Patrick을 기념한다. 거기에다가 그날은 수백만 명의 아일랜드계 미국인들과 그들의 비아일랜드계 친구들과 이웃들이 아일랜드 맥주, corned beef (소금 절인 얇게 썬 소고기), 양배추, 감자 수프, 백파이프 음악 그리고 아일랜드 춤을 즐기며 끝내주게 좋은 시간을 갖는 날로 기린다.

미국에서 Irish계의 문화전통이라고 하면 뭐니뭐니해도 Ireland의 수호성인(patron saint)인 Saint Patrick을 기리는 3월 17일 St. Patrick's Day이다. 강한 아일랜드(Ireland)계 이민의 전통을 가진 Boston을 비롯한 많은 대도시들에서는 St. Patrick's Day는 (또는 그 주말이) 대단히 큰 파티를 벌이는 날이다. 대형 퍼레이드들도 벌어진다. 사진은 St. Patrick's Day에 Boston에서 친구들이 Irish 스타일의 모자를 쓰고, 녹색 계통의 옷을 입고, 녹색 목걸이(beads)를 걸고, Irish 맥주를 마시면서 파티를 하고 있는 모습. 사진 제공: © Bayen Miller

St. Patrick's Day 저녁에 Irish restaurant-pub에 모인 한 가족의 모습. 아빠가 Irish-American으로 corned beef(약간 짭짤하게 절이고 얇게 썬 소고기), cabbage(양배추), potato soup과 녹색으로 물들인 맥주(beer dyed green)로 차린 Irish 저녁 식사를 즐기고 있다. 사진: ⓒ 박우상 박사 (Dr. David)

미국 Chicago 시에서 St. Patrick's Day에 Irish 댄서들이 Irish 전통 costume을 입고 Irish 전통 스텝을 밟으며 St. Patrick's Day parade에서 행진하고 있다. 사진: ⓒ 박우상 박사 (Dr. David)

한 Irish-American bagpipe band가 전통적인 Irish 악기인 bagpipe을 연주하면서 St. Patrick's Day를 축하하고 있다. 사진: ⓒ 박우상 박사 (Dr. David)

04 ... in addition / as well / also / too / to boot:
Not only/just that, ...
게다가/... 또한/역시/그에 더해서 ...

[설명]
앞에 온 진술에 추가적 정보를 문장 끝에 더하는 부사 어구들입니다. 대체로 in addition은 어느 정도 격식을 갖춘 표현에서, as well과 also는 일상적인 글과 말에서, too는 비격식적인 글과 말에서, to boot은 비격식 구어체에서 사용되는 경향이 있습니다. as well과 to boot은 마지막으로 추가/열거하는 항목 뒤에 위치합니다.

- People who take a polar plunge on New Year's Day believe that the tradition brings in good luck for the new year. **Also,** many of the polar bears believe that the ice-cold plunge is good for their health. Some plunges even raise funds for charities, food pantries, and health organizations **as well/to boot**.

New Year's Day에 polar plunge (차거운 강이나 호수 물에 뛰어드는 것)을 하는 사람들은 그 전통이 새해에 행운을 들여온다고 믿는다. 게다가 그 북극곰들(비유적)의 다수는 그 얼음장처럼 차가운 물에 뛰어드는 것이 건강에 좋다고 믿는다. 어떤 plunge 행사들은 자선단체들, (노숙자나 가난한 사람들에게 음식을 나눠주는) 급식소, 건강단체들을 위한 기금 또한 마련하기도 한다.

New Year's Day 오후, 미국 Wisconsin 주 Port Washington의 마을 사람들이 'polar bear dip'을 즐기기 위해 얼어붙은 강가를 깨고 차가운 물 속에 뛰어들고 있다. 사진: 박우상 박사 (Dr. David)

미국 Wisconsin 주의 Madison에서 대학교와 직장 친구들이 장애인들의 Special Olympics 경기에 기부하기 위해 한겨울의 얼어붙은 호수에 뛰어들고 있다. 사진: ⓒ 박우상 박사 (Dr. David)

[주의] Not only/*just* that, ...

Not only/*just* that, ...는 '그뿐만 아니라, 게다가'라는 의미로 문장 앞에 쓰이는 대단히 비격식의 구어체 표현입니다. 어느 정도의 격식을 갖추거나 교육 수준이 있는 writing에서는 사용하지 않는 것이 바람직합니다.

- You know what? On New Year's Day, many people jump into a freezing cold lake or river for good luck and health. **Not only that,** the so-called polar plunges can raise funds for many good things for the communities.

    있잖아요, 새해 첫날에 많은 사람들이 행운과 건강을 위해 얼어 붙듯이 차가운 호수나 강에 뛰어들어요. 그뿐만 아니라, 이른바 polar plunge라는 것은 지역 사회를 위해 많은 좋은 일들을 위한 기금을 거둘 수도 있어요.

05 In fact/*truth*, … / As a matter of fact, … / Actually, … / Indeed, …

사실/실제로/진실로 …

[설명]

앞에 온 진술에 새로운 정보를 추가하면서 앞의 진술을 보강하거나, 강조하거나, 결론을 내리는 부사 어구들로 자주 사용됩니다. 이 표현들은 흔히 문장 맨 앞에 위치하지만, 문장 중간 또는 가끔 문장 끝에 위치하는 경우도 있습니다.

[주의] 이 논리적 연결부사 어구들은 문맥에 따라서는 앞의 진술을 보강하는 것이 아니라 반전, 부정, 또는 대폭 수정하는 기능을 하는 경우들이 있음에 유의해야 합니다.

- On Super Sunday, millions of Americans get together with friends and neighbors to watch the Super Bowl game. **As a matter of fact,** it is one of the most festive party days in American life.

Super Sunday에는 수백만 명의 미국인들이 Super Bowl 경기를 보기 위해 친구들과 이웃들과 모인다. 사실 Super Sunday는 미국 생활에서 가장 축제 분위기가 있는 파티날들 중의 하나이다.

- The Super Bowl is known to be the most popular sporting event in the United States. **In fact/ Actually,** far more Americans spend Super Sunday partying with their friends and neighbors than watching the football championship game.

  Super Bowl은 미국에서 가장 인기 있는 스포츠 이벤트라고 알려져 있다. 그러나 실은 훨씬 더 많은 미국인들이 그 미식축구의 챔피언 결정전을 보는 것보다 친구들과 이웃들하고 파티를 하면서 Super Sunday를 보낸다.

EXERCISE

Q-1 다음 문장들에 이어져 격식을 갖춘 글에 사용되기에 적절하지 않은 표현 두 개를 고르세요.

It is estimated that about 40 percent of all Americans watch the Super Bowl game. Chances are that it is probably one of the most exciting professional football games of the year.

(1) **Not only that,** lots of people get a kick out of the shows and commercials and, in particular, their Super Sunday bash.

(2) **Furthermore,** people enjoy the shows and commercials and, particularly, their Super Sunday parties to a large extent.

(3) **Additionally,** the Super Bowl provides Americans with a great excuse to have a great time partying with their friends and neighbors.

(4) **On top of that,** the Super Bowl lures people into scarfing down tons of chips, hot wings, and junk food.

[정답과 해설]

- 정답: (1) (4)
- 해설: (1)에서의 논리적 연결부사인 Not only that, …은 기본적으로 비격식 구어체이므로, 앞에 온 보기의 문장들과 스타일 (격식성)이 잘 어울리지 못합니다. 그리고 (1)에서의 'get a kick out of …' (…를 아주 좋아하다, … 에 뽕가다.'라는

idiom도 비격식 구어체 표현이며, bash 또한 celebration 또는 party를 뜻하는 slang (속어)로서 격식체의 문장과 잘 어울리지 않습니다. Lots of ... 역시 격식을 갖춘 문장에서 보다는 일상적 구어체나 비격식체적인 글에 선호되는 표현입니다. 그리고 (4)에서의 On top of that, ... 역시 비격식 구어체의 표현이며, (4)에서 사용된 'scarf down(or up)' 역시 'to eat (or drink) voraciously' (마구 먹어대다)라는 의미의 slang어로서 격식체의 문장에 사용하기에 적합하지 않습니다.

[번역]

약 40%의 미국인들이 Super Bowl을 관전하는 것으로 추산된다. Super Bowl은 아마도 그 해 프로 미식축구 경기들 중에 가장 박진감 있는 경기의 하나일 가능성이 높다.

(1) 게다가 사람들은 쇼들과 광고들 그리고, 특히 자기네 Super Sunday 파티를 끝내주게 좋아한다.
(2) 더욱이 사람들은 쇼들과 광고들 그리고 특히 자기들의 Super Sunday 파티를 즐긴다.
(3) 더군다나 Super Bowl은 미국인들에게 친구들과 이웃들과 좋은 시간을 가질 훌륭한 이유를 제공한다.
(4) 게다가 Super Bowl은 사람들이 엄청난 양의 칩과 닭 날개 튀김과 junk food를 먹도록 유혹한다.

Q-2 다음 보기의 문장에 '게다가, 더군다나'라는 의미로 새로운 내용을 추가하거나 보강하는 표현으로 적절하지 <u>않은</u> 것은 어느 것입니까?

On Mother's Day, the Second Sunday in May, most Americans take their mothers and wives out to Mother's Day brunch and have a family meal together. _____, many of them also take them shopping, bowling, or fishing, or to a local zoo, a botanical garden, an arboretum, a museum, or a concert, and enjoy some of the best quality time of the year.

(1) In addition,   (2) Besides,
(3) Rather,   (4) Further,

[정답과 해설]

◆ 정답: (3)
◆ 해설: (1) (2) (4)는 모두 앞에 온 진술의 내용에 새로운 내용을 첨가/보강하는 논리적 연결어들인데, (3) <u>Rather</u>는 앞에 온 A가 아니라 오히려/차라리 B를 <u>선택하거나 강조하는</u> 논리적 연결부사입니다.

[번역]

5월 두 번째 일요일인 어머니의 날에 대부분의 미국인들은 그들의 어머니와 아내를 Mother's Day brunch에 데리고 나가서 함께 가족 식사를 한다. 게다가/더군다나 그들 중 많은 사람들은 어머니와 아내를 샤핑, 볼링, 또는 낚시 또는 그 지역 동물원, 식물원, 수목원, 박물관 또는 콘서트에 데리고 가서 일 년 중 가장 멋진 시간의 일부를 즐긴다.

Mother's Day에 수 천 만명의 미국인들이 mother를 음식점에 모시고 가서 함께 brunch를 먹는 것은 거의 해마다 하는 의식(annual ritual)이다. 사진: ⓒ 박우상 박사 (Dr. David)

Q-3 다음의 한국어 표현을 영어로 표현해 보세요.

St. Patrick's Day에 아일랜드계 술집이나 음식점에서 (아일랜드를 상징하는 색인) 녹색 맥주를 마시고 소금에 절인 소고기, 감자 수프, 양배추를 포함한 아일랜드 음식들을 먹을 수 있다. 그에 더해서 전통적인 아일랜드의 bagpipe 음악을 들을 가능성도 높다. 물론 그 모든 것들을 즐기기 위해서 당신이 아일랜드계일 필요는 없다.

[소금에 절인 얇게 썬 소고기: corned beef] [양배추: cabbage] [...할 가능성이 높은: be likely + to-부정사] [아일랜드계(인): Irish/ of Irish descent/ stock]

[모범 영어]

⇒ On St. Patrick's Day, you can drink green beer and eat Irish dishes including corned beef, potato soup, and cabbage, at an Irish pub or restaurant. **In addition,/ Additionally,/ Also,/ Besides,** you are very likely to hear traditional Irish bagpipe music. Of course, you do not have to be Irish [or of Irish descent/stock] to enjoy all of those/them.

Q-4 다음의 한국어 표현을 영어로 표현해 보세요.

절대 다수의 미국인들이 Thanksgiving dinner에 구운 칠면조와 호박 또는 고구마 파이를 먹는다. 게다가 Thanksgiving Day에 하는 미식축구 경기인 turkey bowl 경기들 또한 사실상의 그들의 Thanksgiving dinner 식탁의 한 메뉴 항목으로 잊을 수 없다.

[절대 다수의 ...: An/The absolute/vast majority of ...] [A, which is B,: A = B 동격 (B가 A를 설명); A, or B; A, i.e., B; A, that is, B] [사실상의, 실질적인: virtual; practical]

[모범 영어]

⇒ An/The absolute majority of Americans eat roast turkey and pumpkin or sweet potato pie at their Thanksgiving dinner. **Also/ In addition/ Moreover/ Besides/On top of that/those,** we/one cannot forget about turkey bowl games, i.e.,/ or/ which are football games played on Thanksgiving Day, as a virtual menu item at their Thanksgiving dinner table.

SUMMARY : 추가와 보강의 표현

(1) Moreover, ... / Furthermore, ... / Further, ...

(2) Also, ... / Additionally, ... / In addition, ... / Besides, ...

(3) In addition to ..., ... / Besides ..., ... / On top of ..., ...

(4) ... in addition / as well / also/ too / to boot.:
 [주의] Not only/*just* that, ...

(5) In fact/*truth*, ... / As a matter of fact, ... / Actually, ... / Indeed, ...

Lecture #10

대조, 비교, 대안의 표현
Expression of Contrast, Comparison & Alternative

말과 글의 진행에서 논조와 설득력을 보강하기 위해 사용하는 기법들 중의 하나가 대조와 비교입니다. 말하거나 글 쓰는 이는 진술을 이끌어 가다가 지금의 진술 내용(A)과 대조되거나, 반대되거나, 비교 구분되는 것으로 B를 언급하는 경우가 있습니다. 이는 듣는 사람 또는 읽는 사람에게 자기의 주장을 보다 명확히 설득시키는 효과를 기대하기 때문이죠.

이번 강의에서는 그렇게 앞의 진술에 대해 대조 또는 비교를 제시하는 영어 표현들을 공부합니다. 대조와 비교의 표현들 역시 격식을 갖춘 말과 글뿐만 아니라, 일상적인 말과 글에서도 대단히 자주 사용되는 표현의 테크닉입니다. 물론 표현 방식들 또한 다양합니다. 이 Lecture에서도 공부하게 될 모든 영어 표현들의 형태와 스타일 그리고 그 표현이 사용되는 언어적 문맥, 뉘앙스, 격식성, 스타일을 눈여겨 보세요. 또 말 또는 글이 사용되는 인간관계와 사회적 상황과 문화적 코드에도 주목해야 합니다.

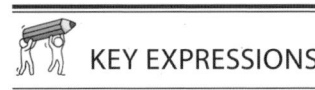 KEY EXPRESSIONS

(1) On the other hand, ...

(2) In/*By* contrast (to/*with* ...), ...

(3) In comparison, ... / By way of comparison, ... / As compared with ..., ...

(4) On the contrary, ... / On the opposite side, ... / Conversely, ...

(5) Instead, ... / Rather, ...

(6) Another/*A different/An opposite* way to look at it is ...

An alternative perspective/*view/opinion* on the issue is ...

(7) (And/*But*) there is a downside/*shortcoming/drawback/an upside* to/*about/with* ..., too.

Now a downside/*an upside/a negative/skeptical/positive/bright aspect/side* of ... is ...

(8) A can/*should/is to* be contrasted with B.

A can/*should/is to* be distinguished/*differentiated discriminated* from B.

One/*We* can contrast A with B / distinguish/*differentiate/discriminate* A from B.

One/*We* can distinguish/*differentiate/discriminate* between A and B.

One/*We* can contrast/*distinguish/differentiate* A and B.

A distinction/*contrast* can be made/*found* between A and B.

A stands in sharp/*clear/vivid* contrast with/*to/against* B.

A contrasts (sharply/*clearly/vividly*) with B.

TEACHING CLASS

01 On the other hand, ...

다른 한편으로는 ...

[설명]

앞에서 한 진술 내용이나 화제에 관한 대조되는 모습을 덧붙이는 대표적인 표현으로 문어체 구어체에서 모두 자주 사용됩니다.
(물론 앞에 한 진술에 대한 반론/반전을 가하는 가장 기본적인 논리적 연결부사 But이 이 대조/비교의 기법으로도 대단히 자주 사용됩니다)

- Thanksgiving Day is celebrated by almost all Americans. It involves the largest movement of the population of the year. **On the other hand,** it is the most private and quietest day of the year, too.

  Thanksgiving Day는 거의 모든 미국인들이 지낸다. 한 해에 가장 많은 인구 이동을 수반한다. 다른 한편으로는 일 년 중에 가장 사적이고 조용한 날이기도 하다.

미국의 두 형제 자매 가족들이 모여 Thanksgiving dinner 직전에 기도를 드리고 있다. roast turkey(구운 칠면조)가 식탁에 올려져 있다. 미국의 모든 가정은 아니지만, 아직도 대다수 미국 가정이 Thanksgiving dinner를 시작하는 전형적인 모습이다. 사진: ⓒ 박우상 박사 (Dr. David)

02 In/By contrast (to/with ···), ...

...와 대조적으로, ...과 대조가 되게 ...

[설명]

앞의 진술과의 대조를 나타내는 대표적인 표현의 하나입니다. 전치사 By가 이따금 사용되지만 In이 압도적으로 자주 사용됩니다. 이 표현은 문어체와 격식을 갖춘 표현에서 보다 자주 사용됩니다.

- The Fourth of July is a national holiday celebrated by most Americans in public – at parades and fireworks and in parks. **In contrast** (to/with the Fourth of July), Thanksgiving Day is a very private and quiet holiday.

  7월 4일 (Independence Day, 미국 독립기념일)은 대부분의 미국인들이 퍼레이드와 불꽃놀이에서 그리고 공원에서 공적으로 기리는 국가적 휴일이다. 대조적으로 Thanksgiving Day는 대단히 사적이고 조용한 휴일이다.

미국 Wisconsin 주의 주도 Madison 서쪽의 한 동네. 이웃들이 미국을 상징하는 온갖 모양의 red, white and blue 색상의 옷을 입고 동네 길을 따라 걷는다. 작은 the Fourth of July 퍼레이드를 하고 있는 셈이다. 사진: ⓒ 박우상 박사 (Dr. David)

동네 한 쪽에서 the Fourth of July 퍼레이드가 열리는 동안 다른 쪽 공원에서는 juggling을 포함한 광대쇼(clowns' shows)가 열린다. 아이들은 쇼를 구경하거나 댄스, 핫도그, 햄버거 등을 즐긴다. 사진: ⓒ 박우상 박사 (Dr. David)

- So many American-born students lack a love of learning and a work ethic. So many lazy middle-class kids have a sense of entitlement. So many low-income students are infected with an anti-achievement ethic. **In vivid contrast,** so many immigrant students love to learn, respect their teachers, work hard, and excel.

너무도 많은 미국에서 태어난 학생들이 배움을 사랑하는 자세나 성실히 일하는 윤리를 결여하고 있다. 너무도 많은 게으른 중산층 아이들은 당연한 권리 의식을 (자기들이 미국인이니까 당연히 잘 살고 시민으로서의 권리들과 혜택들이 당연한 것으로 느끼는 의식을) 갖고 있다. 너무도 많은 저임금 층의 학생들은 성취를 반대하는 자세를 갖고 있다. 뚜렷하게 대조적으로 너무도 많은 이민자 학생들은 배우기를 좋아하고 선생님들을 존경하며 열심히 일하고 뛰어난다.

**[lack: 타동. ...을 결여하다, ...이 없다] [work ethic: 성실한 근로 윤리/정신] [a sense of entitlement: (본인은) 혜택을 받을 자격이 있다는 의식/태도] [be infected with ...: ...에 감염되다] [anti-achievement ethic: 성공/성취에 반감을 가진 자세/태도] [in vivid contrast: (앞에 언급한 내용과) 극명히 대조 되게] [excel: 자동. 뛰어나다, 탁월하다]

03 In comparison, ... / By way of comparison, ... / As compared with ..., ...:

(A와) 비교하자면/비교해서 B는 ...

[설명]

역시 앞에 언급된 화제/진술과 대조되는 표현을 이끄는 부사구입니다. '(앞과/그와) 비교해, (...과) 비교하자면'이라는 의미를 가집니다. On the other hand나 In contrast보다는 사용 빈도가 떨어지며, 구어체보다 문어체에서 좀 더 선호됩니다.

- December 31, including New Year's Eve, is a such a festive and boisterous day. **As compared with** the last day of the year, New Year's Day is a quiet day of rest and reflection.

  12월 31일은 New Year's Eve를 포함해서 대단히 축제 분위기의 시끌벅적한 날이다. 한 해의 그 마지막 날에 비해 New Year's Day는 휴식과 성찰의 조용한 날이다.

미국 중서부 사람들이 party hat을 쓰고 polka 밴드의 음악에 맞추어 춤을 추면서 New Year's Eve를 즐기고 있다. 사진: ⓒ 박우상 박사 (David Park)

미국 Wisconsin 주 Madison에서 Wisconsin 대학생들이 polka 밴드의 음악에 맞추어 새해를 환호하며 맞이하고 있다. 사진: ⓒ 박우상 박사 (David Park)

04 On the contrary, ... / On the opposite side, ... / Conversely, ...:
(그) 반대로/그와 반대되게 ...

[설명]

앞에 온 진술 내용(화제)과 대조되거나 반대되는 내용의 표현을 이끄는 논리적 연결 부사 어구입니다. '(그) 반대로, 그와 반대되게, 반면에, 정반대로, 거꾸로' 등으로 번역될 수 있죠. 주로 격식을 갖춘 글과 말에서 사용됩니다.

- Memorial Day is supposed to be a solemn day honoring the war dead. **On the contrary,** most Americans kick off their long, fun season of summer on the Memorial Day weekend with picnics and barbecues with friends and neighbors.

  Memorial Day (미국 현충일, 5월 마지막 월요일)은 전쟁에서 죽은 사람들을 기리는 엄숙한 날이어야 한다. 반대로 대부분의 미국인들은 Memorial Day 주말에 친구들과 이웃들과 함께 하는 피크닉과 바비큐 파티로 길고 재미있는 여름철을 시작한다.

Memorial Day(미국 현충일, 5월 마지막 월요일)에 미국의 veterans of foreign wars(해외 전쟁 참전 퇴역 군인들)과 가족들이 지역 묘지에 묻힌 전몰 군인들에게 경의를 표하고 있다. 사진: ⓒ 박우상 박사 (Dr. David)

사진에서 보듯 Memorial Day에는 많은 이웃과 친구들이 햄버거와 핫도그를 grill 해 먹고 맥주와 소다를 마시면서 초여름의 날씨를 만끽하는 시간을 갖는다. 미국의 Memorial Day는 비공식적으로 긴 summer season을 시작하는 날이다.
사진: ⓒ 박우상 박사 (Dr. David)

05 Instead, ... / Rather, ...

(그) 대신에 / 그것이 아니라 오히려, 차라리 ...

[설명]

앞에 한 진술 또는 앞에 온 항목에 대해 다른 선택 또는 대안을 제시할 때 사용하는 표현입니다. Instead (그 대신에) 또는 Rather (그 대신에/ 그것이 아니라 오히려, 차라리 ...: 보다 정확히 말하자면)을 사용합니다. Instead와 Rather 둘 다 구어체/일상체와 문어체/격식체에 모두 자주 사용됩니다.

- Unpredictable lake-effect weather rules the winters in Indiana and Michigan, but locals don't hide when winter strikes. **Instead,** they relish the white stuff.

    예측이 불가능한 호수의 영향을 받는 날씨가 Indiana와 Michigan 주의 겨울들을 지배하지만 이 지역 사람들은 겨울이 와도 (집 안에) 숨지 않는다. 대신 그들은 눈을 즐긴다.

* 여기서 the winters는 해마다 오는 모든 겨울들을 예외 없이 통털어 일컫는 the + 복수형의 총칭적 어법을 따른 것이다.

**[unpredictable: 형용. 예측할 수 없는] [effect: 명. 영향, 효과] [rule: 타동. ...를 통치/지배하다, ... 위에 군림하다] [local: 명. 현지 사람] [relish: 타동. ...의 맛을 즐기다, 만끽하다] [the white stuff: snow]

- Golf isn't, say, hockey, where fights break out at the drop of a puck. **Rather,** it's a game of honor.

  골프는 예를 들자면 퍽이 (얼음에) 떨어지기만 해도 싸움이 일어나는 아이스 하키가 아니다. 정확히 말하자면/오히려 골프는 명예의 게임이다.

**[break out: (질병, 전쟁, 화재 등 흔히 안 좋은 일이) 발생하다] [at the drop of a puck: (아이스하키) 퍽이 떨어지기만 해도] [honor: 명. 명예]

- It is not our affluence that grips the imagination of others. **Rather,** it is the values upon which our system is built.

  (국제적으로) 남들의 상상력을 사로잡는 것은 우리의 (미국의) 풍요로움이 아니다. 정확하게는/오히려/차라리 그것은 우리의 체제의 기반인 가치관들이다.

**[affluence: 명. 부유함, 풍요] [grip: 타동. 붙잡다, 사로잡다] [value: 명. 가치(관)]

06 Another/*A different An opposite* way to look at it is ...
An alternative perspective/*view/opinion* on the issue is (that)...

그것을 보는 또 하나의/다른/반대되는 방식은 ...
그 이슈에 관한 또 다른 관점/견해는 ...

[설명]

앞에 온 진술과 대조적인 관점이나 대안적인 의견을 이끄는 표현입니다. 위의 표현보다 아래의 표현이 보다 격식을 갖추고 있어요.

- With the Super Bowl claiming a viewer rating of 40 percent, football is arguably the most favorite sport for Americans. **An alternative opinion** on popular sports in America **is that,** with all the rising popularity of football, America's national pastime is still baseball.

  Super Bowl이 40%의 시청률을 보이고 있어 미식축구는 단연코 미국인들이 가장 좋아하는 스포츠이다. 미국에서 인기있는 스포츠들에 관한 다른 의견은, 미식 축구의 오르고 있는 인기에도 불구하고 미국의 국민적인 오락은 아직도 야구라는 것이다.

07 (And/*But*) there is a downside/*catch/shortcoming/drawback/ weakness/disadvantage/a strength/an upside/advantage* to/ *about/ with* ..., too.

Now a downside/*weakness/catch/an upside/an advantage/a strength/a negative/ keptical/positive/bright aspect/side* of ... is ...

(그러나) ...에는/...의 경우에는 부정적인 면/결점/약점/강점/긍정적인 면 또한 있다.
이제 ...의 부정적인 면/결점/약점/회의적인 점/ 강점/ 긍정적인 면/희망적인 면은 ...

[설명]

앞에 긍정적으로 언급한 화제의 부정적인 면을 진술할 때의 표현들입니다. 대부분 문어체, 구어체에 폭넓게 사용될 수 있어요. 반대로 부정적으로 언급했던 화제에 관해 긍정적인 면을 진술할 때는 upside, advantage, strength, positive, bright 등을 사용합니다. catch는 감춰진 문제(concealed drawback), 약점(weakness), 결함(fault), 속임수(trickery), 함정(trap) 등을 뜻하는 비격식체의 낱말입니다.)

- In New York City, there are plenty of things for tourists to see and do. Now, **there's a downside to** it, too: it's pretty expensive to get around and stay in the city.

  뉴욕 시에는 관광객들이 보고 할 것들이 많다. 자 이제, 그 점에 관해 불리한 면도 있다는 것이다. 뉴욕 시에서는 여기 저기 다니고 머무르는 것이 꽤나 비싸다.

08

A can/*should/is to* be contrasted with B.
A can/*should/is to* be distinguished/*differentiated/discriminated* from B.
One/*We* can contrast A with B / distinguish/*differentiate/discriminate* A from B.
One/*We* can distinguish/*differentiate/discriminate* between A and B.
One/*We* can contrast/*distinguish/differentiate* A and B.
A distinction/*contrast* can be made/*found* between A and B.
A stands in sharp/*clear/vivid* contrast with/*to/against* B.
A contrasts (sharply/*clearly/vividly*) with B.

> A는 B와 대조될 수 있다/대조되어야 한다.
> A는 B와 구별/구분될 수 있다/되어야 한다.
> A와 B (간/사이에)는 구분될 수 있다/ 대조/차이를 발견할 수 있다.
> A는 B와 분명하게 대조된다.

[설명]

앞에 언급된 화제 (또는 그 화제의 성질/모습 A)가 B와는 대조됨을 나타내는 다른 표현들입니다.

- **One can differentiate Halloween and Labor Day** in the sense that Halloween is celebrated by almost everyone, whereas Labor Day events are attended mostly by blue-collar workers.

  Halloween은 거의 누구나가 지내는 반면에 Labor Day는 주로 육체노동 근로자들이 참가한다는 점에서 Halloween과 Labor Day를 구별할 수 있다.

자동차 회사 General Motors의 한 assembly plant(조립 공장)이 있는 Wisconsin 주 Janesville에서 자동차 노조 근로자들이 Labor Day를 축하하는 모습이다. 진흙탕 속에서 하는 배구인 mud volleyball을 즐기고 있다. 사진 ⓒ 박우상 박사 (Dr. David)

- Almost all Americans celebrate Thanksgiving Day. The day **can be distinguished from** all other holidays in that it is celebrated in private, largely shut off from the rest of the world.

거의 모든 미국인들이 Thanksgiving Day를 지낸다. 그 날은 거의 세상으로부터 단절되어 사적으로 지낸다는 점에서 다른 모든 휴일들과 구별될 수 있다.

- Thanksgiving Day **stands in sharp contrast with** all other American holidays: it is typically celebrated among members of the family or the inner circle, whereas other holidays are usually observed with other people, the community, or the public.

  Thanksgiving Day는 다른 모든 미국의 휴일들과 뚜렷이 대조된다. 다른 휴일들은 주로 다른 사람들, 지역 사회 또는 공공과 함께 준수되지만 그 날은 전형적으로는 가족들 또는 가까운 내부 사람들과 지낸다.

EXERCISE

Q-1 다음의 어구들 중에서 Halloween (the evening/night of October 31)과 Labor Day (the first Monday in September)를 대조적인 관점에서 설명하는 표현이 <u>아닌</u> 어구는 어느 것입니까?

Halloween events can be attended by anyone (Halloween costumes are strongly recommended, though.). _____, Labor Day activities, including mud volleyball, are usually attended by industrial and service workers.

(1) In contrast   (2) On the contrary
(3) By the by   (4) In comparison

[정답과 해설]

- 정답: (3)
- 해설: In contrast, On the contrary, In comparison 모두 앞의 내용과 대조나 반대되는 화제나 진술을 이끄는 표현들이지만, By the by/bye는 (= By the way; Incidentally) 앞의 진술로부터 부수적이거나 다른 화제로 이야기를 돌리는 표현입니다.

[번역]

Halloween 이벤트들은 누구나 참가할 수 있다 (Halloween 복장은 강력히 권고된다). _____ 진흙탕 배구를 포함한 Labor Day 활동들은 주로 산업 근로자들과 서비스업 근로자들이 참가한다.

Q-2 다음의 두 문장의 대조적인 면이나 차이를 표현하지 <u>않는</u> 것은 어느 것입니까?

Equality has long been an ultimate ideal of democracy. _____, democracy has long held a competing ideal, i.e., freedom as well. The extent to which and the manner in which we can reconcile the twin ideals are the test of our democracy.

(1) On the other hand   (2) In a similar vein
(3) On the opposite side   (4) In contrast with equality

[정답과 해설]

- 정답: (2)
- 해설: (1) (3) (4)는 앞의 진술 내용과 대조 또는 반대되는 면이나 진술을 이끄는 부사어구임에 반해, (2)는 앞의 내용과 유사한 진술을 이끄는 표현입니다.

[번역]

평등은 오랫동안 민주주의의 궁극적 이상이었다. 반면에 민주주의는 자유라고 하는 하나의 경쟁적인 이상 또한 지녀왔다. 우리가 그 두 쌍둥이 이상을 어느 정도까지 그리고 어떤 방식으로 조화시키느냐가 우리 민주주의의 시험이다.

Q-3 다음의 한국어 표현을 영어로 표현해 보세요.

미국인들은 파티를 하면서 New Year's Eve를 신나게 보낸다. 대조적으로 바로 다음 날인 New Year's Day는 극히 조용한 날이다.

[신나는 시간을 보내다/즐기다: enjoy oneself; have a blast/ ball/ bash (비격식 구어체); have a great time] [극히, 극도로: extremely; exceptionally; all/much/way too …]

[모범 영어]

⇒ Americans have a blast on New Year's Eve, partying. **In contrast,** the very next day, New Year's Day, is an extremely quiet day.

Q-4 다음의 한국어 표현을 영어로 표현해 보세요.

시카고는 여전히 산업화 시대를 떠오르게 하는 회색의 오랜 중공업 시설과 빌딩을 많이 유지하고 있다. 그 반면에 시카고는 또한 현대적이고 예술적인 다운타운 지역들과 조깅하는 사람들, 싸이클링 하는 사람들, 해변 배구를 하는 사람들 그리고 요트들로 부산한 그림같이 아름다운 호숫가 동네들을 자랑하고 있다.

[산업화 시대: the Industrial Age; the age of industrialization] [smokestack: 중공업, 제조업, 철강업 등의; 그러한 산업 시설의 연기/개스 배관 파이프] [시설: facilities] [conjure up …: …(생각이나 이미지 등)을 떠올리다] [그림같이 아름다운: picturesque]

[모범 영어]

⇒ Chicago still keeps many of its gray and old smokestack facilities and buildings that conjure up the age of industrialization. **On the other hand,** the city also boasts modern and artistic downtown districts and picturesque lakeshore neighborhoods bustling with joggers, cyclists, players of beach volleyball, and yachts.

 **SUMMARY** : 대조, 비교, 대안의 표현

(1) On the other hand, ...

(2) In/*By* contrast (to/*with* ...), ...

(3) In comparison, ... / By way of comparison, ... / As compared with ..., ...

(4) On the contrary, ... / On the opposite side, ... / Conversely, ...

(5) Instead, ... / Rather, ...

(6) Another/*A different*/*An opposite* way to look at it is ...

An alternative perspective/*view*/*opinion* on the issue is ...

(7) (And/*But*) there is a downside/*shortcoming*/*drawback*/*an upside* to/ *about*/ *with* ..., too.

Now a downside/*an upside a negative*/*skeptical*/*positive*/*bright aspect*/*side* of ... is ...

(8) A can/*should/is to* be contrasted with B.

A can/*should/is to* be distinguished/*differentiated/discriminated* from B.

One/*We* can contrast A with B / distinguish/*differentiate/discriminate* A from B.

One/*We* can distinguish/*differentiate/discriminate* between A and B.

One/*We* can contrast/*distinguish/differentiate* A and B.

A distinction/*contrast* can be made/*found* between A and B.

A stands in sharp/*clear/vivid* contrast with/*to/against* B.

A contrasts (sharply/*clearly/vividly*) with B.

Lecture #11

유사와 비유의 표현
Expression of Similarity & Analogy

말하는 이나 글 쓰는 이가 어떤 진술이나 주장을 하고 나서 앞서 제시한 그것과 유사한 사례를 종종 내보이곤 합니다. 이것은 먼저 말한 진술이나 주장의 이해를 돕고 전체 진술의 설득력을 강화하기 위한 표현 기법입니다. 경험적이고 실체적인 사고방식과 문화 전통을 가진 영어권 사람들은 말과 글에서 증거나 예를 대단히 중요시합니다. 그래서 사람들이 일반적으로 쉽게 이해할 수 있는 사례들이나 비유적인 표현들을 이용해 말을 듣거나 글을 읽는 사람들의 이해를 돕게 되는 것입니다.

이번 강의에서는 그렇게 앞선 진술의 이해를 돕기 위해 유사하거나 비유적인 사항을 제시하는 영어 표현들을 공부합니다. 유사와 비유의 사용 또한 격식을 갖춘 말과 글뿐만 아니라 일상적인 말과 글에서도 대단히 자주 사용되는 표현의 테크닉이며, 그 표현 방식들 또한 다양합니다. 이 Lecture에서도 공부하게 될 모든 영어 표현들의 형태와 스타일 그리고 그 표현이 사용되는 언어적 문맥, 뉘앙스, 격식성, 스타일과 말 또는 글이 사용되는 인간관계와 사회적 상황과 문화적 코드에도 주목해야 합니다.

 **KEY EXPRESSIONS**

(1) A is like B. / A and B are alike.

(2) A and B are similar/*comparable/analogous*.

　　A is similar/*comparable/analogous* to B.

　　Lots of/ *No* similarity/*similarities/analogy/analogies*/comparability can be found between A and B.

　　There are lots of/ *no* similarity/*similarities/analogy/ analogies/ compatibility* between A and B.

　　One/*We/People* can find lots of/ *no* similarity/*similarities/analogy/ analogies/compatibility* between A and B.

(3) Likewise, …/ Similarly, …

　　In a like/*similar* manner/*way/fashion*, …

　　In a similar vein, …

(4) (Just/*Much*) as + A-절, (so) B-절.
　　B-절, (just/*much*) as + A-절.

(5) … (just/*much*) like + 절 (= 주어 + 술부)
　　… (just/*much*) as if/*though* + 절 [= 주어 + 술부 (직설법 or 가정법)]

(6) A can be compared/*likened/paralleled* to B.
　　One can compare/*liken/parallel* A to B.

(7) A parallels/*resembles* B.

　　A runs parallel to B.

　　A has some/*a lot of* parallel/*analogy/correspondence/resemblance* with B.

TEACHING CLASS

01 A is like B. / A and B are alike/*similar*.

A는 B(와) 같다. / A와 B는 비슷/유사하다.

[설명]

'A is like B'는 A를 유사한 B에 비유하여 (simile: 비유법) 읽는 또는 듣는 이의 이해를 돕는 가장 대표적인 표현입니다. 여기서 like는 전치사이므로 뒤에 명사, 대명사, 또는 -ing (동명사)를 사용합니다. A and B를 주어로 해서 보어인 alike를 사용하여 표현하는 A and B are alike/similar도 자주 사용됩니다. 여기서는 like를 사용할 수 없고 서술적 형용사인 alike를 사용함에 주의해야 합니다. 두 구문 모두 문어체와 구어체에서 자주 사용됩니다.

- Barbie's **like** Elvis, McDonald's, the Yankees. An American icon.

    Barbie (인형)은 Elvis (Presley), McDonald's, 그리고 (New York City의 Major League baseball 팀인) Yankees와도 같다. 미국을 상징하는 하나의 아이콘이다.

1959년에 등장한 이후로 Barbie 인형들은 상당한 정도로 미국 대중문화의 거울이 되어 왔다. Barbie 인형들은 더 이상 옛날의 많은 미국 남성들의 꿈이었던 뛰어난 몸매에 복종적인 여성이 되려고 하지 않는다. 옆은 New York City의 Times Square에 있는 Toys "R" Us 가게에 진열된 바비 인형이다. 2004년 대통령 선거에 앞서 가게 창문 안쪽에 한 대통령 후보로 Barbie를 광고하고 있다. 사진 제공: © Shiyin Lim

- In the Wild West, scalawags multiplied **like** jackrabbits. Most notorious was Jesse James, the head honcho of the James gang that terrorized Missouri from 1866 to 1881.

  (19세기 후반의) 개척기의 서부에서는 깡패들(무법자들, outlaws)가 산토끼들처럼 불어났다. 가장 악명 높은 자는 Missouri 주를 1866년부터 1881년까지 공포로 몰았던 James 갱단의 왕초 Jesse James였다.

미국 서부의 outlaw and gangleader(무법자, 갱 두목) Jesse James(1847-1882). 대중들에게 오랫동안 전설적인 영웅(미국의 Robin Hood처럼)으로 여겨져 왔다. 그러나 그는 부유한 사람들만을 목표로 했지만, 실제로 뺏은 재산을 가난한 사람들에게 나누어주거나 인도적인 어떤 일에도 기여했다는 증거는 전혀 없다. 사진 제공: the Library of U.S. Congress

- In the 1950s, the homes of middle-class Americans, their cars, their babysitters, the style of clothes their wives and children wore, the food they ate, their days off – all of those **were alike** and were becoming nearly identical.

  1950년대에는 중산층 미국인들의 집, 그들의 차, 그들의 아기 보는 사람들, 그들의 아내들과 아이들이 입는 옷의 스타일, 그들이 먹는 음식, 그들의 휴일들 - 그 모든 것들이 유사했으며 거의 동일해지고 있었다.

뉴욕 Brooklyn의 역사적인 row houses. 일렬로 배열된 주택을 뜻하는 row houses는 균일하거나 유사한 건물들 사이에 공유하는 벽을 특징적으로 보여준다. 1950-60년대, 경제적으로는 중산층의 확대와 사회문화적으로는 중산층의 보수주의를 상징한 건축물이다. 사진 제공: ⓒ Robert Polisher

02 A and B are similar/*comparable*/*analogous*.

A is similar/*comparable*/*analogous* to B.

Lots of/ *No* similarity/*similarities*/*analogy*/*analogies*/*comparability* can be found between A and B.

There are lots of/ *no* similarity/*similarities*/*analogy*/*analogies*/*compatibility* between A and B.

One/*We*/*People* can find lots of/ *no* similarity/*similarities*/*analogy*/*analogies*/*compatibility* between A and B.

A와 B와 유사/비슷하다.
A와 B 간/사이에는 많은 유사함/비슷함/유사한 점들이 있다/없다/발견될 수 있다.

[설명]

A와 B의 유사성을 나타내는 표현들로서, similar는 가장 일상적이며 그보다 comparable이, 그리고 comparable보다 analogous가 보다 격식을 갖춘 낱말입니다. 그리고 similarities나 analogies는 추상명사 (similarity와 analogy)의 보통명사화 현상으로 구체적으로 유사한 점들이나 특징들을 나타냅니다. 그리고 한국어로는 '...과 유사하다'고 하더라도 전치사로는 with이 아니라 to를 사용하는데 주의해야 합니다.

- Polka music **is similar to** swing of the 1930s-40s in the sense that it is mainly supported by those who dance to it.

    폴카 음악은 그 음악에 맞추어 춤을 추는 사람들에 의해 주로 후원이 된다는 의미에서 1930년대-1940년대의 스윙과 유사하다.

■ A number of **similarities can be found between** polka **and** swing. First of all, both genres are basically dance music.

많은 유사점들이 폴카와 스윙 간에 발견될 수 있다. 가장 먼저, 두 장르 모두 기본적으로 댄스 뮤직이다.

Wisconsin 주의 한 포도밭에서, polka band의 음악에 맞춰 두 친구가 즉흥적으로 춤을 추고 있다. 미국 중서부(the Midwest) 지역은 polka 밴드 음악과 dance의 강한 전통을 자랑한다. 사진: 박우상 박사 (Dr. David)

전체 여성 멤버들로 구성된 한 swing band의 음악을 타운 사람들이 즐기고 있는 동안, 나이 지긋한 한 커플이 swing 음악에 맞추어 춤을 추고 있다. 사진: ⓒ 박우상 박사 (Dr. David)

03 Likewise, ... / Similarly, ...

In a like/*similar* manner/*way/fashion*, ...

In a similar vein, ...

비슷하게/유사하게, 비슷한/유사한 것으로 ...
비슷한/유사한 식/방식으로 ...
유사한 맥락으로/ 유사한 종류/성격의 것으로 ...

[설명]

'(그와) 유사한 식으로, 비슷하게'라는 의미로 앞에 온 진술과 유사한 비유를 이끄는 표현들입니다. 특히 Likewise,와 Similarly는 격식체와 비격식체 문어체와 일상체 모두에서 자주 사용되며, 그에 비해 '... manner/way/fashion/vein' 형은 보다 격식을 갖춘 표현에서 선호됩니다. 'In a similar vein, ...'에서의 vein은 '정맥' 혈관 또는 광물질의 맥을 뜻하는 명사인데, 여기서는 비유적으로 어떤 성질, 기질, 종류를 뜻합니다.

- Madison, Wisconsin, in the North is a super liberal campus town and the state capital surrounded by slightly conservative areas. **Likewise/ Similarly/ In a similar vein,** in the South, Austin, Texas, is a liberal, academic city and the state capital encircled by a majority of conservative Republicans.

    북부에 있는 Wisconsin 주의 Madison은 약간 보수적인 지역들로 둘러싸인 대단히 진보적인 캠퍼스 타운이자 주의 수도이다. 유사하게 남부에서는 Texas 주의 Austin이 보수 공화당 사람들인 다수에 의해 둘러싸인 진보적이고 학구적인 도시이며 주의 수도이다.

Wisconsin 주의 Madison과 the University of Wisconsin at Madison 캠퍼스는 미국 내 진보적인 도시이자 대학교이다. 급진적인 학생들과 항의자들이 권력과 경제의 집중으로부터 민주주의와 정부를 되찾을 것을 주장하며 행진하고 있다. 사진: ⓒ 박우상 박사 (Dr. David)

04 (Just/*Much*) as + A-절, (so) B-절.
B-절, (just/*much*) as + A-절.

꼭/마치 A하/이듯이 B하/이다

[설명]

이 구문에서 as는 '마치 A-절 하/이듯이' (in the manner that ...) 라는 의미로 방식/모양새를 나타내는 접속사입니다. as-절이 나타내는 유사한 방식/모양새를 강조하기 위해 as 앞에 just 또는 much를 사용하는 경우가 자주 있죠. 그리고 주절이 뒤에 올 때 so가 그 앞에 오는 경우들이 있으며, 이 경우의 so는 '앞에 언급/함축된 바로 그런 식으로' (in the manner/*way* just indicated, described, or implied)라는 의미의 지시부사입니다. 이 구문은 문어체와 구어체, 비격식체와 격식체에 모두 자주 사용되며, so에 뒤따라 주절이 뒤에 오는 경우에는 주절이 종종 'so + 조동사/do/*be* 동사 + 주어'의 도치 구문을 취합니다.

- Do unto others **as** you would have them do unto you. (The Golden Rule, 황금률)

  남들이 너에게 하기를 바라는 대로 남들에게 행하라.

- When (you're) in Rome, do **as** the Romans do. (Proverb)

  로마에 있을 때는 로마인들이 하듯이 행하라.

- **As** you sow, **so** shall you reap.
- **As** a man sows, **so** shall he reap. (Proverb: Biblical, 성서에서 유래한 속담)

  씨 뿌리는 대로 거두어 들일 것이다.

- **As** the twig is bent, **so** is the tree inclined. (Proverb)

    가지가 휘는 식대로 나무는 그렇게 기울어져 있다/그런 성향이 있다.

    = A person will act the way he or she was taught to act as a child.
    사람은 어린 시절에 행동하도록 가르쳐진 대로 행동한다/부모를 닮는 법이다.

- **Much as** many species of animals have evolved, **so** has the bicycle.

    많은 종의 동물들이 진화해 온 것과 바로 똑같이 자전거 역시 그렇게 진화해 왔다.

- **Just as** the cycle of American history running from the Civil War to the 1890's can be thought of chiefly as a period of industrial and continental expansion and political conservatism, **so** the age running from about 1890 to the Second World War can be considered an age of reform.

    The Civil War (남북전쟁, 1861-1865)부터 1890년대에 이르는 미국사의 주기가 주로 산업과 대륙의 확장과 정치적 보수주의의 시대로 간주될 수 있는 것과 마찬가지로, 1890년 경부터 제2차 세계대전까지 이르는 시대는 개혁의 시대로 간주될 수 있다.

05 ... (just/much) like + 절 (= 주어 + 술부)
... (just/much) as if/though + 절 [= 주어 + 술부 (직설법 or 가정법)]

(꼭/딱/마치) ...하/이듯이 ...하/이다

[설명]

'...하/이듯이'라는 의미의 유사한 방식/모양새를 나타내는 구문입니다. like는 비격식체의 글이나 일상적 구어체에서, as if는 보다 격식을 갖춘 문어체 표현에서 선호됩니다 (as though는 as if보다도 더욱 격식체적). 유의할 점으로 국내의 영어교육에서의 설명과 달리, 실제의 as if나 as though-절에는 가정법 뿐만 아니라 직설법 또한 대단히 자주 사용됩니다.

- People who come here usually have read all the 'Little House' books and feel **like** Laura is a personal friend of theirs.

  여기에 (Laura Ingalls Wilder의 오랜 고향인 Missouri 주의 Mansfield에) 오는 사람들은 대부분 "Little House" 책들을 다 읽었으며 (저자인) Laura가 자기들 친구인 것처럼 느낀다.

  * **Laura Ingalls Wilder** (1867-1957): 19세기 말 미국의 변경 지역 (예: Wisconsin 주)에서의 어린 시절을 소재로 《 Little House 》 시리즈를 집필한 아동소설 작가. 대표작은 《 Little House on the Prairie (1935) 》

- The comfortable concentration camp that American women have walked into denies woman's adult human identity. By adjusting to it, a woman becomes an anonymous biological robot. And the longer she conforms, the less she feels **as if** she really exists. [Betty Friedan, The Feminine Mystique (1963): 286]

  미국 여성들이 걸어 들어간 그 안락한 강제수용소는 여성의 성인으로서의 인간적 정체성을 부정한다. 그 수용소에 적응함으로써 여성은 익명의 생물학적 로봇이 된다. 그리고 더욱 오래 순응하면 할수록 자기가 실제로 존재하는 것처럼 느끼지 못하게 된다.

유사와 비유의 표현 | 189

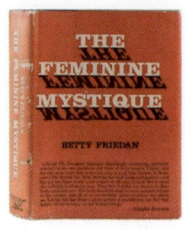
미국 여성들과 사회문화에 충격을 가한 feminism의 본격적인 선언인 Betty Friedan의 책 〈The Feminine Mystique〉 표지. 1960년대 후반 미국의 여성 Activist들이 거리와 광장에서 또 언론과 문화예술에서 feminism을 외치기 시작했다. 1970년대에는 feminism이 미국 가정의 부엌에까지 들어와 자리 잡기 시작했다고 평가된다.

- The American criminal justice system goes to great lengths to service victims of sexual assaults. A victim should never feel **as though** they caused the assault.

미국의 형법 제도는 성적 공격의 희생자들을 돕기 위해 대단한 노력을 기울인다. (성적 공격의) 희생자는 자기들이 그 공격을 초래했다고 느껴서는 절대 안된다.

06 A can be compared/*likened/paralleled* to B.

One/*We/You/People* can compare/*liken/parallel* A to B.

A는 B에 비유될 수 있다.
(우리는) A를 B에 비유할 수 있다.

[설명]

'A는 B에 비유될 수 있다/ A를 B에 비유할 수 있다'라는 의미의 표현입니다. 주의할 점으로 국내의 영어 학습서들과 시험 영어에서 매우 자주 'compare (= liken/*parallel*) A to B' (A를 B에 비유하다)를 'compare A with B' (A를 B와 비교하다)와 착각하여 가르치고 출제해 오고 있습니다. 비유의 의미로는 to를 사용함에 유의해야 합니다. 또 위의 표현들 중에 능동태의 주어인 One, We, You, People은 일반인 주어로, 문맥에 따라서는 한국어로 번역하지 않아도 좋은 경우들이 흔히 있습니다.

- The relationship between Southerners and food **can be compared to** that between biscuits and gravy. They go together just like twins.

  남부인들과 음식의 관계는 비스킷과 (그 위에 부어 먹거나 찍어 먹는) 그레이비의 관계에 비유될 수 있다. 그들은 마치 쌍둥이처럼 함께 어울린다.

(왼쪽) 미국 Louisiana 주의 New Orleans에서 한 여성이 근처 호수에서 잡은 crawfish (crayfish)를 꼭 잡고서 보여주고 있다.
(오른쪽) 어느 집 뒷마당에서 물에 삶은 crawfish boil 파티를 하고 있다. Crawfish boil 파티는 가족, 친구들 그리고 이웃들을 하나로 모이게 하는 Louisiana 일대에서는 흔한 이벤트이다.
왼쪽 사진: ⓒ Reese Lemon; 오른쪽 사진: ⓒ Kevin O'Mara

07
A parallels/resembles B.
A runs parallel to B.
A has some/a lot of parallel/analogy/correspondence/resemblance with B.

A는 B와 유사하다.
A는 B와 유사성을 갖고 있다.
A는 B와 어느 정도의/많은 유사성을 갖고 있다./ A는 B와 어느 정도/상당히 동질적이다/닮았다.

[설명]

A와 B의 유사성이나 동질성을 나타내는 표현으로, 약간 격식이나 교육 수준을 갖춘 글과 말에서 사용되는 표현들입니다. 그리고 resemble은 '...와/를 닮았다'라는 의미의 타동사여서 뒤에 전치사 with를 취하지 않고 진행 시제와 수동태로 표현되지 않아요. 한국어에서는 '닮았다'라고 과거 시제로 표현된다 하더라도 현재 살아있거나 존재하는 사람이나 사물을 묘사할 때는 과거 시제로 표현하지 않고 반드시 현재 시제로 표현해야 하는데 주의해야 합니다.

- Adoption both reflects and contributes to diversity in America. Americans are adopting more kids who do not **run parallel to** their adoptive parents in race, ethnicity, or cultural background.

    입양은 미국에서 다양성을 반영하고 또 그에 기여한다. 미국인들은 인종, 민족성 또는 문화적 배경에서 입양 부모들과 유사성이 없는 아이들을 점점 더 많이 입양하고 있다.

한국 아이들을 입양한 미국 가정들이 설날에 모여 한국의 전통 놀이인 윷놀이를 즐기고 있다. 사진: ⓒ 박우상 박사 (Dr. David)

EXERCISE

Q-1 다음의 진술에 관한 유사한 예를 드는 표현이 되기에 적절하지 않은 것은 어느 것입니까?

Slaves needed support from enlightened non-slaves to be liberated. Women also needed male supporters in their long march toward women's rights. _____, black Americans needed non-black advocates of racial equality to achieve black civil rights.

(1) In a like manner   (2) Likewise
(3) In fact   (4) In a similar vein

[정답과 해설]

◆ 정답: (3)
◆ 해설: (1) (2) (3)은 모두 앞에 온 진술과 유사한 내용의 진술을 이끄는, '(그와) 유사한 식으로, 비슷하게'라고 번역되는 논리적 연결입니다. 그러나 (3)은 앞의 진술 내용을 보강/확인하거나 때로는 반대하거나 대폭 수정하는 논리적 연결어로서 이 문맥에 적합하지 않습니다.

[번역]

노예들은 해방되기 위해서 노예 아닌 계몽된 사람들로부터의 지지를 필요로 했다. 여성들도 여권을 향한 오랜 행진에서 남성 지지자들을 필요로 했다. 그와 유사하게 흑인 미국인들은 흑인 민권을 성취하기 위해서 인종적 평등을 주장하는 흑인이 아닌 옹호자들을 필요로 했다.

Q-2 다음의 표현에서 문맥상 적절하지 않은 것은 어느 것입니까?

Many children's sports coaches still belittle the girls and humiliate the boys by saying they "_____."

(1) "play much as girls play."
(2) "play as if they were girls."
(3) "play just like girls."
(4) "play speaking volumes for the greatness of girls."

[정답과 해설]

◆ 정답: (4)
◆ 해설: (1) (2) (3)은 모두 남자애들을 여자애들한테 부정적으로 비유한 표현들로 여자애들을 무시하고 남자애들에게 모욕감을 주는 문맥에 적합한 표현들인데 반해, (4)는 'A speaks volumes for B.'의 구문으로 A가 B를 크게 지지/ 입증하는 표현이므로 문맥상 적합하지 않습니다.

[번역]

많은 아이들의 스포츠 코치들은 남자애들이 "_____"고 말함으로써 아직도 여자애들을 무시하고 남자애들에게 모욕감을 줍니다.

(1) 여자애들처럼 경기한다
(2) 마치 자기들이 여자애들인 듯이 경기한다
(3) 마치 여자애들처럼 경기한다
(4) 여자애들의 위대함을 입증하면서 경기한다

Q-3 다음의 한국어 표현을 영어로 표현해 보세요.

많은 미국인들은 미국 사회를 샐러드 보울 (salad_bowl)에 비유한다. 샐러드 안에서는 재료들이 각자의 개별적이고 뚜렷한 성질들을 유지한다. 그와 유사하게 미국인들도 자기 나름의 독특한 인종적이고 문화적인 전통들과 특성들을 유지하고 있는 것으로 인식된다.

[비유하다: compare/ liken/ parallel A to B] [(음식의) 재료: ingredient] [개별적인: individual] [뚜렷한: distinct; clear-cut] [성질/특성: quality; characteristic; trait; property; attribute] [유지하다: keep (to); maintain; retain; hold on to] [인종적인: racial] [문화적인: cultural] [전통: tradition]

[모범 영어]

⇒ Many Americans **compare/ liken/ parallel** American society to a salad bowl. In a salad, the ingredients keep their individual, distinct qualities. **Likewise/ Similarly/ In a similar vein,** Americans are perceived/seen/ understood to maintain their own unique racial and cultural traditions and characteristics.

Q-4 다음의 한국어 표현을 영어로 표현해 보세요.

많은 미국인들은 미국 사회를 용광로 (melting_pot)에 비유한다. 이 용어는 마치 용광로가 그것의 모든 재료들을 함께 녹여 하나의 조화로운 총체를 만들듯이, 미국 사회 역시 그렇게 이민자들을 포함한 그 모든 다양한 미국인들을 하나의 동질적인 민족으로 동화시킨다는 관점을 상징한다.

[비유하다: compare/liken/parallel A to B] [용어: term; phrase] [재료: material] [녹이다: melt] [조화로운: harmonious; balanced] [총체: whole; integrated whole/body] [다양한: diverse; variegated; varied] [동질적인: homogeneous] [동화시키다: assimilate] [관점: view; viewpoint; opinion; perspective] [상징하다: symbolize; represent; signify]

[모범 영어]

⇒ Many Americans **compare/ liken/ parallel** American society to a melting pot. This term/phrase symbolizes the view that **just/much as** a melting pot melts together all its materials into a harmonious whole, **so does American society assimilate** all the diverse Americans, including immigrants, into a homogeneous nation.

SUMMARY : 유사와 비유의 표현

(1) A is like B./ A and B are alike.

(2) A and B are similar/*comparable*/*analogous*.

　　A is similar/*comparable*/*analogous* to B.

　　Lots of/ *No* similarity/*similarities*/*analogy*/*analogies*/*comparability* can be found between A and B.

　　There are lots of/ *no* similarity/*similarities*/*analogy*/*analogies*/*compatibility* between A and B.

　　One/*We*/*People* can find lots of /*no* similarity/*similarities*/*analogy*/*analogies*/*compatibility* between A and B.

(3) Likewise, ... / Similarly, ...

　　In a like/*similar* manner/*way*/*fashion*, ...

　　In a similar vein, ...

(4) (Just/*Much*) as + A-절, (so) B-절.

　　B-절, (just/*much*) as + A-절.

(5) ... (just/*much*) like + 절 (= 주어 + 술부)

　　... (just/*much*) as if/*though* + 절 [= 주어 + 술부 (직설법 or 가정법)]

(6) A can be compared/*likened*/*paralleled* to B.

　　One can compare/*liken*/*parallel* A to B.

(7) A parallels/*resembles* B.

　　A runs parallel to B.

　　A has some/*a lot of* parallel/*analogy*/*correspondence*/*resemblance* with B.

Lecture #12

환언 설명의 표현
Expression of Paraphrasing/Rephrasing

'앞서 한 말에 대하여 표현을 달리 바꾸어 말함'
국어사전에서 '환언'이란 말을 찾아보면 이렇게 해석하고 있습니다. 영어로는 paraphrase로, 글 속의 어구를 다른 말로 바꾸어서 더욱 알기 쉽게 풀이하는 기법입니다. 영어로 말하거나 글 쓰는 사람은 자기의 진술이나 표현을 듣는 사람이나 읽는 사람이 보다 명확하게 이해할 수 있도록 돕기 위해 종종 앞서 한 진술이나 표현을 다른 방식으로 표현합니다. 영어로는 다른 어구나 문장을 사용하여 달리 표현을 해서 이해를 돕는 경우에 paraphrase(환언) 한다고 하며, 바꾸는 정도를 줄여 어구나 표현을 달리할 때는 rephrase, 다른 단어를 사용해서 표현할 때는 reword라고 합니다. (같은 어구나 단어를 반복해서 표현할 때도 rephrase/reword라고 합니다) 그러나 일상적으로는 세밀한 의미의 구분 없이 어구든 문장이든 paraphrase 또는 rephrase라고 말합니다.

이번 Lecture에서는 그렇게 앞의 진술의 이해를 돕기 위한 환언 표현들을 공부합니다. 환언 역시 격식을 갖춘 말과 글뿐 만 아니라 일상적인 말과 글에서도 매우 자주 사용되는 수사적(rhetorical) 테크닉이며, 표현 방식들 또한 다양합니다. 이 Lecture에서도 공부하게 될 모든 영어 표현들의 형태와 스타일 그리고 그 표현이 사용되는 언어적 문맥, 뉘앙스, 격식성, 스타일, 말 또는 글이 사용되는 인간관계와 사회적 상황과 문화적 코드에도 주목해 주십시오.

KEY EXPRESSIONS

(1) In other/*different* words, ... / In another word/*phrase*, ...

(2) That is (to say), ...

(3) ..., so to speak, ... / ..., so to speak. / ..., in a manner of speaking.

(4) ..., as it were, ... / ..., as it were.

(5) ..., shall we say, ...

(6) A, or B, ...

(7) Put differently/*(in) another way/in a different way(manner/fashion)/different(other) words*, ...

To put it differently/*in other words/in a different way(manner/fashion)*, ...

To paraphrase ..., / To wit, ...

(8) ..., namely/*viz. [videlicet]/i.e.,* ...

(9) A is so-called/*what is commonly(often/usually/popularly) called/what people(we/they) call* B.

(10) A is popularly/*widely/commonly* known as/*to be* B.

(11) A is/*can be* often/*commonly/usually* considered/*called/dubbed/labeled* (to be) B.

A is/*can be* often/*commonly/usually* regarded/*seen/viewed/thought of/looked at(on/upon) referred to* as B.

환언 설명의 표현 | 199

TEACHING CLASS

01 In other/different words, ...
In another word/phrase, ...

다른 말로는/달리 표현하자면/즉 ...

[설명]

앞에 언급된 화제 또는 앞에 한 진술을 다른 어구로 환언 설명하여 전체 문장의 이해를 돕기 위한 가장 대표적인 표현들입니다. '다른 말로는', '달리 말하자면', '즉' 등으로 번역되고 문어체와 구어체 모두에서 매우 자주 사용됩니다. 이들 중에도 가장 자주 사용되는 것은 In other words입니다. 단 하나의 어구로 환언 설명하는 경우에는 In another word/phrase, ...를 사용합니다.

- The vast majority of Americans celebrate Thanksgiving Day and eat roast turkey with their family and friends. **In other words,** the day is the single most American of all holidays.

  미국인들의 절대 다수는 Thanksgiving Day를 지내며 가족과 친구들과 구운 칠면조를 먹는다. 달리 말하자면 그날은 모든 휴일 중에서 단연 가장 미국적인 휴일이다.

Thanksgiving Day에 두 친구의 가족들이 모여 건배를 하며 Thanksgiving dinner party를 시작하고 있다. 사진: ⓒ 박우상 박사 (Dr. David)

02 That is (to say), ...

(달리) 말하자면, 즉 ...

[설명]

앞에 한 진술을 달리 표현해서 설명하거나(In other words) 보다 명확/정확하게(To be more precise/*correct*) 표현하고자 할 때 사용하게 됩니다. 'to say'가 종종 생략되고 일상적 구어체에서 대단히 자주 쓰게 됩니다. 어느 정도의 격식을 갖춘 글에서도 자주 사용됩니다.

- It's hard to find conservative Republicans in Massachusetts. **That is (to say)**, it's such a liberal state.

  Massachusetts 주에서는 보수적인 공화당 사람을 발견하기가 어렵다. 다시 말해, 그 주는 대단히 진보적인 주이다.

03 ..., so to speak, ... / ..., so to speak. / ..., in a manner of speaking.

말하자면/이를테면/소위

[설명]

앞의 진술을 달리 환언 설명하는 대표적인 표현들 중의 하나입니다. 대체로 문어체보다는 구어체에서 보다 선호됩니다. So to speak는 흔히 문장 끝에, 그리고 이따금 문장 중간에 사용되지만 문장 맨 앞에는 거의 사용되지 않습니다. In a manner of speaking은 문장 내에서 어느 위치에든 사용될 수 있지만, 보다 격식을 갖춘 표현입니다.

- Soon after Lincoln's election in 1860, eleven states of the South seceded from the United States and founded the Confederate States of America. Then America was turned into a house divided, **so to speak**.

1860년에 있었던 Lincoln의 당선 후 얼마 안되어서 남부의 11개 주가 미합중국으로부터 탈퇴하여 the Confederate States of America를 건국하였다. 그때 미국은 이를테면 반쪽 난 집이 되었다.

* 예제 문장 중 'a house divided'는 Abraham Lincoln의 표현입니다

**[secede: 자동. 분리독립하다, (조직에서) 탈퇴하다. > secession: 명. 탈퇴] [found: 타동. 수립/건립하다]

남북전쟁(the Civil War)의 시발점인 Fort Sumter를 방문객들이 둘러보며 역사 해설을 듣고 있는 사람들. 남북전쟁은 1861년 4월 12일, 미합중국(the United States of America)로부터 탈퇴한 미국 남부 11개 주의 연합국인 the Confederate States of America가 동남부 South Carolina 주의 Charleston 항 어구에 있는 미 연방 진지인 Fort Sumter에 포격을 가함으로써 시작되었다. 사진: ⓒ 박우상 박사 (Dr. David)

04 ..., as it were, ... / ..., as it were.

말하자면/이를테면 ...

[설명]

'이를테면' '말하자면' '마치' (so to speak; in a manner of speaking; as if such were so) 등으로 번역될 수 있는 환언 설명의 표현으로 가정법 과거에서 유래되었습니다. 문어체와 구어체에 모두 사용됩니다. 흔히 문장 중간 또는 문장 끝에 위치하며 쉼표(comma)를 찍습니다.

- Henry Ford, who paid his workers much higher wages than any other automaker, declared, "Democracy stops at the gate of the factory." He was**, as it were,** a benevolent dictator to his workers.

    자기 근로자들에게 다른 어떤 자동차 제조사보다도 훨씬 높은 임금을 지급한 Henry Ford는 "민주주의는 공장 정문에서 정지한다."고 선언했다. 그는 그의 근로자들에게 이를테면 혜택을 베푸는 독재자였다.

**[wage: 명. 임금] [declare: 자동. 선언하다] [democracy: 명. 민주주의] [gate: 명. 정문] [benevolent: 형용. 은혜를 베푸는, 혜택/도움을 주는, 자비로운] [dictator: 명. 독재자]

the Ford Motor Company의 설립자이자 세계 자동차 산업의 리더 Henry Ford(1863-1947), 1934년 사진. 사진 제공: the U.S. Library of Congress

05 ..., shall we say, ...

말하자면 .../ ...라고(나) 할까

[설명]

앞의 표현이나 진술을 달리 표현해서 설명하는 일종의 삽입절 idiom으로서 구어체 표현입니다.

- Henry Ford introduced the Model T in 1908 at a mere $850 a pop. It was**, shall we say,** the first car for the masses.

    Henry Ford는 1908년에 Model T 자동차를 1대당 850 달러에 출시했다. 그것은 말하자면 대중을 위한 최초의 자동차였다.

한 가족이 Michigan 주 Dearborn에 있는 the Henry Ford Museum and Greenfield Village에서 자동차를 타고 일요일 오후를 즐기고 있다. 당시 Ford가 이 자동차에 붙인 별명은 'the car for the great multitude' (많은 대중을 위한 자동차). 1908년에 처음으로 조립라인(assembly line)에서 대량생산 되어 (mass-produced) 매우 저렴하게 시판된 Model T 자동차이다. 사진: ⓒ 박우상 박사 (Dr. David)

06 A, or B, ...

A, 즉/다시 말해서 B

[설명]

접속사 or의 대단히 흔한 용법들 중의 하나입니다. 국내에서 전혀 가르치지 않는, 그러나 실제의 영어에서 사용 빈도가 높아 반드시 알아야 하는 용법이죠. 접속사 or가 쉼표 (,)를 동반하여 'A, or B'의 형태입니다. 이는 'A 또는 B'라는 선택의 의미가 아니라, B가 A의 동격 어구입니다. 즉 A를 뜻하는 다른 어구이거나, A에 관한 보충 설명, 정의, 또는 다른 표현임을 나타내죠. 대부분의 경우 A는 읽는 이 또는 듣는 이가 이해하기에 어려운 어구 또는 외래어여서 이해를 돕기 위해 B는 A를 쉽게 설명하는 어구입니다. 이 용법의 접속사 or는 구어체에서도 쓰이지만 보다 흔히 문어체적인 용법이며, 글에서는 반드시 쉼표 (comma)를 필요로 합니다. 'A는 즉/달리 말하면 B인데' 또는 'B를 뜻하는 A는', 'A는 B로서' 정도로 번역됩니다.

- Cinco de Mayo, **or** the Fifth of May, celebrates Mexican heritage.

  Cinco de Mayo는 5월 5일로서 멕시코의 전통/유산을 기념한다.

  * 여기서 ', or the Fifth of May,'는 앞에 오는 말인 Cinco de Mayo의 의미를 (스페인어인 Cinco de Mayo가 무엇을 뜻하는지 모르는 사람들을 위해) 설명해 주는 역할을 하는 동격의 명사구입니다. 즉, Cinco de Mayo = the Fifth of May

Cinco de Mayo(5월 5일)에 Wisconsin 주의 동남부 West Allis에서 Mexico계의 전통 밴드인 한 mariachi band가 멕시코의 전통적인 댄스 음악을 연주하고 있다. 대부분 흥겨운 멜로디와 박자인데, 대개 그 속에 슬픈 여운을 띄고 있다. 사진: ⓒ 박우상 박사 (Dr. David)

- There are now at least 35 million blacks, 30 million Hispanics and 10 million Asians in America. That's a total of 75 million people, **or** one-quarter of the nation's current population.

  미국에는 현재 적어도 3천 5백만의 흑인들과 3천만 명의 중남미계와 천만 명의 아시아계가 있다. 그 수는 총 7천 5백만 명으로 미국의 현재 인구의 4분의 1이다.

  * 75 million people = one-quarter of the nation's current population (7,500만 명, 즉 미국의 현재 인구의 4분의 1)

07 Put differently/*(in) another way/in a different way(manner/fashion)/ different(other) words*, ...

To put it differently/*in other words/in a different way(manner/ fashion)*, ...

To paraphrase ..., /To wit, ...

달리/다른 식으로/다른 말로 말하자면/표현하자면/ 환언해서 말하자면 ...

[설명]

앞에서 한 진술을 다른 표현으로 설명하는 것으로 여기서 put은 describe/express (묘사, 설명, 표현하다)를 뜻합니다. Put (과거분사: 수동의 의미) ...가 사용되는 경우에 문장의 주어는 서술되는 사물, 사건, 또는 사람입니다. To put ⋯ (능동형의 to-부정사 또는 독립 to-부정사)가 사용되는 경우에는 문장의 주어는 그렇게 서술하는 사람이 주어가 되거나 서술되는 사물, 사건, 또는 사람이 됩니다. 그리고 To paraphrase (...) 또는 To wit, ...는 that is to say, namely (즉, 이를테면)을 뜻하는 격식을 갖춘 표현에 사용됩니다.

- Quotas have been in place through much of America's immigration history. **To put it differently,** the idea behind this discriminatory policy of immigration quotas was that Americans with English or Irish names were better people and better citizens than Americans with Italian or Greek or Polish or most other names.

쿼터는 미국 이민 역사 대부분에 걸쳐 시행되어 왔다. 달리 표현하자면, 이민 쿼터라는 이 차별적인 정책의 배후에 있는 관념은 영국 또는 아일랜드계 이름을 가진 미국인들이 이탈리안 또는 그리스 또는 폴란드의, 또는 대부분의 다른 계통의 이름을 가진 미국인들보다 더 나은 사람이며 더 나은 시민이라는 것이었다.

1910년경, 이탈리아로부터 New York Harbor에 있는 Ellis Island에 도착한 한 이민자 가족의 모습이다. 이민자로서의 삶의 무게가 느껴진다. 사진 제공: the U.S. Library of Congress

> **08** ..., namely/*viz. [videlicet]*, ...
>
> 말하자면, 달리 표현하자면, 이를테면 ...

[설명]

앞서 진술한 내용이나 언급한 화제에 관해 환언 설명을 하는 부사들입니다. namely는 문어체와 구어체 양쪽에, videlicet (축약형인 viz.가 훨씬 더 자주 사용된다)는 격식을 갖춘 문어체에서 쓰입니다. 또한 이 부사들은 구체적이거나 특정한 예나 항목을 드는데 사용되기도 합니다.

- The best place to glimpse such majestic eagles in winter is around open water – **namely,** the hard-to-freeze patches near dams and locks. Towns all along the Mississippi River offer eagle-watching events.

  겨울에 그러한 위풍당당한 독수리들을 볼 수 있는 가장 좋은 곳은 넓은 물 주변인데, 이를테면 댐과 수문들 근처의 얼어붙기 어려운 작은 지점들이다. 미시시피 강을 쭉 따라 있는 타운들은 독수리를 보는 이벤트들을 제공한다.

겨울의 매서운 추위가 닥친 미국 Illinois 주 Fulton. 추위에도 아랑곳하지 않고 사람들이 망원경을 들여다 보고 있다. 그들이 보는 것은 bald-headed eagles(흰머리 독수리들)이 Mississippi 강을 따라 급강하해서 물고기를 잡아먹는 모습이다. 사진: ⓒ 박우상 박사 (Dr. David)

09 A is so-called/what is commonly(often/usually/popularly) called/what people(we/they) call B.

A는 소위/흔히들/대개 말하건대/부르건대 B이다.

[설명]

'A는 (사람들이 흔히) 소위 B라고 부르는 것이다'라는 의미의 구문은 구어체와 문어체 모두에서 자주 사용되는 환언 설명의 표현입니다. (상대적으로 구어체에서 보다 자주 사용됩니다).

- New Orleans is famous for its Cajun cuisine, jazz music, and celebrations and festivals, most notably Mardi Gras. No wonder the city **is popularly called** the Big Easy.

  (미국 Louisiana 주의) New Orleans는 (French, Native American, African-American & other American 스타일이 혼합된 매콤한) Cajun 음식, 재즈 음악 그리고 축제와 페스티벌, 특히 (Easter 부활절에 이르는 Lent 사순절 직전의) Mardi Gras로 유명하다. 그 도시가 대중적으로 (파티 분위기의 대단히 즐거운 시간을 연상케 하는) the Big Easy라고 불리는 것도 놀라운 일이 아니다.

미국에서 Louisiana 주의 New Orleans의 위치. 아래로 the Gulf of Mexico에 접해 있다.

The New Orleans Jazz and Heritage Festival 축제 참가자들이 이 지역의 오랜 전통인 케이전 Cajun 밴드의 연주와 Cajun two-step 댄스를 즐기고 있다. 사진 제공: ⓒ Paul Schultz

10 A is popularly/widely/commonly known as/to be B.

A는 흔히는/항간에/많은 사람들에게 B라고/B로 알려져 있다.

[설명]

A가 듣는 이나 읽는 이가 바로 이해하기 어렵다고 판단될 때, 말하는 또는 글 쓰는 이가 보다 많은 사람들이 알고 있는 B를 언급하여 이해를 돕는 표현입니다. 수동태 구문을 사용해 진술의 객관성을 높이고자 하는 기법입니다.

- The east side of Chicago borders Lake Michigan, which creates lots of winds all year round. Thus, the city **is** widely **known as/ to be** the Windy City.

    Chicago 동부는 일년 내내 많은 바람을 일으키는 Michigan 호에 접해 있다. 그리하여 Chicago는 the Windy City라고 널리 알려져 있다.

11 A is/*can be* often/*commonly*/*usually* considered/*called*/*dubbed*/*labeled* (to be) B.

A is/*can be* often/*commonly*/*usually* regarded/*seen*/*viewed*/*thought of*/*looked at(on/upon)*/*referred to* as B.

A는 흔히/주로는 B라고 생각된다/여겨진다/간주된다/불린다.

[설명]

일반인 주어인 We나 People을 주어로 하는 능동태 구문인 'We / People consider/*call*/*dub*/*label* A B' 또는 'We/*People* regard/*see*/*view*/ *think of*/*look at*/*on*/*upon*/ *refer to* A as B.'의 수동태 구문입니다. 앞의 'A is known as/ *to be* B'의 표현처럼 수동태 구문을 사용하는 것은, 보다 객관적인 진술처럼 느껴지게 하려는 표현 기법입니다.

- Philadelphia embarked on its life in the New World as a kind of experimental city in pursuit of social welfare, solidarity, tolerance, and fairness. Thus, it **was dubbed** the City of Brotherly Love throughout its history.

    필라델피아는 사회 복지, 유대, 관용 그리고 형평을 추구하는 일종의 실험적인 도시로서 신세계에서의 삶을 시작했다. 그리하여 필라델피아는 그 도시의 역사를 통해서 '형제애의 도시'로 불렸다.

**[embark on ...: ...을 시작하다, ...에 착수하다. 원래 바다로 출항하는 모습의 비유적 표현] [experimental: 형용. 실험적인] [in pursuit of ...: ...를 추구하는, ...를 찾아서] [welfare: 명. 복지] [solidarity: 명. 유대(감), 연대] [tolerance: 명. 용인, 관용] [fairness: 명. 공정(함), 공평] [dub: 타동. (...라고) 부르다]

환언 설명의 표현 | 211

EXERCISE

Q-1 다음의 어구들 중에서 밑줄 친 부분에 사용되기에 적합하지 않은 표현은 어느 것입니까?

In 1624, the Dutch settled Manhattan Island, _____, New Amsterdam.

(1) in other words (2) that is
(3) still (4) namely

[정답과 해설]

◆ 정답: (3)
◆ 해설: (1) (2) (4)는 앞의 진술을 달리 표현하는 부사어구로서 'A, 즉/달리 말하자면 B'라는 의미를 나타냅니다. (3)의 still은 '그러나, 그럼에도 불구하고'라는 의미로서 A를 양보하고 나서 반전하는 표현이므로 문맥에 맞지 않습니다.

[번역]

1624년에 네덜란드인들이 Manhattan 섬, _____ New Amsterdam에 정착했다.

Q-2 다음 보기의 진술을 뒤에서 말을 바꾸어 (환언) 부연 설명하기에 적절하지 않은 표현은 어느 것입니까?

When family and friends gather for the much-anticipated Thanksgiving dinner, nothing is as appropriate as roast turkey with all the trimmings.

(1) ... with all the trimmings**, or** all the side dishes accompanying the roast turkey.

(2) **Put differently,** the trimmings are all the accompaniments and garnishes to the main dish, including corn bread stuffing or dressing, turnip greens, candied yams, biscuits, pumpkin or sweet potato pie, cranberry sauce, and mashed potatoes.

(3) **That is**, all the side dishes accompanying the roast turkey are the trimmings.

(4) **For instance,** corn bread stuffing or dressing, turnip greens, candied yams, biscuits, pumpkin or sweet potato pie, cranberry sauce, mashed potatoes, and so on make up the trimmings.

[정답과 해설]

- ◆ 정답: (4)
- ◆ 해설: (1) (2) (3)은 모두 앞의 표현을 읽거나 듣는 이가 보다 쉽게 이해하도록 돕기 위해 표현 자체를 다른 어구를 사용하여 자상하게 설명하는 환언 설명 (paraphrase)의 표현들인 데 비해, (4)의 For instance, .../ For example, ...는 앞에 온 일반론적/추상적/개념적인 표현의 실제적/구체적인 예들을 바로 드는 논리적 연결어들로서 그 기능이나 의미가 다릅니다.

[번역]

가족과 친구들이 그 많이 기대되는 Thanksgiving 정찬을 위해 모일 때에 모든 곁들이 음식들을 갖춘 구운 칠면조만큼 적절한 것은 없다.

(1) ... 모일 때 구운 칠면조와 그 구운 칠면조에 따르는 모든 side dish들인 그 모든 곁들이 음식들만큼 적절한 것은 없다.

(2) 달리 표현하자면, 그 곁들이 음식들이란 옥수수 빵을 위주로 한 Stuffing이나 dressing, 무우 잎, 꿀이 발린 고구마, 비스킷, 호박 또는 고구마 파이, 크랜베리 소스 그리고 으깬 감자를 포함한 주음식 (구운 칠면조)에 따르거나 장식을 하는 모든 음식들이다.

(3) 즉, 구운 칠면조에 동반되는 모든 side dish들이 그 곁들이 음식들이다.

(4) 예를 들어, 옥수수빵 stuffing이나 dressing, 무우 잎, 꿀 바른 고구마, 비스킷, 호박 또는 고구마 파이, 크랜베리 소스 그리고 으깬 감자 등등이 그 곁들이 음식들을 구성한다.

Q-3 다음의 한국어 표현을 영어로 표현해 보세요.

멕시코의 가장 전통적인 음식은 tortilla를 중심으로 한다. 즉 달리 말하면, 멕시코 사람들은 수천 년간 옥수수를 주식으로 먹어 왔다.

[...를 중심으로 하다/이루어지다/구성되다: center around/on ...]
[주식, 중요한 음식: a/the staple food]

[모범 영어]

⇒ The most traditional Mexican food centers around/on the tortilla. **To put it differently,/ In other words,/ That is (to say),** Mexicans have been eating corn as their staple food for thousands of years.

미국에서 가장 인기 있는 멕시코계 음식의 하나인 enchilada: 고기(meat)와 흔히 치즈와 칠리(chili) 소스를 놓고 주로 옥수수로 (이따금 밀가루로) 둥글납작하게 만든 tortilla(tôr´•tē´ə, 발음에 유의, ll 이 묶음으로 발음되지 않음)를 말아서 만든다. 사진은 sour cream을 위에 뿌리고 rice, lettuce, tomatoes를 곁들인 chicken enchilada. 사진 제공: ⓒ Sarah Lawrence

Q-4 다음의 한국어 표현을 영어로 표현해 보세요.

선진 민주주의 국가들에서는 개인의 시민적 자유는 헌법적 보장 장치들, 법 절차들, 그리고 정부 과정들, 즉/말하자면/소위 응당의 법적 과정에 의해 보호된다.

[시민적 자유: civil liberties/rights] [헌법적 보장 장치: devices of constitutional protection; constitutional guarantees] [법적 절차들: judicial/legal proceedings/ procedures] [응당의 법적 과정: due process of law]

[모범 영어]

⇒ In advanced democracies, the civil rights/liberties of the individual are protected by constitutional guarantees, judicial proceedings, and other governmental procedures, **or/ that is (to say),/ namely,/ viz.,/ i.e.,/ (what is) so-called** due process of law.

SUMMARY : 환언 설명의 표현

(1) In other/*different* words, ...

　　In another word/*phrase*, ...

(2) That is (to say), ...

(3) ..., so to speak, ... / ..., so to speak. / ..., in a manner of speaking.

(4) ..., as it were, ... / ..., as it were.

(5) ..., shall we say, ...

(6) A, or B, ...

(7) Put differently/*(in) another way/in a different way(manner/fashion)/different(other) words*, ...

　　To put it differently/*in other words/in a different way(manner/fashion)*, ...

　　To paraphrase ..., /To wit, ...

(8) ..., namely/*viz. [videlicet]/i.e.,* ...

(9) A is so-called/*what is commonly(often/usually/popularly) called/what people(we/they) call* B.

(10) A is popularly/*widely/commonly* known as/*to be* B.

(11) A is/*can be* often/*commonly/usually* considered/*called/dubbed/labeled* (to be) B.

A is/*can be* often/*commonly/usually* regarded/*seen/viewed/thought of/looked at(on/upon)/referred to* as B.

Lecture #13
강조의 표현
Expression of Emphasis

말과 글은 듣는 이 또는 읽는 이들에게 그 중요성을 강조하여 표현하는 경우들이 매우 자주 있습니다. 이번 강의에서는 그렇게 어떤 진술이나 주장을 강조하는 영어 표현들을 공부합니다. 사용 빈도가 대단히 높은 강조적인 표현들로 구성했습니다. 다양한 강조의 형용사와 부사뿐만 아니라, 많은 어구들과 갖가지 형태의 구문들을 배우게 되는 기회입니다.

이 Lecture에서 공부하게 될 모든 영어 표현들의 형태와 스타일을 잘 보세요. 그리고 그 표현이 사용되는 언어적 문맥, 뉘앙스, 격식성 등도 눈여겨보십시오. 또한 말 또는 글이 활용되는 인간관계와 사회적 상황, 문화적 코드에도 주목해 주십시오.

KEY EXPRESSIONS

(1) 강조 부사/형용사의 사용
(2) good/*nice* and + 형용사/부사

(3) 원급/비교급/최상급 비교구문의 강조
(4) so + 형용/부 + (that)-절
　　such + (a) + 형용 + 명 + (that)-절
(5) It is + 강조어구 + that + ...: 강조구문 (분열문)
(6) 술부 + 주어의 도치구문: 지연된 주어 강조
(7) 부정어구 + 조동사/*do/be* + 주어 ... 도치어순: 부정어구 강조
(8) 부정문의 강조
(9) 의문문의 강조
(10) 강조의 조동사 do의 사용
(11) 반복 표현 (repetition)을 통한 강조
(12) oneself (재귀대명사)/ one's own의 강조 용법

 **TEACHING CLASS**

01 강조 부사/형용사의 사용

[설명]

영어에서 가장 자주 사용되는 강조의 표현은 강조의 부사 또는 형용사를 사용하는 경우들입니다. 수많은 강조의 부사/형용사들 중에 대표적인 것들:

very, so, too, such [(a) + (형용사) + 명사], much, even, a lot, ever, ever so, above all, first and foremost, more than anything else, quite a lot (of ...) quite a few, quite a little 등.

considerable, significant, substantial, tremendous, enormous, remarkable, total, complete, whole, notable, noteworthy, obvious, phenomenal, whopping, huge, high, mighty, amazing, vast, immense, unsurpassed, unparalleled, unequaled 등.

considerably, significantly, substantially, tremendously, quite, enormously, altogether, downright, utterly, entirely, wholly, completely, totally, chiefly, mainly, absolutely, obviously, primarily, definitely, clearly, remarkably, notably, evidently, plenty, mightily, highly, hugely, phenomenally, immensely, vastly, amazingly 등.

- For most African-American families, family reunions are a relatively recent development, but since Alex Haley's 'Roots,' they have become **such** a popular idea among African-American families.

    대부분 미국 흑인 가정들의 경우, 대가족 모임은 상대적으로 근래에 발전한 현상이지만, (미국 흑인들의 아프리카적 뿌리를 다룬) Alex Haley의 (소설과 1977년의 TV series인) Roots 이후로 아프리카계 미국인 가정들에서 대단히 인기있는 생각이 되었다.

- For some white American families, too, a family reunion has become **so** meaningful an event in their lives. Every year, Americans hold about 200,000 family reunions, some with more than a **whopping** 1,000 members of the extended family in attendance.

    일부 백인 가족들의 경우에도 대가족 모임은 그들의 삶에서 아주 의미 있는 이벤트가 되었다. 매년 미국인들은 20만 개의 대가족 모임을 하고 있다. 어떤 모임에는 무려 1000명 이상의 대가족 식구들이 참가한다.

Wisconsin 주의 작은 도시 Fond du Lac 에 사는 할머니 Dorothy Whittaker의 자손들은 모두 70명이 넘는다. 전국 각지에 흩어져 살던 자손들은 the Fourth of July(Independence Day, 독립기념일) 휴일에 Big Mama를 방문, 매년 대가족 모임(annual family reunion)을 하고 있다. 사진: ⓒ 박우상 박사 (Dr. David)

'Big Mama' Dorothy Whittaker의 가족 일부가 등대에 올라가 손을 흔들고 있다. 이 대가족은 다 함께 산책할 뿐만 아니라, barbecue, bocce볼 게임, volleyball, canoe, hydro-bikes(수상 자전거), miniature train, an old carousel(회전목마) 등의 식사와 여흥을 즐긴다. 사진: ⓒ 박우상 박사 (Dr. David)

02 good/*nice* and + 형용사/부사

아주, 꽤나, 엄청

[설명]

good/*nice* and + 형용/부사의 형태로 사용되는 'good and/nice and'는 좋다든지(fine), 선하거나 착하다 (good-natured)라는 의미가 아닌 점에 유의해야 합니다. 이 good/nice는 바로 뒤에 and와 함께 쓰여 totally, completely, exceedingly, very, quite, considerably, substantially, sufficiently, significantly (아주, 충분히, 엄청, 상당히, 완전히)와 같은 정도를 매우 강조하는 부사구로서, 비격식 구어체에서 자주 사용됩니다. 그리고 이 어법에서의 and의 발음은 대단히 약해져서 [(ə)n]처럼 들립니다.

- Mother: For a while it looked as though <u>we was</u> beat, **good and** beat. I ain't never gonna be scared no more. [The Grapes of Wrath (1940 film)]

    Mother: 한동안 우린 녹초가 된, 완전 녹초가 된 것처럼 보였지. 이젠 더 이상 두려워하지 않을거야.

    * 주목: 이 Mother의 표현은 소위 Uneducated English (저교육자의 영어)로 표현되어 있다.
    * 표준 영어: For a while it looked as though <u>we were</u> exhausted, very exhausted. I'm not gonna be scared anymore.

**[beat: 형용. 녹초가 된, 완전히 지친; exhausted; worn out] [good and beat: very/*extremely* tired/*exhausted*] [I ain't never gonna be: I'm never going to be]

- At a town fair, everybody's **nice and** friendly and stuff. We get to meet new people, and the bands are really good.

    타운 축제에선 모든 사람이 아주 다정하고 그래요. 새로운 사람들을 만나게 되고요, 음악 밴드는 정말 좋아요.

미국 동북부 Vermont 주의 Barre에서 그곳에 함께 어울려 살아가는 가족들, 이웃들, 친구들이 가끔씩 한자리에 모인다. 그 지역의 전통적인 pancake breakfast를 즐기고 있다. 사진: ⓒ 박우상 박사 (Dr. David)

03 원급/비교급/최상급 비교구문의 강조

[설명]

원급 구문은 'as + 형용사/부사 + as + ever,' 'as + 형용사/부사 + as possible,' 'as + 형용사/부사 + as + 주어 + can' 또는 'as + 형용사/부사 + as + (주어) + can be' 구문으로 정도를 강조하여 최상급의 효과를 갖습니다.

- In Seattle, Washington, seafood is about as fresh **as (it) can be**.
  Washington 주 Seattle에서는 해산물이 거의 최대로 신선하다.

- New technologies have brought new rules. But some things don't change. For example, one should write thank-you notes by hand and preferably within three days after your visit to someone's home. Etiquette is **as** important **as ever**.

  새로운 테크놀로지들이 새로운 규칙들을 만들어냈다. 그러나 어떤 것들은 변하지 않는다. 예를 들어 다른 사람의 집에 방문한 지 가급적이면 3일 이내에 감사의 노트를 손으로 써야 한다. 에티켓은 그 어느 때 못지않게 중요하다.

[설명]

비교급은 'much/ far/ a lot/ lots/ even/ way/ still/ yet + -er 비교급' 형태로 강조합니다.

- Mt. McKinley, the highest mountain peak in North America, is **much/ far/ a lot/ lots/ way** higher **than** any other mountain in the United States.

McKinley산은 북미에서 가장 높은 산 정상인데, 미국에 있는 다른 어떤 산보다 훨씬 더 높다.

* **Mt. McKinley:** 미국 알래스카 주에 있는 산으로 높이는 20,320feet (6,194 m)로 북아메리카에서 가장 높다.

- Mt. McKinley in Alaska is **even** higher **than** Mt. Whitney.

  Alaska 주에 있는 Mt. McKinley 산은 Mt. Whitney 산보다도 (Mt. Whitney는 대단히 높은 산인데도 그보다도) 더욱 높다.

[설명]

'A is yet/*still* -er/more ... than B'의 경우:
A의 정도가 (흔히 다른 비교의 대상에 비해) 그다지 대단하지는 않음이 앞에 표현되어 있거나 전제되어 있는 경우에 흔히 사용되는 표현입니다. (주의: 항상 그런 것은 아님), 그래도 A가 B보다는 정도가 더함을 흔히 나타냅니다.

- At 14,505 feet, Mt. Whitney may not be so high as Mt. McKinley, but it's **still/yet** high**er than** any other mountain in the contiguous United States.

  14,50피트 높이로 Mt. Whitney 산은 Mt. McKinley만큼 높지는 않지만, 인접한 (48개 주의) 미국에 있는 다른 어떤 산보다는 더 높다.

[설명]

최상급은 'by far/ *much/ far and away/ far and wide* + the + -est 최상급,' 'the single + -est + 명사,' 'the + -est + (명사) + ever,' 'the + -est + (명사) + that/*who* + ... ever ...' 등의 형태를 사용하여 최상인 정도나 수준을 더욱 강조합니다.

최상급 강조 표현의 예를 들어보면:

Lincoln is **the single most** respected president in the U.S.
Lincoln은 미국에서 단연 가장 존경 받는 대통령이다.

= Lincoln is **much the most** respected president in the U.S.

= Lincoln is **by far the most** respected president in the U.S.

 (X) Lincoln is far the most respected president in the U.S.

 (X) Lincoln is the far most respected president in the U.S.

= Lincoln is **far and away the most** respected president in the U.S.

= Lincoln is **far and wide the most** respected president in the U.S.

= Lincoln is **the very most** respected president in the U.S.

= Lincoln is **easily/hands down/arguably the most** respected president in the U.S.

= Lincoln is **the most** respected president ever.

[주목!] 최상급 부사 또는 보어 최상급을 강조하는 the [th̄e]: 기본적으로는 the를 앞에 취하지 않는 보어 형용사의 최상급과 부사 최상급 앞에 그 최상급을 강조하기 위해 the가 앞에 놓이고 [th̄e] [ði](디)라고 강조적으로 발음하는 경우들이 종종 있습니다. 그런 경우 글에서 표기할 때는 종종 the를 경사지게 눕힌 서체인 *italics* (*italic* fonts/type) 서체로 표기합니다.

- For most of us, *the* music we love **the bes**t is what we listened to when we were in our teens and early 20s.

  우리 대부분의 경우 우리가 가장 좋아하는 음악은 우리가 10대와 20대 초에 듣던 것들이다.

- Peter: You were there when I needed someone *the* **most**. You gave me a second chance at life. Lucy, will you marry me? [While You Were Sleeping (1995 film)]

Peter: 내가 누군가를 가장 필요로 할 때 당신이 그곳에 있어 줬어. 당신은 나에게 인생의 또 한번의 기회를 주었어. Lucy, 나랑 결혼할래?

04 so + 형용/부 + (that)-절
such + (a) + 형용 + 명 + (that)-절

[설명]

여기서 부사 so는 흔히 쓰이는, 앞에 언급된 정도나 방식을 지적하는 부사 (그 정도로/그런 방식으로)로서의 용법이 아닙니다. 그 자체가 '아주, 대단히, 너무도[(very) much/*greatly*]'라는 독자적인 의미를 가진 강조 부사입니다. 뒤에 오는 접속사 that과 연계하여 'so + 형용사/부사 + that + 절 (주어 + 술부)'의 구조를 취합니다. 그래서 '아주 /너무도 ... 해서/여서 ... 하다/이다'라는 대단한 정도와 그 결과 (효과· 영향)의 의미가 결합된 구문을 구성합니다.

이 구문과 관련하여 한국의 영어교육에서 거의 가르치지 않지만, 특히 주목할 점이 두가지 있습니다. (1) 거의 대부분의 경우 so가 뒤에 오는 형용사 또는 부사를 강조하는데 이따금씩 동사를 강조하는 경우가 있습니다. (2) 일상적인 구어체와 비격식체의 글에서 접속사 that이 대단히 자주 생략됩니다. 형용사 such가 사용되는 경우는 '정도 강조 + 결과'의 혼합 의미를 나타낸다는 점에서는 'so + 형용/부사 + (that)-절'의 경우와 같은 의미입니다. 하지만 여기서의 such는 형용사여서 such 뒤에는 [(that)-절 앞에는] 반드시 명사가 옵니다.

- The Grand Canyon is **so** hot and steep (**that**) some hikers get severely dehydrated and put their own lives in jeopardy.

  그랜드 캐년은 대단히 덥고 경사가 가팔라서 일부 하이커들은 심하게 탈수되어 스스로의 목숨을 위험에 빠뜨린다.

신비로운 아름다움과 장관(mysterious beauty and grandeur)으로 압도하는 the Grand Canyon. 그러나 충분한 물과 편한 복장과 신발, 그리고 치밀한 사전 계획과 연구 없이는 아래 골짜기로 내려갔다 올라오는 hiking이 생명을 위협할 수도 있다.
사진 제공: ⓒ John Kercher

- The Grand Canyon is **such** a vast area (**that**) some hikers get lost.

  그랜드 캐년은 대단히 광대한 지역이라서 일부 하이커들은 길을 잃는다.

05   It is + 강조어구 + that + ...: 강조구문 (분열문)

[설명]

이 구문은 한 문장 안에 들어 있는 특정한 어구를 강조하기 위한 것입니다. 문장을 분리하여 강조할 어구를 It is와 that 사이에 위치시키고, 나머지 부분을 that 뒤에 위치시키는 강조의 기법입니다. (→ It is + 강조할 어구 + that + 문장의 나머지). 어학적으로 'It is ... that ...' 강조구문 또는 분열문으로 불리는 이 구문에서 주의할 점이 있습니다. 한국의 영어교육에서 가르치지 않거나 잘못된 어법으로 잘못 가르치는 것으로, 이따금 주어 It 대신에 (특히 구어체에서) this 또는 that이 사용되는 경우가 있습니다.

또 구어체나 비공식체에서는 that이 이따금 생략되며 (그러나 이 구문에서 that을 생략할 경우, 듣는 또는 읽는 이가 잠시나마 구문 파악에 혼돈을 일으킬 가능성이 높기 때문에 이 that의 생략은 바람직하지 않고 생략되는 빈도 또한 높지 않습니다), 경우에 따라서는 that 대신에 who [사람 (주격)을 나타낼 때], which (사물을 나타낼 때), When (시간을 나타낼 때), 또는 where (장소를 나타낼 때)가 쓰일 때도 있습니다. 특히 주격의 사람이 강조될 경우에는 that보다 who가 압도적으로 자주 사용됩니다.

[주목] 이 'It is ... that ... 강조구문'을 식별하는 방법은 이 문장에서 It is와 that을 생략하면 완전한 구조의 문장이 남는다는 것입니다. 많은 경우에 자연스러운 문장이 되기 위해서는 강조 어구를 문장 내의 자연스러운 위치로 이동시키면 완벽한 문장 구조를 확인할 수 있습니다. 이 구문의 번역은 that 이후를 먼저 번역하고 뒤에 It is ...를 번역하여 '... (= that 이하) 하는/인 것은 (바로) ... (It is 뒤의 강조 어구)이다.'라고 번역하는 것이 자연스럽습니다.

[예: 기본 문장]

- Most Americans eat roast turkey on Thanksgiving Day.
  대부분의 미국인들은 Thanksgiving Day(11월 넷째 목요일)에 구운 칠면조를 먹는다.

강조의 초점이 'most Americans'일 때

- **It is most Americans that/who** eat roast turkey on Thanksgiving Day.

Thanksgiving Day에 구운 칠면조를 먹는 것은 대부분의 미국인들이다.

강조의 초점이 'roast turkey'일 때

- **It is roast turkey that/which** most Americans eat on Thanksgiving Day.

 대부분의 미국인들이 Thanksgiving Day에 먹는 것은 구운 칠면조이다.

강조의 초점이 'on Thanksgiving Day'일 때

- **It is on Thanksgiving Day that/when** most Americans eat roast turkey.

 대부분의 미국인들이 구운 칠면조를 먹는 것은 Thanksgiving Day날(에) 입니다.

- **It was** his shooting off a pistol on New Year's Eve **that** got him thrown into the Colored Waifs' Home. **It was** there **that** young Louis first put his lips to a cornet.

 그를 흑인 소년의 집에 집어 넣은 것은 새해 전날 밤에 그가 권총을 발사한 일이었다. 어린 Louis가 악기 cornet에 처음으로 입술을 댄 것은 바로 그 곳이었다.

* 재즈 연주가 Louis Armstrong(1901-1971)은 소년 시절에 불량 행동을 하다가 소년 교화 보호소인 '흑인 소년의 집'에 자주 드나들게 됩니다. 그곳의 밴드부에 속한 Louis Armstrong은 처음으로 cornet이라는 악기를 배우게 됩니다.

세계적인 '재즈 음악의 대사'('the Ambassador of Jazz')로 성공한 재즈 트럼펫 연주가이며 밴드 리더 Louis Armstrong(1901-1971). 미국 남부 New Orleans의 빈민 홍등가에서 매춘과 허드렛일로 살아가던 간 홀어머니 밑에서 신문과 석탄 배달 소년으로 자라나며 시련을 극복했다. 사진 제공: the Library of U.S. Congress

06 술부 + 주어의 도치 구문: 지연된 주어 강조

[설명]

의도적으로 주어와 술부를 도치시켜서 읽는 이 또는 듣는 이로 하여금, 파격적인 어순에 긴장하고 지연되는 주어에 관심을 갖게 하는 강조적 표현 테크닉의 한 방식입니다. 구어체보다 상대적으로 문어체적인 표현이 됩니다.

- What's happening in restaurants right now? **Still taking America by storm are enduring classics like burgers, tacos, pizza, steak, and the like.**

  바로 지금 음식점들에서는 무슨 일이 일어나고 있나요? 아직도 미국을 휩쓸고 있는 것은 (자연식, 건강식이 아니라) 햄버거, 타코, 피자, 스테이크 그리고 유사한 꾸준히 버티고 있는 고전적인 음식들입니다.

- The man from Tupelo, Miss., appeared on the American music scene when young people's musical tastes were on the verge of a major change. The older generation was not yet wary of teenagers. The kids had no music of their own. **Then along came Elvis.**

Mississippi 주의 Tupelo 출신인 그 남자는 젊은이들의 음악적 취향이 근본적으로 변화하기 직전에 미국 음악 현장에 나타났다. 기성세대는 아직은 10대를 경계하지 않았고, 아이들은 자기들만의 음악이 없었다. 그러던 때에 등장한 것이 Elvis였다.

[Topic] Elvis Aron Presley (1935-19770) :
'the King of rock-n-roll'의 등장과 함께 나온 신조어 'Presleymania'

[왼쪽] 느닷없이 혜성처럼 나타나 1957년에 최고의 스타덤에 오른 Elvis Presley. 사진 제공: the Library of U.S. Congress. [오른쪽] 1956-57년에 마술에 걸린 듯 Elvis의 음악과 몸동작에 환호하며 비명을 지르는 젊은 여성 팬들의 모습. 보수적인 종교계와 기성세대는 Elvis의 이러한 sensation을 "Presleymania" (Presley 광기)라고 부르며 사회적 질병으로 규탄했다. 사진 제공: Graceland (Memphis, Tennessee)

---

07 부정어구 (Not only 어구/Only 어구 포함) + 조동사/*do/be* + 주어 ... 도치어순: 부정어구 강조

[설명]

부정의 부사어구를 강조하기 위해 문장 맨 앞에 위치시킬 경우에는 조동사 또는 be 동사가 주어 앞에 반드시 도치됩니다. 일반동사가 사용되는 경우에는 do 동사가 주어 앞에 놓입니다.
[부정의 부사어구 + 조동사/*do/be* 동사 + 주어 ...: 필수적 도치].

[주의] 특히 주의할 점으로, 'Only-부사 어구'도 문장 맨 앞에 올 때는 반드시 이 도치 어순을 취합니다. 영어 원어민은 'Only … ' 어구를 '… 하지 않으면/아니면 절대로 … 하지 않다/아니다'라는 부정의 어구로 인식하기 때문입니다. 'Not only … (…뿐만이 아니라)' 역시 부정의 어구여서 문장 앞에 위치할 때, 반드시 'Not only + 조동사/do/be + 주어 …'의 도치 어순이 됩니다. 이 도치는 반드시 따라야 하는 필수적인 도치이며, 구어체에서도 반드시 도치됨에 유의해야 합니다.

- **Nowhere in the South was emancipation** more dreaded than in South Carolina, where the slave population was nearly equal to the white population.

  노예 인구가 백인 인구와 거의 동등했던 South Carolina 주보다 노예 해방이 더욱 두려웠던 곳은 남부 어디에서도 없었다.

- **Only through the security staff can visitors tour** the White House.

  보안팀을 통과해서만 방문객들은 백악관을 둘러볼 수 있다.

  = Visitors can tour the White House only through the security staff.

  = Visitors **CANNOT** tour the White House if they do not go through the security staff.

  보안팀을 지나가지 않고서는 방문객들은 백악관을 둘러볼 수 없다.

- We and our environment are getting screwed by the Bush administration. **Not only do we** have to watch our wildlife suffering, we are financing it!

  우리와 우리의 환경은 부시 행정부에 의해 농락당하고 있다. 우리는 야생 동물들이 고통받고 있는 것을 지켜 보아야 할 뿐만 아니라 그 자금도 대고 있는 것이다!

**[screw: 타동사. (slang) …를 농락하다, 속이다; to take advantage of; cheat]

■ **Not only is Trail Ridge Road** the only way for a car to pass through the park, but it's also on every list of America's most gorgeous drives.

Trail Ridge Road는 차가 그 공원을 지나갈 수 있는 유일한 길일 뿐만 아니라, 미국의 가장 아름다운 드라이브 길들에 대한 모든 목록에도 올라 있다.

[Topic] Trail Ridge Road in Rocky Mountain National Park

7월 중순에 휴양객들이 록키 산맥(the Rockies)의 아름다움을 승용차, 버스, 자전거로 탐구하는 중이다. Rocky Mountain National Park에서 자전거 여행자들이 해발 약 10,000피트 높이의 Trail Ridge Road 길가에서 휴식을 취하고 있다.
사진: ⓒ Kurt Sevenfi

08 부정문의 강조

[설명]

not, never, hardly, rarely, seldom, scarcely, no, nobody/*no one*/*none*, nothing 등으로 대표되는 부정문에 다음과 같은 어구를 더하여 부정을 강조합니다:

부정어 + ever; at all; a/*one/any* bit/*jot/iota/scintilla/shred/tittle*; in the world; on earth; in any way/*case/event/account*; by any means; under any circumstances; whatever; whatsoever; care/*give* a damn/*darn/hang/thing/fig/straw/rap/farthing/curse/twopence* (about something/*somebody*); give a damn/*darn/hang*; care/*give* shucks; the least/*slightest* bit; in the least; for God's/*Christ's/Heaven's* sake; know/*care* beans about; for (all) the world; on your life; so much as (= not even …); if any; if ever.

- Tips are **scarcely ever** withheld in restaurants even for bad service.

  팁은 형편없는 서비스에도 불구하고 주지 않는 경우가 거의 없다.

- Most history books give the Korean War – 'the Forgotten War' – very **little** reference, **if any**.

  Most history books give this forgotten war very **little** reference, (even) **if** [they (ever) give] **any**.

  대부분의 역사 책들은 '잊혀진 전쟁'이라는 한국 전쟁에 관해 혹시 한다 하더라도 언급을 거의 하지 않는다.

미국 Wisconsin 주의 Appleton에서 한국전쟁 참전용사들이 Flag Day (6월 14일) 퍼레이드에서 행진하고 있다. 사진: ⓒ 박우상 박사 (Dr. David)

- Most vegetarians, sometimes called "lacto-ovo," drop only meat from their diets. Others, called "vegans," are **not in the least** interested in any animal products, including dairy and eggs.

때로는 "락토-오보"라고 불리는 대부분의 채식주의자들은 자기들의 음식에서 육고기만 제외시킨다. "Vegan"이라고 불리는 다른 채식주의자들은 유제품과 달걀을 포함해서 어떤 동물 제품에는 조금도 관심이 없다.

09 의문문의 강조

[설명]

의문문에서는 의문을 강조하기 위해 다음과 같은 부사어구들을 사용합니다:

<u>ever</u>; <u>on earth</u>; <u>in the world</u>; for God's/*Christ's*/*Heaven's* sake; (in) the heck/*hell* (영어에서 극심한 욕인 hell은 점잖은 자리에서는 반드시 피해야 합니다); in (the) Sam Hill/sam hill; the evil/*deuce*/*dickens*; in God's name.

- **What in the world** is better because of me?
  = **What on earth** is better because of me?
  = **What ever/Whatever** is better because of me?

  나 때문에 도대체 무엇이 좋아졌는가?

의문사를 강조하는 이 어법에 사용될 수 있는 다른 표현들: (in) the heck/ (in) hell (저속어: 점잖은 자리에서 절대 피할 것), in (the) Sam Hill/sam hill, for God's/*Christ's*/*Heaven's*/*Pete's* sake, the devil, the dickens, the deuce, the f*** (소위 f-word: 알고만 있고 대부분의 상황에서 사용은 피할 것) 등.

강조의 표현 | 235

- Mothers today are regarded, at least by popular culture, as more biological beings than builders or sustainers of homes. **Why on earth** isn't making a home more highly regarded?

  오늘날 어머니들은 적어도 대중문화를 기준으로 하면, 가정을 일으켜 세우거나 유지하는 사람이라기보다 생물학적 존재로 간주된다. 도대체 왜 가정을 돌보는 것이 보다 높이 존중되지 않는가?

- **How in the world** did American voters elect Donald Trump president?

  도대체 어떻게 해서 미국 유권자들은 Donald Trump를 대통령으로 뽑았나?

- Violet: I'm gonna tell you one thing. Don't you ever refer to me as your girl again.
  Mr. Hart: **What in God's name** are you talking about?
  Violet: I'm no girl. I'm a woman. I'm not your wife or your mother or even your mistress. I'm your employee. And as such I expect to be treated equally with a little dignity and a little respect. [9 to 5 (1980 film)]

  Violet: 한마디 하겠는데요 저를 절대로 당신의 여자로 말하지 말아요.
  Mr. Hart: 맙소사 도대체 무슨 얘길 하고 있는거야?
  Violet: 난 여자애가 아녜요. 어른 여자입니다. 당신의 와이프도 어머니도 아니고 당신의 애인조차 아녜요. 당신의 직원입니다. 그리고 그런 자격으로 약간은 존엄성과 약간은 존중을 받으며 동등하게 대우 받기를 기대합니다.

* 1960년대 후반-1980년대의 미국의 feminism을 반영한 영화 〈9 to 5〉의 한 장면이다. 회사 보스인 Mr. Hart로부터 여성에 대한 모욕적이고 비하적인 대우를 받아 온 Violet이 마침내 Mr. Hart에게 정면으로 분통을 터트린다.

영화 〈9 to 5, 1980〉 포스터. 〈Alice Doesn't Live Here〉, 〈Anymore〉, 〈An Unmarried Woman〉, 〈Working Girl〉 등의 영화들과 함께 1960년대 후반-1980년대의 미국의 feminism을 반영한 영화다. 1980년 전후 미국에서 자리 잡아가고 있는 feminism을 전형적인 workplace(직장)을 배경으로 코믹하게 그렸다. 사진: ⓒ Twentieth Century Fox, IPC Films, et al.

10 강조의 조동사 do의 사용

[설명: 주목!]

조동사 do를 사용하여 동사의 동작을 강조하는 경우가 자주 있습니다. 이 동사 강조 어법의 do는 동사 자체의 의미를 강조하는 경우들도 많이 있지만, 다른 주목할 점이 있습니다. 앞에 온 진술이나 설명이 그 동사 (또는 그 동사를 포함한 술부)에 관해 부정적인 의미였을 때입니다. 그 때는 긍정적인 의미로 앞의 진술이나 설명을 부정, 번복, 또는 대폭 수정하기 위해 사용됩니다.

- Usually it never rains in California. When it **does** rain, the waterfall generally approaches that of Noah's flood.

  대개 California 주에는 비가 절대 오지 않아요. (혹시라도) 비가 올 때는 그 쏟아지는 비가 보통 노아의 홍수 수준에 근접하죠. [유머의 표현]

- Most Americans never knew of Roosevelt's disability, or they repressed what they **did** know.

  대부분의 미국인들은 (Franklin Delano) Roosevelt의 신체 장애에 관해 전혀 몰랐거나 알고 있던 것을 드러내지 않았다.

강조의 표현 | 237

11 반복 표현을 통한 강조

[설명]

말하는 이 또는 글 쓰는 이는 어떤 진술이나 표현을 반복함으로써, 듣는 이나 읽는 이에게 그 진술이나 표현을 강조하기도 합니다.

- Martin communicated with the young. The same with Bobby. They were aimed at the future of America - **the young, the young, the young**.

    Dr. Martin Luther King, Jr.는 젊은이들과 소통하였다. Bobby Kennedy도 마찬가지였다. 그들은 미국의 미래인 젊은이들, 젊은이들, 젊은이들에 초점이 맞춰져 있었다.

[Topic] Martin Luther King, Jr.와 Robert F. Kennedy, 그리고 젊은 세대

[**King, Martin Luther, Jr.** (1929-1968, 암살로 사망): Baptist 침례교 목사, 미국 흑인 민권운동의 리더]

[**Kennedy, Robert Francis "Bobby"(RFK)** (1925-1968): U.S. Attorney General(미연방 검찰총장, 1961-1964), U.S. Senator(미연방 상원의원, 1965-1968, 민주당, 암살로 사망)]

Robert F. "Bobby" Kennedy (RFK, 1925-1968): 미국에서 보다 부유하고 나은 환경에 있는 사람들이 "accept less comfort themselves in order to give more people a better chance" (더 많은 사람들에게 보다 나은 기회를 주기 위해 스스로에게는 더 적은 안락함을 용납할 것을) 촉구했던 1960년대 미국 정치의 자유주의와 이상주의의 기수. 사진: ⓒ Warren Leffler; 사진 제공: Courtesy of the U.S. Library of Congress

12 oneself (재귀대명사)/ one's own의 강조 용법

[설명]

재귀대명사 oneself/themselves 등은 문맥상 주어, 목적어, 또는 보어를 강조할 수 있으며, 'one's own (+ 명사)'는 남이 하는 것이 아니라 본인이 직접 (in person; on one's own) 함을 강조하는 어구입니다.

- By tradition, you do the bird and stuffing; then have the others bring side dishes. As for desserts, bake them **yourself** or enlist someone else.
  [bake them yourself = bake them in person/ on your own/ by yourself; do your own baking]

  전통에 따라, 새(turkey)와 stuffing은 (Thanksgiving dinner의 주인) 당신께서 하시고, 다른 사람들은 곁들이 음식들을 가져오게 하세요. 디저트(pumpkin 또는 sweet potato pie)는 직접 굽거나 다른 분의 도움을 받으세요.

**[enlist: 타동. ...를 지원 세력으로 (리스트에 올리다) 얻다, ...의 도움/ 후원을 받다]

- Lots of multinational brands do not make **their own** products. The actual manufacturing process is usually contracted out.
  [make their own products = make their products themselves/ on their own]

  많은 다국적 기업 브랜드들은 자기들 제품을 직접 만들지 않는다. 제조 공정은 흔히 외주를 준다.

EXERCISE

Q-1 다음의 표현에서 actor James Stewart를 강조하는 표현이 아닌 것은 어느 것입니까?

[James Stewart (1908-1997): actor and the main character in Mr. Smith Goes to Washington (1939) and It's a Wonderful Life (1946).]

(1) James Stewart lived up to the standards of integrity and optimism.

(2) James Stewart himself lived up to high moral standards.

(3) James Stewart did live up to high moral standards.

(4) It was James Stewart who lived up to the highest moral standards among all actors and actresses.

영화 배우를 넘어서 미국의 한 아이콘 (icon)으로 존경받던 James Stewart를 추모하는 미연방 우표.
Stamp: ⓒ the United States Postal Service (USPS)

[정답과 해설]

◆ 정답: (1)

◆ 해설: (1)은 문장의 목적어를 문두에 위치시킨 경우로, '주어 + 타동사 + 목적어'의 정상 어순의 일상성을 깨고 목적어를 강조하는 어법으로 James Stewart를 강조하는 것이 아닙니다. (2) (3) (4)는 각각 재귀대명사의 강조적 용법, 강조의 조동사로서의 do의 사용, 그리고 'It is ... that ...' 강조구문 (분열문)으로서 모두 James Stewart를 강조합니다.

[번역]

(1) 순수성과 낙관주의의 기준에 James Stewart는 부응했다.
(2) James Stewart 자신이 높은 도덕적 기준에 부응했다.
(3) James Stewart는 높은 도덕적 기준에 정말로 부응했다.
(4) 모든 남녀 배우들 중에 가장 높은 도덕적 기준에 부응했던 사람은 바로 James Stewart였다.

Q-2 President Harry S. Truman에 관한 다음의 표현들 중에서 어떤 부분을 강조하는 표현이 아닌 것은 어느 것입니까?

(1) In the beginning of the presidency of Harry S. Truman, who succeeded Franklin D. Roosevelt upon his death in office, few Americans, if any, were sure that he would lead the nation successfully with conviction and common sense.

(2) So impressive was Truman's common sense and leadership as president that the American public eventually came to call him "the Great Common Man."

(3) Who in the world could have predicted that Harry S. Truman, the underdog presidential candidate, would in the end emerge as a great president?

(4) When he first took office upon the death of President Franklin

D. Roosevelt, most Americans thought the presidency of this unknown politician and failed small businessman without a college diploma would be totally hopeless. Truman proved them dead wrong.

인생에서 많은 실패를 거듭하고 대학 졸업장도 없어 많은 시민들로부터 의구심과 비웃음 속에 Franklin D. Roosevelt 대통령의 사망으로 대통령직을 승계한 Truman. 그는 곧 미국 대중과 서민들을 위한 소신과 지도력 있는 대통령으로 자리잡으면서 '위대한 보통 사람'(the great common man)으로 존경을 받게 되었다. 사진은 대통령직 첫해 (1945년)의 Truman. 사진 제공: The Library of U.S. Congress

[정답과 해설]

◆ 정답: (4)
◆ 해설: (1)은 'Few (+ 명사), if any, …' 구문으로 few의 부정적인 의미를 강조하며, (2)에서는 주어와 술부가 도치되어 지연된 주어를 강조하며, (3)에서는 in the world가 on earth, ever, the heck, in (the) Sam Hill처럼 의문사를 강조하는 부사구로 사용되어 있습니다. (4)는 Truman에 관한 세부적 정보가 평이하게 진술되어 있을 뿐, 어떤 부분을 특별히 강조하는 표현은 포함하지 않습니다.

[번역]

(1) 재임 중에 사망한 Franklin D. Roosevelt를 승계한 Harry S. Truman 대통령직의 초기에는 그가 신념과 상식으로 국가를 이끌 것으로 확신한 미국인들은 혹시 있었다 해도 거의 없었다.

(2) 대통령으로서의 Truman의 상식과 지도력은 아주 대단해서 미국의 대중은 결국에는 그를 "위대한 보통 사람"으로 부르게 되었다.

(3) 그 가망이 없는 대통령 후보자였던 Harry S. Truman이 끝내는 위대한 대통령으로 등장할 것이라고 누가 예견할 수 있었겠는가?

(4) 그가 Franklin D. Roosevelt 대통령의 사망 직후에 취임했을 때, 대부분의 미국인들은 이 알려지지 않은 정치인이자 실패한 자영업자의 대통령직이 완전히 희망이 없을 것으로 생각했다. Truman은 그들이 완전히 틀렸다는 것을 입증했다.

Q-3 다음의 한국어 표현을 영어로 표현해 보세요.

[조건: 강조의 표현 기법을 사용하여 'the election'을 강조]
선거의 결과를 가장 크게 결정하는 것은 바로 경제이다.

[선거의 결과: the result/outcome of an election] [가장 크게/ 큰 정도로: to the largest/greatest extent/degree] [결정하다: determine/decide]

[모범 영어]

⇒ **It is** the economy **that** determines the outcome of an election to the greatest/ largest extent/ degree.

⇒ The economy **itself** determines the outcome of an election to the greatest/ largest extent/ degree.

⇒ The economy **does** determine the outcome of an election to the greatest/ largest extent/ degree.

강조의 표현 | 243

Q-4 다음의 한국어 표현을 영어로 표현해 보세요. [조건: 최상급과 single을 포함하십시오.]

정보와 통신의 역사상 단연 가장 혁명적인 변화는 인터넷에 의해 이루어졌다. 인터넷은 정보와 통신의 모든 수단들 중에 단연 가장 값싸고 빠른 수단이다.

[혁명적인: revolutionary] [인터넷: the Internet (주의: I를 대문자로 표기하고 앞에 정관사 the를 사용)] [수단: means (단수형 = 복수형); tool; instrument]

[모범 영어]

⇒ The single most revolutionary change in the history of information and communication has been made/caused by the Internet. **The Internet** is the single fastest and cheapest of/among all the means of information and communication.

SUMMARY : 강조의 표현

(1) 강조 부사/형용사의 사용

(2) good/*nice* and + 형용사/부사

(3) 원급/비교급/최상급 비교구문의 강조

(4) so + 형용/부 + (that)-절
　　such + (a) + 형용 + 명 + (that)-절

(5) It is + 강조어구 + that + ...: 강조구문 (분열문)

(6) 술부 + 주어의 도치구문: 지연된 주어 강조

(7) 부정어구 + 조동사/*do/be* + 주어 ... 도치어순: 부정어구 강조

(8) 부정문의 강조

(9) 의문문의 강조

(10) 강조의 조동사 do의 사용

(11) 반복 표현 (repetition)을 통한 강조

(12) oneself (재귀대명사)/ one's own의 강조 용법

Lecture #14

최종 결론의 표현
Expression of The Final Conclusion

모든 말과 글에는 시작이 있듯이 끝이 있습니다. 앞에서 우리는 그 힘든 첫 마디와 소개의 말로 시작했죠. 그다음 여러 의견에 대한 비판, 예시, 증거의 제시, 주장의 보강, 비유와 환언 등 다양한 기법을 사용하여 말과 글의 실체를 전개하는 본론 (main body) 과정을 거쳤습니다. 이제 서론과 본론의 핵심에 기반한 최종 결론을 제시합니다. 글의 경우에는 이 과정과 구성이 보다 뚜렷한 짜임새를 갖춰서 논리 정연하고 설득력이 있어야 합니다. 말할 때도 마찬가지죠. 아주 간단한 몇 마디의 말도 글과 크게 다르지 않은 논리적인 전개와 표현 기법들이 사용됩니다. 효과적인 의사소통을 위해서입니다.

마지막 강의 Lecture #14에서는 서론과 본론을 거쳐 온 말과 글을 총정리하면서 최종 결론을 이끄는 다양한 표현들을 공부합니다. 이 Lecture에서도 공부하게 될 모든 영어 표현들의 형태와 스타일 그리고 그 표현이 사용되는 언어적 문맥, 뉘앙스, 격식성, 스타일을 눈여겨 봐주세요. 또 말 또는 글이 사용되는 인간관계와 사회적 상황과 문화적 코드에도 주목해 주시길 바랍니다.

KEY EXPRESSIONS

(1) In conclusion/*summary/short/brief/a nutshell*, ...

(2) By way of conclusion, it can/*could* be stated / one/*we can/ could* state that ...

In (the) final analysis, one/*we* can safely/*justly/fairly/objectively* conclude that .../ it can be safely/*fairly/objectively* concluded that ...

(3) To conclude/*sum up/make a long story short*, ...

To summarize the data/*bits* of evidence/*episodes*, one can/*could* piece together/ *draw* a big/*larger* picture about .../ one can conclude that .../ one can draw the conclusion that ...

(4) Based on the grounds/*evidence/specific data* presented above/ *so far*, it can/*could* be safely stated/*concluded* that ...

Taken together/*as a whole*, all the evidence/*data* put forth above/ *so far* show(s)/*indicate(s)/prove(s)* that ...

All combined, all the individual stories/*discoveries* lend themselves/ *lead* to the conclusion that ...

All things considered, it is a logical/*reasonable/objective* conclusion/*corollary* that .../ the conclusion is that ...

(5) These points/*grounds/aspects* (taken/*considered*) as a whole/ *all together/ all combined* suggest/*show* that ...

The stories/*anecdotes/cases* that have been told/*described/ depicted/portrayed* so far/ *above* can/*could* be integrated into the conclusion that .../ a big/*larger* picture to show/*indicate/suggest* that ...

TEACHING CLASS

01 In conclusion/*summary/short/brief/a nutshell*, ...

결론적으로/요약하자면, ...

[설명]

결론을 이끄는 대표적인 표현들입니다. 'In conclusion/summary, ...'는 비교적 격식을 갖춘 문어체적 표현이고, 'In short/brief, ...'는 비교적 짧은 글이나 말을 정리할 때 주로 사용되며 상대적으로 격식성이 떨어지는 일상적인 표현입니다. In a nutshell은 'in very brief form, in a few words, to make a long story short'의 의미입니다. 흔히 구어체와 일상체적 글에서 사용됩니다.

- **In conclusion,** Lincoln possessed and demonstrated almost all the essential characters and qualities as a truly great individual and as a highly respectable leader.

    결론적으로, Lincoln은 진정으로 위대한 개인으로서 그리고 높이 존경할 만한 지도자로서의 거의 모든 필수적인 성품과 자질을 갖추고 입증했다.

- **In a nutshell,** Lincoln's personal character and public leadership earned him the highest place in American political history.

    단적으로 말해서/결론적으로 말해서, Lincoln의 개인적 성품과 공적인 리더쉽이 그를 미국 정치사에서 가장 높은 위치를 차지하게 했다.

02 By way of conclusion, it can/*could* be stated / one/*we* can/*could* state that ...

In (the) final analysis, one/*we* can safely/*justly/fairly/objectively* conclude that ... / it can be safely/*fairly/objectively* concluded that ...

결론적으로/결론으로서 …라고 할 수 있다.
최종적 분석으로서 …라고 (정당하게, 객관적으로, 무리 없이) 결론을 내릴 수 있다.

[설명]

'결론으로서 …라고 할 수 있다' 또는 '최종적으로 분석된 바를 종합하자면 …라고 무리 없이/정당하게/ 객관적으로 결론 내릴 수 있다/ …라는 결론이 내려질 수 있다' 정도로 번역될 수 있는 구문입니다. 'By way of Conclusion, …'이나 'In (the) final analysis, …'는 격식을 갖춘 문어체에서 자주 사용됩니다. 'In (the) final analysis, …'는 한국어로는 어색한 감이 있지만, 영어에서는 격식을 갖춘 결론의 표현으로 (특히 학구적이거나 논리적인 말과 글에서) 자주 사용되는 표현이므로 숙달할 필요가 있습니다.

- **In the final analysis, it can be objectively concluded that** George Washington, despite all the common human foibles, deserves to be recognized as the father of the founding of the American nation.

    최종적 분석에 따르면, George Washington은 그 모든 흔한 인간적 결함들에도 불구하고 미국 건국의 아버지로서 인정받을 자격이 있다고 객관적으로 결론 내려질 수 있다.

미국 초대 대통령 George Washington. 시민들이 주권을 갖는 혁명과 영국으로부터의 독립을 위해 목숨을 걸었던 미국의 Founding Fathers (건국 아버지들) 중의 중심이었다. 국가의 부름에 현실적으로 부응해 미합중국의 건국에 가장 큰 기여를 했다는 평가를 받는다. 사진 제공: Gilbert Stuart Williamstown – Portrait of George Washington

03 To conclude/sum up/make a long story short, ...

To summarize (all) the data/bits of evidence/episodes (presented above/ that have been presented so far), one can/could piece together/ draw a big/larger picture about .../ one can conclude that .../ one can draw the conclusion that ...

결론을 내리자면/요약하자면/간단히 말해서, ...

(위에서/지금까지 제시된) 이 모든 자료/증거들/일화들을 요약하자면 ...라는 큰 그림을 그릴 수 있다/ 결론을 내릴 수 있다.

[설명]

'독립 to-부정사구'를 사용하여 결론의 진술을 시작하는 표현이죠. 'To sum up, ...' (요약하자면)과 'To make a long story short, ...' (긴 이야기를 간단히 줄이자면)은 일상체로 자주 사용됩니다. 반면에 'To summarize ..., one can/could piece together a big/larger picture about .../ one can conclude that .../ one can draw the conclusion that ...' (작은 증거/ 자료/ 에피소드 들을 요약하면 ...에 관한 큰 그림을 짜 맞춰/ 그려 볼 수가 있다/ ...라고 결론 내릴 수 있다/ ...라는 결론을 내릴 수가 있다)는 격식을 갖춘 문어체적 표현입니다.

- **To make a long story short,** millions and millions of Americans find it worthwhile to make the long and expensive trip to Mount Rushmore with their children once or twice in their lifetimes.

간단히 말하자면, 수백만 명의 미국인들이 일생에 한두 번쯤은 아이들과 함께 Mount Rushmore로의 길고 비싼 여행을 할 만한 값어치가 있다고 생각한다.

Mount Rushmore는 미국에서 상당히 외떨어진 South Dakota 주에 위치해 있지만 해마다 거의 3백만 명의 관광객들이 방문한다. 화강암 앞면에 새겨진 George Washington (미합중국의 탄생을 상징), Thomas Jefferson (미국의 성장을 상징), Abraham Lincoln (미국의 보존을 상징), Theodore Roosevelt (미국의 발전을 상징) 대통령의 조각상들은 미국의 대표적인 상징물 중 하나다. 사진: ⓒ 박우상 박사 (Dr. David)

04 Based on the grounds/*evidence/specific data* presented above/*so far*, it can/*could* be safely/*objectively/fairly* stated/*concluded* that ...

Taken together/*as a whole*, all the evidence/*data* put forth above/*so far* show(s)/*indicate(s)/prove(s)* that ...

All combined, all the individual stories/*discoveries* lend themselves/*lead* to the conclusion that ...

All things considered, it is a logical/*reasonable/objective* conclusion/*corollary* that .../ the conclusion is that ...

> 위에/지금까지 제시된 근거/증거/구체적 자료들에 기반하여 …라고 무리 없이/ 객관적으로/ 공정하게 결론 내릴 수 있다.
>
> 위에 제시된 모든 증거/자료들은 전체적으로 고려하자면 …임이 입증된다/… 임을 알 수 있다.
>
> 이 모든 점들을 고려하면 …라는 것은 논리적인/합리적인/객관적인 결론입니다/ 결론은 …라는 것이다.

[설명]

분사 구문으로부터 유래한 'Based on ….,' 'Taken together/ as a whole, ….,' 'All things considered, …'는 글과 말에서 모두 자주 사용됩니다. 각각 '위에/ 지금까지 제시된 근거/증거/구체적 자료에 기반하여 …라고 할/ 결론 내릴 수 있다', '모든 점들을 고려하건대 위에/ 지금까지 제시된 모든 증거/자료는 …라는 것을 보여 준다/ 가리킨다/ 입증한다', 그리고 '모든 점들을 고려하건대 이/그 모든 개별적인 이야기들/ 발견된 바들은 …라는 결론에 (자연스럽게) 도달한다', '모든 것을 고려하면 …라는 것이 논리적인/ 합리적인/ 객관적인 결론이다/ 결론은 …라는 것이다'라는 의미 표현들입니다.

[참고] data: datum의 복수형. data + 복수 동사/대명사

- Mount Rushmore in the Black Hills in South Dakota, the United States, features the faces of four great American presidents. Sculpted on the gigantic 60-foot facade of the granite mountain between 1927 and 1941 were George Washington, Thomas Jefferson, Abraham Lincoln, and Theodore Roosevelt. Washington represents the birth of the United States, Jefferson symbolizes its expansion and principles, Lincoln displays its unity, and Roosevelt stands for its development. **Taken as a whole,** Mount Rushmore symbolizes the key ideals and values of the American nation.

미국 South Dakota 주의 Black Hills에 있는 Mount Rushmore는 네 명의 위대한 미국 대통령들의 얼굴을 보여 준다. 1927년에서 1941년 사이에 그 화강암 산의 거대한 60피트 정면에 새겨진 것은 George Washington, Thomas Jefferson, Abraham Lincoln, 그리고 Theodore Roosevelt였다. Washington은 미국의 탄생을 대표하고, Jefferson은 미국의 확장과 원칙들을 상징하고, Lincoln은 미국의 단결성을 나타내며, Roosevelt는 미국의 발전을 뜻한다. 전체적으로 보자면, Mount Rushmore는 미국의 핵심적인 이상들과 가치관들을 상징한다.

- **All things considered,** Thomas Jefferson's visionary ideas and practical efforts and the imperfections of his own life and the world all **lend themselves to the conclusion that** he still represents the achievements until today and aspirations for the future of modern democracy.

모든 점들을 고려하면, Thomas Jefferson의 선구자적인 사상들과 현실적인 노력들 그리고 그 자신의 삶과 세계의 불완전한 모습들 모두가 그가 현대 민주주의가 지금까지 성취한 바들과 미래에 열망하는 바들을 아직도 대표한다는 결론에 이르게 한다.

05 These points/*grounds*/*aspects* (taken/*considered*) as a whole/ *all together*/ *all combined* suggest/*show* that ...

The stories/*anecdotes*/*cases* that have been told/*described*/ *depicted*/*portrayed* so far/ *above* can/*could* be integrated into the conclusion that .../ a big/*larger* picture to show/*indicate*/*suggest* that ...

이러한 점들/근거들/국면들은 전체적으로 보아 ...라는 것을 시사한다/ 보여 준다.

지금까지/ 위에서 이야기된/ 서술된/ 묘사된 이 이야기들/일화 들/사 례들은 ...라는 결론으로 통합될 수 있다/ ...라는 것을 보여주는/ 가리 키는/ 시사하는 큰 그림으로 통합될 수 있다.

[설명]

한국인들이 말을 하거나 글을 쓸 때 마지막 요약이나 결론의 말은 흔히 서론에서 주장한 말을 그대로 옮겨 반복하는 경우들이 자주 있습니다. 그러나 영어권 사람들은 그러한 결론의 표현 방식을 좋아 하지 않습니다. 언뜻 보면 사소한 차이인 것처럼 들리고 보일지라도, 나의 결론은 본론에 근거하고 기반한 표현이 바람직합니다. 앞에서 공부했듯이 본론 (main body)은 증거, 예시, 구체적인 사람, 사물, 사건, 현상들 등에 기반하여 전개되지 않았습니까? 그런 본론의 실 체에 근거하여 객관적이고 공정하게 내려질 수 있음을 강조하기 위 해서죠. 앞에서 설명한 유형 (3) (4) (5) 그룹의 표현들이 모두 그러 한 논리와 구도에 따라 영어의 말과 글을 마무리하는 대표적인 구 문들입니다. 반드시 숙달하길 바라고, 또 숙달되면 아주 편리한 결 론의 표현들로 유용하게 사용할 수 있습니다.

- These aspects of the presidency and administration of Theodore Roosevelt, **all combined, can/could be integrated into the final conclusion that** he was the first modern American president indeed.

    Theodore Roosevelt의 대통령직과 행정부의 이러한 면들은 총체적으로 보면, 그가 진정으로 최초의 현대적인 미국 대통령이었다는 최종적인 결론으로 통합될 수 있다.

Theodore "Teddy" Roosevelt(T.R. or TR) (1858-1919): the 26th President of the United States (1901-1909, Republican 공화당). 미국을 최초로 현대적 국가로 개혁하고 국내외로 발전시킨 대통령으로 평가된다. 사진 제공: the U.S. Library of Congress

- The anecdotes that have been described about Lincoln **so far/above, taken together, can portray a big/larger picture about him by way of conclusion**: of all the great presidents throughout American history, Lincoln is the towering, most respected figure ever.

    지금까지/위에서 Lincoln에 관해 묘사된 일화들은 총체적으로 보아, 그에 관한 큰 그림을 결론으로서 그릴 수가 있다: 미국사 전반에 걸쳐 그 모든 위대한 대통령들 중에서도 Lincoln은 단연 우뚝 솟은 가장 존경 받는 인물이다.

EXERCISE

Q-1 말 또는 글의 결론을 이끌기에 적절한 표현은 어느 것입니까?

_____, it can be objectively stated that Lincoln is the most respected American president of all time.

(1) With summary (2) For short
(3) On brief (4) By way of conclusion

[정답과 해설]

◆ 정답: (4)
◆ 해설: 결론을 이끄는 표현들인 In summary, In short, In brief, In conclusion 모두 전치사 in을 앞에 취하지만, 비교적 격식을 차린 표현으로 By way of conclusion, ...가 사용되기도 합니다.

[번역]
결론적으로, Lincoln이 지금까지 가장 존경받는 미국 대통령이라고 객관적으로 말할 수 있다.

Q-2 Writing의 결론을 진술하는 다음의 표현을 시작하기에 적절하지 않은 것은 어느 것입니까?

_____, a white Christmas is such a thrilling and memorable event in the lives of most Southern Americans.

(1) In the final analysis

(2) Taken as a whole, all these episodes lend themselves to the conclusion that

(3) All these points considered,

(4) Making a long story short,

[정답과 해설]

- ◆ 정답: (4)
- ◆ 해설: (1) (2) (3) 모두 앞의 내용들을 종합하여 결론을 시작하는 표현들로 자주 사용되고 정확한 표현들이지만, (4)는 To make a long story short, ...로 to-부정사로 표현되어야 정어법입니다.

[번역]

_____, 눈 덮인 크리스마스는 대부분의 남부 미국인들에게는 대단히 신나고 추억에 남는 이벤트이다.

(1) 최종적인 결론으로
(2) 전체적으로 보아 이 모든 일화들은 ...라는 결론을 가능하게 해준다.
(3) 이 모든 점들을 고려하면,
(4) 간단히 이야기 하자면

Q-3 다음의 결론적인 한국어 문장을 영어로 표현해 보세요.

지금까지 설명된 모든 역사적인 사건들을 요약하면, 결론적으로 미국에서의 개인의 총기 소유는 개인의 자유를 정부의 권력보다 중요시하는 미국 건국 시에 심어진 오래된 믿음에 깊이 뿌리내리고 있다는 것이다.

[지금까지: so far; thus far; until now; up to the present; heretofore] [역사적인 사건들: historical events/developments] [요약하다: summarize; sum up; boil (something) down to …] [개인의 총기 소유: individual ownership of guns; gun ownership by individuals] [A를 B보다 중요시하다: value/put/ cherish A over/above B] [심다: plant] [깊이 뿌리내린/자리 잡고 있는: deeply rooted/seated. 제한적/한정적 용법으로는 deep-rooted/seated] [정부의 권력: government(al) powers; the powers of the government] [미국 건국: the founding of the American nation/ republic/ the United States]

[모범 영어]

⇒ **To summarize/sum up all the historical developments (that have been) described so far, in conclusion,** the individual ownership of arms in America is deeply rooted in the long-standing belief planted at the founding of the American nation that values individual liberties over governmental powers.

Q-4 다음의 한국어 표현을 영어로 표현해 보세요.

전체적으로 고려하자면, 그 사회들 간에 존재하는 민권과 시민 의식과 행동에 있어서의 그 모든 차이들은 우리로 하여금 민주주의란 한 사회에서 견고히 수립되기 위해서는 오랜 시간이 - 종종 수 세기가 - 걸린다는 결론을 내리게 한다.

[민권: civil rights]　[시민 의식: civic consciousness]　[...가/로 하여금 ... 하게/하도록 하다: lead/invite + 목적어 + to-부정사]　[수 세기: (many/ several) centuries]　[확립하다: establish]　[견고히: firmly; solidly]　[주어 가 ... 하는데/하기에 ... 걸리다: 주어 + takes + 시간/기간 + to-부정사; It takes + 시간/기간 + for + 주어 + to-부정사]　[결론을 내리다: draw/reach a/the conclusion]

[모범 영어]

⇒ **Taken as a whole/all together,** all the/those differences in the civil rights and civic consciousness and behavior that exist in/among those societies **lead us to conclude that** democracy takes a long time - often centuries - to be firmly established in a society.

SUMMARY : 최종 결론의 표현

(1) In conclusion/*summary/short/brief/a nutshell*, ...

(2) By way of conclusion, it can/*could* be stated / one/*we can/could* state that ...

In (the) final analysis, one/*we* can safely/*justly/fairly/objectively* conclude that .../ it can be safely/*fairly/objectively* concluded that ...

(3) To conclude/*sum up/make a long story short*, ...

To summarize the data/*bits* of evidence/*episodes*, one can/*could* piece together/ *draw* a big/*larger* picture about .../ one can conclude that .../ one can draw the conclusion that ...

(4) Based on the grounds/*evidence/specific data* presented above/*so far*, it can/*could* be safely stated/*concluded* that ...

Taken together/*as a whole*, all the evidence/*data* put forth above/*so far* show(s)/*indicate(s)/prove(s)* that ...

All combined, all the individual stories/*discoveries* lend themselves/ *lead* to the conclusion that ...

All things considered, it is a logical/*reasonable/objective* conclusion/*corollary* that .../ the conclusion is that ...

(5) These points/*grounds/aspects* (taken/*considered*) as a whole/ *all together/ all combined* suggest/*show* that ...

The stories/*anecdotes/cases* that have been told/*described/ depicted/portrayed* so far/ *above* can/*could* be integrated into the conclusion that .../ a big/*larger* picture to show/*indicate/suggest* that ...

English Books & Speeches that Changed the World
- 세상을 변화시킨 영어책과 연설들 -

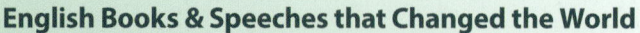

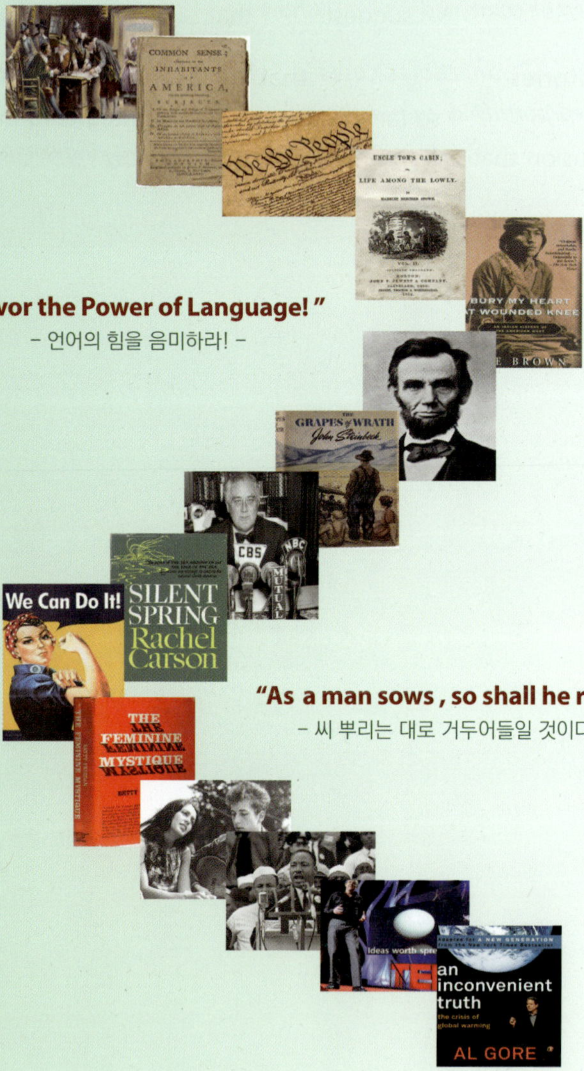

" Savor the Power of Language! "
- 언어의 힘을 음미하라! -

" As a man sows , so shall he reap. "
- 씨 뿌리는 대로 거두어들일 것이다 -

Unit 2 Workbook

심화 수업 : 테스트와 해설

🖍 글쓰기 능력을 한 단계 업그레이드하는 연습!

🖍 실전에 대비한 '아웃풋 영어'의 맛보기!

🖍 원활한 소통을 위한 센스 있는 단어 선택 노하우!

🖍 빠른 독해 실력을 완성 시키는 문장 구조 익히기!

- test set #1
- test set #2
- test set #3
- test set #4
- test set #5

Workbook
Review Test

Workbook은 지금까지 Lecture #1-14에서 학습한 내용 전체를 실제의 영어 Speech와 writing의 이해에 적용하는 훈련을 하는 Test Sets입니다. 총 5개의 Test Set들은 독자 여러분이 이제껏 경험한 국내 영어 독해력 학습서들과 차원이 다릅니다. 긴 독해 지문에 사용된 어구들을 문맥에 맞게 그 의미들을 정리한 [Words & Phrases] 설명을 주목하십시오. 맥락에 맞는 어휘들이 어떻게 사용되었는지 확인하고, 반복적으로 학습해서 완전히 나의 지식으로 만들어 줄 것을 부탁드립니다.

특히 자세하게 풀이된 [정답과 해설]에 주목해 주십시오. 정답의 동어반복적 해설이 아니라 원어민 speaker와 writer를 코칭 하는 관점에서 자세히 설명하고 있습니다. [정답과 해설]의 철저한 확인 학습은 여러분의 영어 speech와 writing의 구상부터 서론과 인사말, 단계별 논리적 전개와 흐름, 증거와 사례 등의 제시, 결론, 말과 글의 전체적 구성과 평가에 이르기까지, 실제로 영어로 말을 하고 글을 쓰는 능력을 크게 향상시켜 줄 것입니다.

Test Set #1

다음 글의 writing의 시작, 전개, 마무리 과정에 관한 다음 질문들에 답하세요. **(Q1-10)**

What Can I Do as an Individual for the Better Protection of Mother Earth?

Paragraph I
(1) Now, in order to recover the health and purity of Mother Earth not just for our generation but also for all humanity of the future generations, it is imperative that all the people of the world unite as world citizens and also as global consumers in tackling the overarching global issue in our daily lives and on the grassroots level. (2) As a citizen of the world, not just of a particular country, and also as a consumer in the rapidly globalizing economy, I can contribute to the better protection of the Earth in many practical ways, big and small. (3)

Paragraph II
(4) First and foremost, I think I can play a meaningful role as a consumer out on the market. (5) _____, I can patronize eco-friendly companies and their products and boycott companies and products that damage the environment. (6) I can also use public transportation instead of my individual passenger car, try to walk or use my bicycle as much as possible running my

daily errands, and cut down on the use of all electrical appliances. (7) Even little things, such as using natural light and rechargeable batteries, would all add up to make a huge difference. (8) It is high time that all the consumers of the world joined hands in a concerted action in the global economy at a time when the speeds and costs of technologies - especially for transportation and communication - and information are increasing and decreasing respectively at phenomenal paces.

Paragraph III
(9) Second, as a conscientious citizen of a country and also of the world, I can observe environmental laws more sincerely and rigorously than ever before. (10) In the area of recycling, for instance, I can comply with the related regulations more strictly. (11) I can sort out used paper products, cans, bottles, and plastics, clean them first, and then put them out in recycling bins or dumpsters. (12) Furthermore, in order to make recycling more fruitful, I can make a more fundamental change in my everyday life. More basically, I might as well simplify my life as a consumer and reduce my consumption of chemical _____ drastically. (13)

Paragraph IV
(14) Third, as an individual citizen and consumer caring about the environment, I can take a host of other private and public actions as well. (15) Among an extensive array of such actions, I can volunteer some of my time, energy, and moral support for laudable environmental groups and programs - both domestic

and international. (16) I can spend a few weekends _____ to remove trash from riversides, lakes, highways, forests, or parks along with other friends of our beautiful nature. (17) I can give donations, albeit small ones, to my favorite green projects or organizations. (18) Besides, I can encourage my own children and nephews and nieces to study environmental issues more seriously.

Paragraph V
(19) A lone individual cannot change the world even one bit. (20) _____, such dedicated individual actions as have been described above mean that, when united, individuals can collectively exercise a tremendous clout in the marketplace and in the world in this digital age and steer businesses, governments, and organizations on the one hand, and science and technology, manufacture, and commerce on the other, in environmentally compelling directions. (21) _____, only when individuals discover their new identity as brother and sister citizens and consumers of the world and put their new awareness into action in their daily lives, will their efforts bear fruit to restore the health of Mother Earth for the "sustainable growth" of all humanity today and to safeguard the future happiness of all our posterity to come. (22)

미국 Illinois 주의 한 가족이 Earth Day (4월 22일)에 한 nature center를 방문해서 자기들이 사는 타운의 도시 생태계 (urban ecology)에 관해 공부하고 있다. 사진: ⓒ 박우상 박사 (Dr. David)

Q-1 이 writing의 Paragraph II에서 위치 (5)에 사용되기에 적절한 표현은 어느 것입니까?

(1) Nonetheless (2) Moreover
(3) For example (4) Likewise

Q-2 Paragraph II에서 다음의 표현이 쓰이기에 적절한 위치는 어디 입니까?

As for other contributions that I can make in the marketplace, I can purchase and use energy-saving home appliances and drive a hybrid automobile.

(1) (5) (2) (6)
(3) (7) (4) (8)

Q-3 Paragraph III에서 다음의 표현이 쓰이기에 적절한 위치는 어디 입니까?

For example, I can choose products based on paper or with minimal packaging over goods made from plastics and other synthetic materials.

(1) (10) (2) (11)
(3) (12) (4) (13)

Q-4 Paragraph III의 마지막 문장에서 빈칸에 사용되기에 올바르지 않은 형태의 낱말은 어느 것입니까?

(1) products (2) goods
(3) merchandises (4) commodities

Q-5 Paragraph IV의 문장 (16)에서 빈칸에 사용될 낱말 help의 적절한 형태는 어느 것입니까?

(1) to help (2) in helping
(3) on helping (4) helping

Q-6 Paragraph V의 문장 (20)에 사용되기에 적절하지 <u>않은</u> 논리적 연결어는 어느 것입니까?

(1) Thus (2) However
(3) Still (4) Nonetheless

Q-7 이 writing 전체에서 다음의 두 연결된 문장이 표현되기에 가장 적절한 위치는 어디입니까?

So far, the environmental movement has been dominated by the governments of a few leading industrialized countries and non-governmental organizations concerned with the cause. As a result, the efforts for environmental protection have been mostly top-down, spotty, and not as effective as they should have been.

(1) (1) (2) (2)
(3) (3) (4) (19)

Q-8 다음의 문장이 쓰이기에 가장 적절한 위치는 어디입니까?

In addition to supporting such pro-environmental activities and groups, I can also cast my ballots for political candidates and public policies that actively advocate environmental protection.

(1) (6)   (2) (12)
(3) (17)   (4) (18)

Q-9 Paragraph V의 문장 (21)을 이끄는 빈칸의 표현으로 적절하지 않은 것은 어느 것입니까?

(1) In a nutshell   (2) In the final analysis
(3) To sum up   (4) In the end

Q-10 Paragraph V의 위치 (22)에서 이 writing의 최종 결론의 진술로 가장 적절한 표현은 어느 것입니까?

(1) In conclusion, I can firmly state that I am now determined to support eco-friendly products and comply with recycling rules and environmental laws more strictly.

(2) I am truly more than willing to be part of that new awareness and movement as a new kind of citizen of the global village and as a consumer of a new stripe in the marketplace, whether it be local, national, or global.

(3) All things considered, it is unmistakable that the conventional endeavors to protect the environment that have been led by the governments of leading industrialized nations and well-funded large non-governmental organizations have proved very ineffective.

(4) And I am absolutely happy to see that this new movement has begun to make headway on a global scale.

[정답과 해설]

Q1-(3)
문장 (5)는 앞에 온 문장 (4)의 일반론인 "I can play a meaningful role as a consumer out on the market."의 구체적인 사항들, 즉 예들 (examples, cases)이므로 For example, 또는 For instance가 문장 앞에 오는 것이 올바릅니다.

Q2-(2)
주어진 문장의 topic인 "other contributions that I can make in the Marketplace"의 'other' (= additional)에 주목하면 앞의 문장에서도 'contributions that I can make in the marketplace'에 관한 언급이 있어야 하므로 문장 (5) 뒤, 즉 (6)이 올바른 위치가 됩니다.

Q3-(4)
주어진 문장 'For example, ... other synthetic materials'는 'synthetic' (artificial, chemical, 인공적인) 화학 제품들의 사용을 피하는 예를 드는 문장으로, 바로 앞에 그러한 개념적인 일반론이 와야 하므로 (13)이 올바른 위치입니다.

Q4-(3)
완벽한 또는 훌륭한 영어 글과 말의 기본은 언어 면에서의 완성입니다. 제품, 상품을 뜻하는 product, goods (항상 복수형으로 사용), commodity는 가산 보통명사 (countable, common noun)입니다. 그러나 기본 의미는 같지만 merchandise는 물질 집합명사여서 앞에 a를 사용하거나 merchandises라고 복수형으로 사용하지 않습니다.

Q5-(4)

주어가 ...를 하느라고/하면서 시간/비용/노력을 사용하다, 들이다, 쓰다'라는 표현은 영어로 '주어 + spend + 시간/비용/노력' + -ing' 의 구문을 사용합니다. 여기서 주의할 점은 -ing가 주어를 보충 설명하는 준보어의 기능을 하는 것으로, 국내 절대다수의 영어 학습서들의 설명과 달리 동명사가 아니라 진행의 의미를 가진 -ing (현재분사)로 표현되며, 이 -ing가 동명사가 아니라 현재분사이므로 앞에 전치사 in 또는 on이 절대로 사용되지 않음에 유의해야 합니다. 즉 현재분사형인 helping이 정답입니다.

Q6-(1)

위치 (20) 뒤에 오는 문장은 앞에 오는 문장 (홀로 있는 개인은 세계를 조금 도 바꿀 수 없다)에 대한 반대, 번복, 또는 대폭 수정을 가하는 문장이기 때문에 역접의 논리적 연결어인 But, However, Yet, Nonetheless, Nevertheless, Still 등이 사용될 수 있으나, 결과/결론의 순접부사인 So, Thus, Therefore, Hence, As a result, In accordance, Accordingly, In consequence, Consequently 등은 사용될 수 없습니다.

Q7-(1)

Q7에서 주어진 두 문장은 이 글 전체가 문제를 제기하는 환경보호에 관한 전통적인 관점으로, 환경보호가 선진 산업 사회들의 정부들과 환경보호 NGO들에 의해 효과적으로 이루어질 수 있다는 관점입니다. 따라서 이 글 전체의 서론의 서두에 위치해야 하므로 위치 (1)이 정답이 됩니다.

Q8-(4)

Q8에서 주어진 문장은 "In addition to supporting such pro-environmental activities and groups,"이라고 표현하고 있어 그 바로 앞에는 "pro-environmental activities and groups" (친환경적 활동들과 그룹들)을 언급하는 문장이 와야 하므로 정답은 (4)가 됩니다.

Q9-(4)
문장 (21)은 이 앞의 글 전체의 내용의 핵심을 요약하거나 결론을 내리는 표현이므로, In a nutshell, In the final analysis, To sum up, By way of conclusion 등의 표현들에 의해 이끌릴 수 있습니다. 그러나 In the end는 이야기의 마지막 단계나 상황을 언급할 뿐, 요약이나 결론 자체는 아니기 때문에 정답이 될 수 없습니다.

Q10-(2)
선택지 (1)은 전체 내용 중에서 하나의 작은 사례 또는 세부사항 (detail, example, episode, case)이므로 전체의 결론이 될 수 없습니다. (3)은 이 글 전체의 서론에서 주제의 이슈를 제기하는 (지금까지 정부들과 NGO들에만 의존했던 환경보호 운동은 효과적이지 못했다는 주장) 표현이므로 Introduction에 사용되어야 합니다. (4)는 지문 전체에 아직 언급된 바가 없는 주장이므로 결론으로 사용될 수 없습니다. (2)는 "global citizen" (지구/국제 시민)과 "global consumer"로서의 새로운 정체성과 세계적 연대 의식에 기반한 새로운 환경운동을 주장하는, 즉 내용 전체의 핵심을 요약한 결론이 됩니다.

[Words & Phrases: 문맥상의 의미]

* recover: 타동. 회복/복구하다
* Mother Earth: 지구 Earth를 인류와 생명의 숭고한 어머니라는 환경보호 의식에 기반한 지구의 이름

* generation: 명. 세대
* humanity: 명. 인류, 인간애, 인간성
* imperative: 형용. 절대 명령의, 절대로 따라야 하는. 명. 절대적인 명령
* tackle: 타동. 다루다, 해결하다, 정복하다
* overarching: 형용. 최상위의, 가장 높은 영향력/통제력을 가진; towering; supreme
* grassroots: 형용. (귀족/상류층과 대조되는) 평범한 사람들의, 서민들에 기반을 내리고 있는
* particular: 형용. 특정한, 개별적인
* globalize: 자/타동. 세계화되다, 세계화하다
* contribute: 자동. 기여하다
* practical: 형용. 실용적인, 실제적인
* first and foremost: 최우선적으로, 가장 중요하게는; above everything/ all (else); first of all; more than anything/everything else
* patronize: 타동. 후원하다 < patron: 명. 후원자, 고객
* eco-friendly: 형용. 친환경적인; ecology-friendly, ecologically friendly
* transportation: 명. 운송(수단)
* passenger car: 명. 승용차
* daily: 형용. 일상적인, 매일의; everyday
* errand: 명. 잡일, 심부름
* electrical appliance: 가전제품
* rechargeable: 형용. 재충전할 수 있는
* add up: 더해지다, 총합을 이루다
* make a difference: 차이를 만들다, 중요한 변화를 이루다

* It is (high) time that + 주어 + 과거시제: ...할 적기이다 ('이미 ... 했어야 했다. 서둘러 ... 해야 한다'는 어감)
* join hands: 협력하다, 합세하다; join forces; collaborate; cooperate
* concert: 타동. 동의 또는 협력하여 만들다/계획/추진하다
* respectively: 부. 각각
* phenomenal: 형용. (정도나 수준이) 엄청난, 대단한, 놀라운; highly exceptional, prodigious, or extraordinary 〈 phenomenon: 명. 현상
* conscientious: 형용. 양심적인, 성실한 〈 conscience: 명. 양심, 도덕성, 정의감
* observe: 타동. 준수하다, 따르다; follow; comply with
* rigorously: 부. 엄격하게; strictly; rigidly
* comply: 자동 (comply with ...) 준수하다, 따르다
* regulation: 명. 규제, 규정
* sort out: 타동. 분류해 내다, 가려내다
* bin: 명. 통, 상자
* dumpster: (트럭에 싣고 이동할 수 있는) 대형 철제 쓰레기통
* furthermore: 부. 더구나; moreover; in addition; additionally
* everyday: (주의: 1 word) 형용. 일상의, 매일의; daily. 비교: every day: (주의: 2 words) 부. 매일
* 주어 + might as well + 동사원형: ... 하는 것이 좋을 듯 하다 (충고의 표현)
* consumption: 명. 소비. consumer: 명. 소비자 〈 consume: 소비하다
* drastically: 부. 철저하게, 근본적으로
* a host of + 복수명사: 많은 수의 ...; a multitude of ...; a large number of ...

* extensive: 형용. 광범위한, 폭넓은, 긴
* array: 명. (다수의) 배열, 정렬, 진열
* laudable: 형용. 칭찬할 만한; praiseworthy; commendable. 〈 laud. 타동. 칭찬/찬미하다
* domestic: 형용. 국내의; 가정 내의
* remove: 타동. 제거하다, 없애다
* albeit: 접속 (격식체, 문어체) …일지라도; though; even though; although
* besides: 부. 게다가, 더군다나; moreover; furthermore. 주의: beside: 전치. … 바로 곁에; near; by; next to …
* encourage: 타동. 용기를 북돋다, 격려하다
* lone: 형용. 혼자인
* not … one bit: 조금도/전혀 … 않다; not … at all
* collectively: 부. 집단적으로, 함께
* exercise: 타동. 행사하다, 발휘하다
* tremendous: 형용. 엄청난
* clout: 명. 힘, 권력, 영향력
* steer: 타동. 방향을 돌리다/조정하다
* manufacture: 명. 제조(업)
* commerce: 명. 상업, 무역
* compelling: 형용. 강력한, 거부할 수 없는
* commerce: 명. 무역, 상업
* identity: 명. 정체(성), 신원
* awareness: 명. 정체성
* bear fruit: 결실을 맺다, 효과를 보다
* restore: 타동. 회복/복구하다
* sustainable: 형용. 유지/지탱할 수 있는 〈 sustain. 타동. 유지하다, 지탱하다

* safeguard: 타동. 안전하게 지키다
* posterity: 명. (집합명사) 후손들. 주의: (X) a posterity; (x) posterities
* hybrid: 형용/명. 혼합종, 잡종의, 하이브리드
* minimal: 형용. 최소한의 〈 minimum: 명. 최소(한)
* goods: 명. 상품들, 제품들
* synthetic: 형용. 종합의, 합성된, 화학제품인, 인공의; artificial; chemical
* merchandise: (집합적) 명. 상품들. 〈 (X) a merchandise; (X) merchandises
* commodity: 명. 상품, 제품
* be concerned with ...: ...과 관련된, …에 관심이 많은; be concerned with ...
* be concerned about ...: ...에 관해 우려하고 있는; be worried about
* cause: 명. 원인; 대의명분, 이유
* top-down: 형용. 상명하달식의; 하향식의. 반대: bottom-up
* spotty: 형용. 체계적이지 않은, 불규칙한; sketchy; irregular
* candidate: 명. 후보(자)
* ballot: 명. 투표용지. cast one's ballot: 투표용지를 던지다, 투표하다
* advocate: 타동. 옹호하다, 지지하다
* unmistakable: 형용. 실수할 수 없는, 명백한
* conventional: 형용. 전례적인, 전통적인
* endeavor: 명. 노력
* fund: 타동. ...에 자금을 대다.
* make headway: 앞으로 나아가다, 성과를 올리다

Test Set #2

다음의 Dr. Martin Luther King, Jr.의 연설문에 관한 질문들에 답하세요. **(Q11-20)**

Dr. King's 'I Have a Dream' Speech
A Public Speech by the Rev. Dr. Martin Luther King, Jr.
Delivered on August 28, 1963, at the Lincoln Memorial, Washington, D.C.

Five score years ago, a great American, in whose symbolic shadow we stand today, signed the Emancipation Proclamation. This momentous decree came as a great beacon light of hope to millions of Negro slaves who had been seared in the flames of withering injustice. It came as a joyous daybreak to end the long night of their captivity. (1)

But one hundred years later, the Negro still is not free. One hundred years later, the life of the Negro is still sadly crippled by the manacles of segregation and the chains of discrimination. One hundred years later, the Negro lives on a lonely island of poverty in the midst of a vast ocean of material prosperity. One hundred years later, the Negro is still languished in the corners of American society and finds himself an exile in his own land. (2)

(3)_____
_____. When the architects of our republic wrote the magnificent words of the Constitution and the Declaration of Independence, they were signing a promissory

note to which every American was to fall heir. This note was a promise that all men, yes, black men as well as white men, would be guaranteed the "unalienable Rights" of "Life, Liberty and the pursuit of Happiness." It is obvious today that America has (4) _____ this promissory note, insofar as her citizens of color are concerned. Instead of honoring this sacred obligation, America has given the Negro people a bad check, a check which has come back marked "insufficient funds." (5)

(6) We have also come to this hallowed spot to remind America of the fierce urgency of Now. This is no time to engage in the luxury of cooling off or to take the tranquilizing drug of gradualism. Now is the time to make real the promises of democracy. Now is the time to rise from the dark and desolate valley of segregation to the sunlit path of racial justice. Now is the time to lift our nation from the quicksands of racial injustice to the solid rock of brotherhood. Now is the time to make justice a reality for all of God's children. (7)

It would be fatal for the nation to overlook the urgency of the moment. This sweltering summer of the Negro's legitimate discontent will not pass until there is an invigorating autumn of freedom and equality. Nineteen sixty-three is not an end, but a beginning. And those who hope that the Negro needed to blow off steam and will now be content will have (8) _____ if the nation returns to business as usual. And there will be neither rest nor tranquility in America until the Negro is granted his citizenship rights. The whirlwinds of revolt will continue to shake the foundations of our nation until the bright day of justice emerges.

But there is something that I must say to my people, who stand on the warm threshold which leads into the palace of justice: In the process of gaining our rightful place, we must not be guilty of wrongful deeds. Let us not seek to satisfy our thirst for freedom by drinking from the cup of bitterness and hatred. We must forever conduct our struggle on the high plane of dignity and discipline. We must not allow our creative protest to degenerate into physical violence. Again and again, we must rise to the majestic heights of meeting physical force with soul force.

The marvelous new militancy which has engulfed the Negro community must not lead us to a distrust of all white people, for (9) _____ _____ _____. And they have come to realize that their freedom is inextricably bound to our freedom.

We cannot walk alone. And as we walk, we must make the pledge that we shall always march ahead. We cannot turn back.

There are those who are asking the devotees of civil rights, "When will you be satisfied?" We can never be satisfied as long as the Negro is the victim of the unspeakable horrors of police brutality. We can never be satisfied as long as our bodies, heavy with the fatigue of travel, cannot gain lodging in the motels of the highways and the hotels of the cities. We cannot be satisfied as long as the negro's basic mobility is from a smaller ghetto to a larger one. We can never be satisfied as long as our children are stripped of their self-hood and robbed of their dignity by signs stating: " (10) _____." We cannot be satisfied as long as a Negro in Mississippi cannot vote and a Negro in New

York believes he has nothing for which to vote. No, no, we are not satisfied, and we will not be satisfied until "justice rolls down like waters, and righteousness like a mighty stream.

I am not unmindful that some of you have come here out of great trials and tribulations. Some of you have come fresh from narrow jail cells. And some of you have come from areas where your quest – quest for freedom left you battered by the storms of persecution and staggered by the winds of police brutality. You have been the veterans of creative suffering. Continue to work with the faith that unearned suffering is redemptive. Go back to Mississippi, go back to Alabama, go back to South Carolina, go back to Georgia, go back to Louisiana, go back to the slums and ghettos of our northern cities, knowing that somehow this situation can and will be changed.

Let us not wallow in the valley of despair, I say to you today, my friends. And so even though we face the difficulties of today and tomorrow, I still have a dream. It is a dream deeply rooted in the American dream.

I have a dream that one day this nation will rise up and live out the true meaning of its creed: "We hold these truths to be self-evident, that all men are created equal."

I have a dream that one day on the red hills of Georgia, the sons of former slaves and the sons of former slave owners will be able to sit down together at the table of brotherhood.

I have a dream that one day even the state of Mississippi, a state sweltering with the heat of injustice, sweltering with the heat of oppression, will be transformed into an oasis of freedom and justice.

I have a dream that my four little children will one day live in a nation where they (11) will not be judged by the color of their skin but by the content of their character.

I have a *dream* today!

I have a dream that one day, down in Alabama, with its vicious racists, with its governor having his lips dripping with the words of "interposition" and "nullification" - one day right there in Alabama little black boys and black girls will be able to join hands with little white boys and white girls as sisters and brothers.

I have a *dream* today!

I have a dream that one day every valley shall be exalted, and every hill and mountain shall be made low, the rough places will be made plain, and the crooked places will be made straight; "and the glory of the Lord shall be revealed and all flesh shall see it together."

This is our hope, and this is the faith that I go back to the South with.

With this faith, we will be able to hew out of the mountain of despair a stone of hope. With this faith, we will be able to transform the jangling discords of our nation into a beautiful symphony of brotherhood. With this faith, we will be able to work together, to pray together, to struggle together, to go to jail together, to stand up for freedom together, knowing that we will be free one day.

And this will be the day – this will be the day when all of God's children will be able to sing with new meaning:

My country 'tis of thee, sweet land of liberty, of thee I sing.
Land where my fathers died, land of the Pilgrim's pride,
From every mountainside, let freedom ring!

And if America is to be a great nation, this must become true.

And so let freedom ring from the prodigious hilltops of New Hampshire.

Let freedom ring from the mighty mountains of New York.

Let freedom ring from the heightening Alleghenies of Pennsylvania.

Let freedom ring from the snow-capped Rockies of Colorado.

Let freedom ring from the curvaceous slopes of California.

But not only that:

Let freedom ring from Stone Mountain of Georgia.

Let freedom ring from Lookout Mountain of Tennessee.

Let freedom ring from every hill and molehill of Mississippi.

From every mountainside, let freedom ring.

And when this happens, when we allow freedom ring, when we let it ring from every village and every hamlet, from every state and every city, we will be able to speed up that day when all of God's children, black men and white men, Jews and Gentiles, Protestants and Catholics, will be able to join hands and sing in the words of the old Negro spiritual:

Free at last! Free at last!
Thank God Almighty, we are free at last!

1963년 8월 28일에 the Civil Rights March on Washington에서 'I Have a Dream' Speech를 하고 있는 Dr. Martin Luther King, Jr. 사진 제공: ⓒ U.S. National Archives

미국 Georgia 주 Atlanta에 있는 Dr. Martin Luther King, Jr. 묘소 앞에서 한 백인 여성이 무릎을 꿇고 기도하고 있다. 사진: ⓒ 박우상 박사 (Dr. David)

Q-11 이 speech를 시작하는 introductory remark가 되기에 가장 적절한 표현은 어느 것입니까?

(1) At last, ladies and gentlemen, I'm delighted to be able to declare our triumph in our long-drawn struggle for racial justice.

(2) Hello, everyone. We're finally gathered here today to savor the sweet taste of black freedom.

(3) I am happy to join with you today in what will go down in history as the greatest demonstration for freedom in the history of our nation.

(4) Thank you, everyone, for being here today to air our grievances and unleash our fury as Negro citizens of this nation.

Q-12 다음의 표현이 쓰이기에 가장 적절한 곳은 어디입니까?

And so we've come here today to dramatize a shameful condition.

(1) 1   (2) 2
(3) 5   (4) 7

Q-13 밑줄 친 문장 (3)에 쓰기에 적절한 표현은 어느 것입니까?

(1) In a sense we've come to our nation's capital to cash a check.
(2) And today that shameful condition will be corrected.
(3) For example, our nation's banking system is unfair to us Negroes.
(4) In fact, the shameful condition began at the very founding of the American republic.

Q-14 이 speech의 흐름상 빈칸 (4)에 사용되기에 자연스럽지 <u>않은</u> 어구는 어느 것입니까?

(1) defaulted on   (2) bounced
(3) objected to   (4) declined to honor

Q-15 위치 (5)와 (6) 사이에 쓰기에 가장 적절한 표현은 어느 것입니까? [정답이 아닌 선택지 중에는 적절하거나 올바르지 않은 어구 또는 어법이 사용되어 있을 수도 있습니다.]

(1) But we refuse to believe that the bank of justice is bankrupt. We refuse to believe that there are insufficient funds in the great vaults of opportunity of this nation. And so, we've come to cash

this check, a check that will give us upon demand the riches of freedom and the security of justice.

(2) But the truth is that the American banking system has been in good working shape. We Negroes, therefore, do not believe that this nation really meant reneging on its check later when it wrote it out to us.

(3) Nevertheless, as all of us know, the morality of American banks is alive and well. So, we are happy today to have this opportunity to resubmit that that check, since the cashing of the check is the first steppingstone that will lead us to freedom and justice.

(4) So, today we are gathered here to present our check to the bank once again since it is in better shape than ever before and ready to hear our demand for equality and dignity.

Q-16 빈칸 (8)에 쓰기에 적절한 어구는 어느 것입니까?

(1) an unrealistic understanding
(2) a realistic assessment of the situation
(3) a huge celebration
(4) a rude awakening

Q-17 위치 (9)에 쓰기에 가장 적절한 표현은 어느 것입니까?

(1) you may rest assured that there are still a few good white Americans
(2) there are always a few warm-hearted white people just like there were generous white slave owners even during slavery
(3) many of our white brothers, as evidenced by their presence here today, have come to realize that their destiny is tied up with our destiny

(4) forgiveness is the supreme virtue for not just us but for our white brothers and sisters as well.

Q-18 위치 (10)에서 sign의 문구로 적절하지 않은 표현은 어느 것입니까?

(1) For Whites Only
(2) For Colored Only
(3) Back to Africa
(4) Segregation Forever

Q-19 이 speech 전체에서 가장 유명한 표현인 (11)을 어법상 보다 올바르게 그리고 의미상 보다 효과적으로 전달하는 표현은 다음의 어느 것입니까?

(1) will not be judged by the color of their skin but by the content of their character (어법상으로나 의미상으로 완벽하므로 그대로 둔다)

(2) will not only be judged by the color of their skin but by the content of their character also

(3) will be judged by the content of their character alone, not by the color of their skin

(4) will be judged by the content of their character as well as the color of their skin

Q-20 What kind of writing is the script of this speech based on?

(1) argumentative
(2) academic
(3) inspiring
(4) informative

[정답과 해설]

Q11-(3)

이 speech 전체의 맨 앞에 오기에 적절한 표현을 생각하게 하는 질문입니다. 이 speech는 연구나 증거와 사실 또는 논리에 기반하여 주장하고 설득하는 글이 아니라 듣는 이의 양심과 감성에 호소하여 변화를 이끄는 Speech이지만, 서두에는 audience/listeners들을 향한 간단한 인사말 (greeting remark)과 speech 전체 내용을 핵심적으로 소개하는 표현이 필요합니다. 선택지들 중에 이 조건을 만족시키는 것이 greeting remark ("I am happy to join with you today") + essence of the speech ("what will go down in history as the greatest demonstration for freedom in the history of our nation") (3)입니다.

선택지 (1)은 너무 성급한 결론 (hasty conclusion)이며 사실 이 speech 어디에도 이런 triumph (승리)를 선언하는 표현은 없습니다. (2) 역시 "to savor the sweet taste of black freedom" (흑인 자유의 달콤한 맛을 음미하기 위해) speech의 내용보다 앞서간 성급한 결론입니다. (4)에서는 이 집회의 목적이 "to air our grievances and unleash our fury as Negro citizens ..." (흑인 시민들로서의 우리의 고통들을 알리고 우리의 분노를 분출시키기 위해)를 뛰어넘는, 흑인만의 분노와 자유를 뛰어넘어 흑백 사회 전체의 평화와 조화와 행복을 추구하는 것이므로, (4)는 이 speech 내용의 일부에 불과하며 전체를 대변하지 못합니다.

Q12-(2)

주어진 표현 And 'so' we've come ...에서 'so'에 주목해야 합니다. 여기서의 'so'는 앞에 언급된 내용을 포괄적으로 가리키는 지시적인 역할을 하므로 (마치 thus와 유사하다), 앞에 black Americans

(African-Americans)들의 힘들고 부정의한 상황 ('a shameful condition')의 내용들을 정리하면서 이 집회의 목적을 선언합니다. 따라서 (2)가 가장 적절한 위치입니다. (3)에 의해 이끌리는 단락은 앞에 온 단락의 내용을 당시 미국 경제생활의 기본이었던 personal check (개인수표)의 비유를 통해, 비유적으로 (figuratively, metaphorically) 설명하여 청중의 공감과 이해를 증가시키는데 기여합니다.

Q13-(1)
문장 (3)에 의해 이끌리는 이 단락 전체가 오늘의 이 집회의 목적을 to cash a personal check/ *promissory* note that bounced/*was returned* for the reason of 'insufficient funds' (자금 부족의 이유로 나에게 현금화 되지 못하고 부도가 난/되돌아 온 개인수표/약속어음을 현금으로 찾기 위해서)로 압축해서 표현한 뒤에, 이 비유를 미국의 the Declaration of Independence (독립선언서)에 명시된 미국 건국의 최고의 가치인 "Life, Liberty and the pursuit of Happiness" (생명, 자유, 그리고 행복의 추구)에 기반하여 미국인의 생명과 자유와 행복의 추구가 흑인 미국인들에게는 얼마나 모순적이고 위선적인 것인가를 보여줍니다. 그렇게 나 (흑인 미국인)에게 거부된 내 개인 수표를 현금화하고자 하는 목적의 이야기를 풀어나가기 시작하는 표현 (1)입니다. (2)는 이 speech 전체가 보장할 수 없는 성급한 결론이며, (3)은 여기서의 personal check/ *promissory note*가 실제의 미국의 금융체제를 비판하고자 하는 것이 아니므로 이 부분을 제대로 이해하지 못하는 표현입니다. (4)는 이 speech 어디에도 언급이나 주장된 바가 없으므로 적절하지 않습니다.

Q14-(3)
미국이 흑인들에 대해서는 promissory note (약속어음)의 현금화를 거부했다는 의미이므로 거부하다, 거절하다, 이행하지 않다, 존중하지 않다는 의미가 빈칸 (4)에 사용되어야 합니다. 선택지 (1) defaulted on ...는 ...를 이행하지 않다, (2)의 bounced는 수표를 부도나게 하다, 그리고 (4)는 declined to honor 존중하기를 거절하다의 의미로 모두 사용될 수 있습니다. 그러나 (3)의 object to ...는 ...에 반대하다는 뜻으로 objected to accepting/*honoring* ... (...를 받아들이기를/ 존중하기를 거부하다)라고 할 수는 있지만, a personal check이나 promissory note를 목적어로 바로 취하지는 않습니다.

Q15-(1)
이 speech는 미국 사회의 흑인들에 대한 injustice와 unfairness를 지적하고 규탄하지만, 그 문제 제기를 넘어서 미국 사회의 보편적 이상과 가치관 그리고 인간의 기본적 양심과 선의에 호소하면서 흑백이 평화와 행복을 함께 추구하는 사회를 추구합니다. 그러한 긍정적이고 희망적인 기초 (foundation)을 언급한 선택지가 (1)입니다. (2)는 미국의 현실적인 금융체제를 언급하고 있으므로 적절하지 않으며, (3)에서는 첫 문장의 'the morality of American banks' 역시 (1)처럼 미국의 현실 속의 은행들의 도덕성을 언급하는 부적절한 이야기입니다. (4)는 (3)의 두 번째 문장과 유사한 점이 있으며, 이 집회가 지금까지 미국 사회가 흑인들에게 unjust하고 unfair했던 상황을 반복해서 문제 해결을 추구하는 것이 아니기 때문에 정답이 될 수 없습니다.

Q16-(4)
미국 흑인들의 역사적인 그리고 현재의 unjust and unfair한 상황을 이 정도면 흑인들이 분노와 좌절감을 분출하고 (blow off steam) 이제는 만족해 할 것 (will now be content)를 바라는 사람들이 (2) a realistic assessment of the situation (상황을 현실적으로 평가)하거나 (3) a huge celebration (커다란 축하 파티)를 할 것은 문맥상 전혀 잘못된 선택지들입니다. (1)의 an unrealistic understanding (상황을 비현실적으로 이해하는 것)은 언뜻 보면 그럴 듯하지만, 그 뒤에 따르는 두 문장을 보면 더 큰 비극적인 상황이 올 수 있음을 예견/경고하는 문맥으로 'a rude awakening' (불편한/고통스러운 깨달음)을 경험하거나 직면하게 될 것이므로 (4)가 문맥상 적절한 표현입니다.

Q17-(3)
어구 (9)가 들어있는 문장과 그 뒤의 세 문장의 문맥을 보면, speaker인 King 목사는 미국의 흑인 사회가 새롭게 띄게 된 백인에 대한 militancy (호전적 태도)와 distrust of all white people (모든 백인들에 대한 불신)이 문제 해결의 방안이 될 수 없으며, 백인-흑인의 brotherhood, sisterhood, union (연대)가 해결의 핵심임을 알 수 있습니다. 그렇게 흑백의 union의 destiny (운명)을 강조하는 (3)이 적절한 표현입니다. (1)과 (2)는 현실적으로 사실이라 하더라도 (3)처럼 white-black union의 핵심을 전달하지 못하며, 흑백 양측의 상호 forgiveness를 'supreme virtue' (최상의 미덕/가치)로 표현하는 (4)는 speech 전체의 내용이나 앞뒤 문맥과 맞지 않습니다.

Q18-(3)
여기서의 sign (간판, 표지판, 안내판 등)은 백인들이 흑인들에게 법적, 정책적으로 강요한 흑인 차별/격리 (discrimination, segregation)의 표현이나 구호입니다. For Whites Only와 For Colored Only (Colored: 유색 인종인, 실질적으로는 대부분의 경우에 흑인 (Black/African-American)은 미국 각지에서 사용된 차별/격리의 표현이며, (4) Segregation Forever (영원한 격리)는 당시 미국 남부에서 여러 주 정부들과 백인 racist 리더들에 의해 외쳐지던 구호입니다. (3)의 Back to Africa는 주로 19세기에 일부 흑인 지도자들이 미국 흑인들의 아프리카 재이주를 black nationalism의 한 버전으로 외치던 주장이므로 이 문맥에 적절하지 않습니다.

Q19-(3)

(2)와 (4)는 둘 다 피부색도 판단의 기준에 포함하는 표현이므로 문맥상 옳지 않습니다. (1)은 실은 speaker인 King 목사가 이 speech에서 사용한 표현입니다. 여기서 'A가 아니라 B'의 구문이므로 이 의미를 정확한 구조로 전하려면 'will be judged not by the color of their skin but by the content of their character'가 정확한 표현이 되지만, 실제 영어에서는 King 목사의 표현에서처럼 not이 부정문의 기능을 하도록 'will not be judged'에 사용되는 경우가 종종 있습니다. 그러나 이 의미를 문맥상 가장 효과적으로 전달하려면 the color of their skin이 (전혀) 아니라 오직 the content of their character에 의해서만 사람을 평가하는 것을 주장하는 경우이므로, (3)에서의 'A alone, not B' (B가 아니라 오직 A)의 구조를 사용한 표현이 (1)보다 바람직한 표현입니다.

Q20-(3)

이 speech는 연구, 증거와 사실, 논리 등에 근거해서 주장과 설득을 하는 argumentative (논증적인, 논쟁적인) 또는 academic (학구적인) 또는 informative (정보를 주는, 교육적인) 언어에 기반한 것이 아니라, 듣는 사람들의 양심과 warm heart, sense of justice/fairness 등의 인성과 감성 등에 호소하여 개인적인 또 사회적인 변화를 이끌고자 하므로 (4) inspiring이 정답이 됩니다.

[Words & Phrases: 문맥상의 의미]

* deliver: 타동. 배달하다, 전달하다. deliver/give a speech/ lecture: 연설/강의를 하다.
* score: 명. twenty (20)
* Emancipation Proclamation, the: 미국 노예해방 선언 (January 1, 1863)
* momentous: 형용. 중대한; of great importance
* decree: 명. 명령, 법령, 칙령
* beacon: 명. 등대, 봉화, 신호등
* sear: 타동. (불에 겉이나 표면을) 그슬리다, 태우다; to burn or char the surface of
* flame: 명. 불길
* wither: 자동. 시들다, 말라죽다
* captivity: 명. 감금, 억류
* cripple: 타동. 불구로 만들다
* manacle: 명. 수갑; handcuff
* segregation: 명. 인종격리
* discrimination: 명. 구별; (인종)차별
* in the midst of …: …의 한 가운데 (있는)
* vast: 형용. 광대한
* material: 형용. 물질적인
* prosperity: 명. 번영, 발전 〈 prosper: 동. 번영/발전하다
* languish: 타동 (흔히는 자동). 시들게 하다, 약화시키다
* exile: 명. 추방자, 유배자
* architect: 명. 건축가, 설계자
* republic: 명. 공화국

* magnificent: 형용. 아주 멋진, 웅장한, 성대한
* constitution: 명. 헌법; 구성, 구조
* Declaration of Independence, the: 명. 1776년 7월 4일에 있었던 미국의 독립선언서
* promissory note: 명. 약속어음
* heir: 명. [주의: h가 묵음 (silent)] 상속인, 계승자
* unalienable: 형용. 양도할 수 없는
* pursuit: 명. 추구, 추적 〈 pursue: 타동. 추구/추적하다
* insofar as: 접속. ...하는/인 만큼; ...하/이니까 (정도 + 이유). 여기서는 as far as ... (... 하는/인 한)의 의미.
* sacred: 형용. 신성한
* check: 명. 수표
* mark: 타동. 표식을 남기다
* insufficient: 형용. 불충분한
* hallow: 타동. 신성시하다; sanctify; consecrate; venerate
* fierce: 형용. 맹렬한, 사나운, (정도가) 대단한
* urgency: 명. 긴급함, 절박, 급박 〈 urgent: 형용.
* engage: 자동 (in ...) ...에 종사/관여하다
* cool off: 자동. 냉정을 찾다
* tranquilize: 타동. 진정/안정시키다 〈 tranquil: 형용. 고요한, 평온한
* desolate: 형용. 황량한, 삭막한, 버려진
* sunlit: 형용. 햇빛이 비치는
* lift: 타동. 들다, 들어올리다
* quicksand: 명. 흘러내리는 모래; 헤어나기 힘든 상황
* solid: 형용. 고체의, 단단한

* fatal: 형용. 치명적인, 죽음을 초래하는; deadly; lethal
* overlook: 타동. 간과하다, 무시하다
* swelter: 타/자동. 무더위 속에 고생시키다, 고생하다
* legitimate: 형용. 정당한, 합법적인
* discontent: 명. 불만; dissatisfaction
* invigorate: 형용. 활기를 북돋우는 〈 invigorate 타동. 활기를 북돋우다
* blow off steam: 동사구. 분노
* content: 형용. 만족해 하는; satisfied
* business as usual: 일상적인 삶/방식
* tranquility: 명. 고요함, 평온함
* grant: 타동. 수여/부여하다
* whirlwind: 명. 회오리바람
* revolt: 명. 폭동, 반란; mutiny; rebellion
* emerge: 자동. 나타나다, 드러나다
* threshold: 명. 문지방, 문턱
* wrongful deed: 잘못된 행위, 악행
* thirst: 명. 갈증. thirst for …: …를 원하는 욕구
* hatred: 명. 증오, 미움
* conduct: 타동. 실행하다
* plane: 명. 지대, 차원, 수준
* dignity: 명. 존엄성, 품위
* discipline: 명. 규율, 기강
* protest: 명. 항의
* degenerate: 자동. 퇴화하다, 퇴보하다

* militancy: 명. 호전성, 투쟁적 자세 〈 militant: 형용.
* engulf: 타동. 꿀꺽 삼키다, 빠뜨리다
* inextricably: 부. 뗄 수 없게, 빼낼 수 없게, 분리할 수 없을 만큼 〈 inextricable: 형용.
* bound: 형용. 묶인, 연합된. 〈 bind: 타동 (묶다, 결합하다)의 과거 분사형
* pledge: 명. 서약, 약속, 맹세
* march: 자동. 행진하다
* devotee: 명. 애호가, 추종자, 광, 열성팬
* brutality: 명. 야만성, 잔인함 〈 brutal: 형용. 야만적인 〈 brute: 명. 짐승
* fatigue: 명. 피로
* lodging: 명. 숙박
* mobility: 명. 이동성
* ghetto: 명. 빈민가
* self-hood: 명. 자아, 정체성
* strip: 타동. 뺏다, 박탈하다
* rob: 타동. 뺏다, 박탈하다
* righteousness: 명. 의로움, 정의감 〈 righteous: 형용.
* mighty: 형용. 강력한 〈 might: 명. 힘, 세기, 세력
* unmindful: 형용. 개의치 않는, 신경 쓰지 않는, 무시하는
* trial: 명. 시도; 재판
* tribulation: 명. 고난, 시련
* quest: 명. 추구, 탐색
* batter: 타동. 계속 두드리다/패다

* redemptive: 형용. 구원/보상하는 〈 redeem: 타동. 구원하다, 복구/상환 하다 〉 redemption: 명.
* wallow: 자동. 뒹굴다.
* despair: 명. 절망
* self-evident: 형용. 자명한, 명백한
* transform: 타동. 변형시키다, 변화시키다
* content: 명. 내용(물)
* character: 명. 인격, 성품
* vicious: 형용. 사악한, 부도덕한
* interposition: 명. 간섭, 개입; 중재, 조정. 여기서는 미국의 주정부 (state government)가 연방정부 (the federal government)의 법이나 정책에 반대하거나 개입할 권리 (state's rights)가 있다는 헌법적/정치적 관점.
* nullification: 명. 무효화. 여기서는 미국의 주 정부가 연방정부의 법이나 정책을 거부하고 그 효력을 무효화 할 (nullify) 수 있다는 미국의 헌법적/정치적 관점.
* exalt: 타동. 높이 올리다; 대단히 칭찬하다
* reveal: 타동. 드러내다
* faith: 명. 신념, 믿음
* jangle: 타/자동. (신경을) 거슬리게 하다, (신경이) 거슬리다
* discord: 명. 불협화음, 불화, 다툼
* prodigious: 형용. 엄청난, 거대한, 막대한
* heightening: 형용. 높이 솟은

* the Alleghenies: the Allegheny Mountains: 미국 동북부에서 남부 Georgia까지 뻗은 the Appalachian Mountains (애팔래치아 산맥)의 한 부분으로 Pennsylvania, Maryland, Virginia, and West Virginia 일대에 뻗쳐 있다.
* curvaceous: (also curvaceous) 형용. (몸매가) 곡선미가 있는, (길이) 휘도는
* molehill: 명. 두더지가 파 놓은 흙두둑
* hamlet: 명. 작은 마을; small village
* Jew: 명. 유대인
* Gentile: 명. 이방인
* Protestant: 명. 개신교도
* Catholic: 명. 가톨릭 신자
* spiritual: 명. (옛 흑인 노예들의) 영가
* declare: 타동. 선언하다
* long-drawn: 형용. 오래 끈
* savor: 타동. 맛을 음미하다/즐기다
* grievance: 명. 불평사항, 고통이나 힘들게 하는 것
* founding: 명. 수립, 설립
* default: 자동. (의무의) 불이행
* bounce: 타동. 부도를 내다
* object: 자동. 반대하다
* decline: 타동. 거부/거절하다
* bankrupt: 형용. 파산한
* renege: 자동. (on ...) (약속을) 지키지 않다
* resubmit: 타동. 다시 제시하다

* demand: 명. 요구
* assessment: 명. 평가
* rude awakening: 명. 불쾌한/고통스러운 깨달음
* rest assured that ...: ...라고 확신하고 있다
* evidence: 타동. 입증하다
* destiny: 명. 운명
* forgiveness: 명. 용서 〈 forgive: 타/자동. 용서하다
* argumentative: 형용. 논쟁적인
* inspiring: 형용. 영감을 주는, 격려하는
* informative: 형용. 정보를 제공하는, 많은 것을 알려/가르쳐 주는

Test Set #3

다음 글의 writing의 시작, 전개, 마무리 과정에 관한 다음 질문들에 답하세요. **(Q21-40)**

The Women's Rights Convention
in Seneca Falls, New York, on July 19th & 20th, 1848:
The Feminist "Movement" Was Born in America.

Paragraph I
On the 19th and 20th of July, 1848, some 300 women and men – including Elizabeth Cady Stanton, Lucretia Mott, and Frederick Douglass (Endnote 1) – gathered at the Wesleyan Methodist Chapel in Seneca Falls in upstate New York to hold a "convention to discuss the social, civil, and religious condition and rights of women." As the culmination of the "Women's Rights Convention," they adopted and read the history-making "Declaration of Sentiments." In an age when women were expected to follow traditional norms of "domesticity," subordinate and submissive status, and second-class citizenship, the Declaration enumerated 18 "grievances, injuries, and usurpations" imposed upon American women, announced 12 resolutions to rectify the wrongs, and declared to the world:

"We hold these truths to be self-evident: that all men and women are created equal; that they are endowed by their

Creator with certain inalienable rights; that among these are life, liberty, and the pursuit of happiness; that to secure these rights governments are instituted, deriving their just powers from the consent of the governed. ... The history of mankind is a history of repeated injuries and usurpations on the part of man toward woman, having in direct object the establishment of an absolute tyranny over her."

Paragraph II
(1) Rings a bell? (2) You bet. (3) The Declaration of Sentiments, drafted by Elizabeth Cady Stanton, drew on the exactly identical language and format of the Declaration of Independence of 1776, including the overarching and "self-evident" truths of the innate equality and the divinely endowed and inalienable "natural" rights of all human beings. (4) It declared to the world the utter self-contradiction and hypocrisy of the male-dominated American society by replacing "King George" in the Declaration of Independence with "all men" (Endnote 2). (5) The top priority on the agenda of this first wave of American feminism was to secure the right to vote for American women. (6) Living in the 21st century as we do, Americans today would take the language of the Declaration of Sentiments for granted, all too familiar, and even banal, finding nothing particularly provocative, not to mention revolutionary, in the Declaration. (7) _____, at that time, the 12 resolutions in the Declaration were considered "terrifying," and the entire Declaration drew torrents of ridicule and sarcasm from the press and pulpit, as an area newspaper impugned it as "the most shocking and unnatural event ever recorded in the history of womanity." (8)

Paragraph III

(9) Prior to the Seneca Falls Convention, there had been a few American women – most notably Abigail Adams (1744-1818, the wife of John Adams, the second President of the United States, 1797-1801, and the mother of John Quincy Adams, the sixth President of the United States, 1825-1829) and Judith Sargent Murray (1751-1820, poet, essayist, playwright) – who expressed their feminist consciousness. (10) (11) _____, the historical significance of the Seneca Falls Convention is that it marked the beginning of the feminist "movement" in America (12) _____ that a group of people gathered for and worked toward a common cause, i.e., the rights, interests, and well-being of American women in an organized and sustained manner. (13) _____, the movement had networks of leaders and organizations, conventions, rallies, and concrete goals and programs, and the public was invited to join in their collective efforts.

Paragraph IV

(14) The women and men in the wave maintained that the political, legal, and social structure that had been built and run by men without the participation and consent of half the nation's population was the most fundamental self-contradiction of American democracy, just as the patriots put forth the lack of the their legislative representation under British rule as their primary grievance and as the main ground for their pursuit of independence. (15) _____, the minimal and basic prerequisite of democracy was very slow to come. The dream

of woman suffrage had long failed to be fulfilled until the Nineteenth Amendment to the U.S. Constitution in 1920 (Endnote 3) – 72 years and numerous demonstrations, rallies, arrests, and fines after the Seneca Falls Convention, 42 years after the Amendment was originally proposed in Congress (Endnote 4), and 144 years after the Declaration of Independence, and 131 years after the United States of America began as the world's first constitutional republic where people's sovereignty purportedly reigned.

Paragraph V
Since then feminism in America has come a long way with two or three subsequent waves and new perspectives. Soon after the achievement of suffrage at the end of the prolonged struggle of the first wave, the second wave took on predominantly cultural – and some economic – overtones in the 1920s with the advent of a new generation of young women often dubbed "New Women" and "flappers." (16) Although they made up only a minority of American women as yet, the feminist consciousness and aspirations of the second wave had a visibly expanded social base among young women, far larger than the associations of the elite and often militant women of the first wave.

Paragraph VI
Then in the first half of the 1940s there was a temporary blossoming of a tough-woman spirit, this time even among middle-aged women and housewives. (17) While men were off to fighting in the European and Pacific theaters of World War II and

the national economy was being mobilized for the war, millions of American women – including more than two million women who had never before worked outside the home – joined the workforce, producing war machines and munitions or engaged in other war efforts on the home front. (18) Not only did they bring home the bacon, but they also relished the pride and sensation of the new "We Can Do It!" self-confidence fostered by the symbolic image of "Rosie the Riveter" seen everywhere around the country. (19) They returned to their traditional, domestic sphere as the time-honored consecration of family and the home was making a comeback and the Baby Boom and a conservative political and social atmosphere were beginning to kick in. (20) _____, the burgeoning feminist spirit all but evaporated amid the right turn of American society and culture.

Paragraph VII
Then in the 1960s-1970s American women were visited by the third wave of feminism – this time, big time. Assisted in large measure by the confluence of several sociocultural forces that included the publication of Betty Friedan's Feminine Mystique (which may well be considered the manifesto or opening salvo of contemporary American feminism) in 1963, the founding of the National Organization for Women (NOW) in 1966, and the start of Ms. Magazine in 1972, feminism finally reached not just the new workplaces of young working women but the homes of millions of housewives as well. While it was mostly the vociferous vanguard groups that wore army jackets, displayed male hairstyles, took to the streets, burned their bras at rallies,

and crowded lecture halls, a vast majority of American women were influenced by the third wave consciously and unconsciously. They fought against discrimination in wide-ranging areas (most prominently in civil rights, employment, and education), violence, and harassment, pursued careers outside the home in droves demanded economic equality, and advocated autonomy in their sexual and reproductive realms, hitting the Pill. Riding the big third wave, they soon scored a succession of touchdowns in all the three branches of government. (21) _____, they won the Equal Pay Act (1963), Title VII of the Civil Rights Act of 1964 (against discrimination in employment), Title IX in the Education Amendments of 1972 (against discrimination in education), Roe v. Wade (1973, which affirmed women's right to abortion as part of the constitutionally safeguarded right to privacy), and the broad-ranging and enduring policy regime of affirmative action. Like the first wave, the third wave was a social movement; unlike the first wave, it reoriented and restructured much of American society and culture, affecting not just laws and policies but also individuals' consciousness and prevailing cultural norms, not only women but an increasing number of men as well, with remarkable rapidity and effectiveness.

Paragraph VIII
The third wave still rules the sea of gender relations in America to a considerable extent. (22) After substantial political, legal, and economic gains had been won in the 1960s-1970s, since around the second half of the 1980s a new perspective

has gained ground, especially among younger women. (23) Signifying their amplified self-confidence, assertiveness, and competence with regard to their identities and their lives, many American women have begun to showcase "Girl Power," wearing lipstick and miniskirts and priding themselves on their femininity and sexuality. (24) In the process the relative weight of their concern with the hardware of contemporary feminism – politics, laws, policies, and economics – has declined. (25) Whether this "Wonderbra feminism" is just a minor spin on the dominant themes of the third wave or is going to grow to create a new movement or wave on its own remains to be seen. Still, it cannot be denied that this new phenomenon has been made possible and is going on under the crest of the third wave.

Paragraph IX
Considering all such historical developments of women's rights since Seneca Falls, or more fundamentally in light of women's status in the entire history of humankind, feminism in America has come a long way indeed. (26) They have already gone aboard combat ships and bomber planes, too. Equipped with financial capabilities far better than just a generation or two ago, a huge number of women are independent home buyers, and the majority of divorce proceedings are initiated by women. Today, women not simply outnumber but also outperform men in colleges and graduate schools. Yes, most of all, today's American women are far more self-confident, competent, and secure than ever before, in their attitudes toward and outlooks on their lives and the world, and with their now substantial pocketbooks, careers, and credentials.

Paragraph X

(27) _____, one still can see American women, let alone women as a whole as seen from a global perspective, being slighted and shortchanged basically on account of their sex. While the wage gap has narrowed in the recent decades, an intolerable gap still exists (Endnote 5). In most divorce cases – even in the so-called "community property" states, where properties acquired during marriage may be divided equally upon divorce – American women are all too often left to the tender mercy of their men (Endnote 6). While "deadbeat dads" and many divorced men contend that they are suffering gravely from an unfairly lopsided financial burden and judicial bias against them, far fewer men than women claim child custody in the first place, and the legally mandated or approved financial support for the women and children is inequitable in most cases (even though, of course, there are a few real good men). In consequence, the vast majority of Americans living at or below the poverty line are women raising children alone. Although some guys cry out "Feminazis" jeering women with articulate feminist ideas, those guys are dead wrong, since American women have not yet reached that high plane at all. (28) Although today it is far from "absolute tyranny" as condemned in the Seneca Falls Declaration, _____, despite all the third-wave laws, policies, and all. Most American women know full well that justice is not theirs unless they have the wherewithal to claim or buy it, and life is still too hectic and lean for many of them.

Paragraph XI

(29) Then we see that, apart from woman suffrage, much of the ultimate dream of Seneca Falls – the equality and dignity of women – still remains to be fulfilled. (30) First, the participants in the Convention were predominantly white women, but we should note that there were also men. In fact, the Declaration of Sentiments was signed by 32 men along with 68 women. (31) Seen from a bigger perspective, the progress of history and civilization is made possible by those who look at the issue and the world beyond their own immediate self-interests, pocketbooks, and habits of thoughts, and act with open-mindedness toward truth and justice and compassion and generosity toward the weak. (32) _____ the history of black freedom. The freedom and the civil rights of the slaves and African-Americans critically needed non-black Americans, too, who supported their causes, conducted the Underground Railroad, marched arm in arm with them, and sometimes ran the risk of getting taunted as "white niggers" or "nigger lovers" and ridiculed and harassed by their white coworkers and neighbors. (33) _____, the well-being of American workers found indispensable the support of sympathetic non-worker Americans, including reporters, clergy, professors, lawmakers, consumers, and taxpayers. The rights and interests Americans with disabilities have secured recently needed the support of healthy and strong Americans as well. (34) _____, achieving the equality and dignity of women needed and still needs not just women but also men – their conscience, enlightenment, and sense of justice. Although

those who look at things beyond their own selfish horizons are usually a small portion in number, especially in the early stage of a movement, but they often prove to be an influential minority that grows to be a critical mass.

Paragraph XII
Second, we also should remember that those 300-odd participants in the Convention had a broad vision of social reform and betterment. Most of them viewed the issue of women's equality and dignity as intrinsically intertwined with other compelling issues of their times, such as the abolition of slavery, the establishment of public education as the balancing wheel of democracy, the humane treatment of criminals and mentally ill, and the promotion of temperance, among others. In their view, those issues were interlocking questions ultimately pointing toward the towering values of human dignity, individual conscience, social justice, and moral awakening, and (35) _____ _____.

Paragraph XIII
Yes, it's been a long and tortuous century and a half since the Seneca Falls Convention. Although there still exist guys who cry "Feminazis!" here and there, women's rights, their pocketbooks, and their self-confidence and self-esteem have come a long way, indeed. (36) Seen from the long history of women's aspirations and endeavors for equality that has been considered so far, we can draw this ultimate conclusion. The courageous dreamers gathered at Seneca Falls are still calling on us to join hands

and carry their dreams forward toward their consummation, by transcending our differences in sex, race, age, and other personal backgrounds and interests, and without neglecting other big questions of our times, when we much too often find the supreme ideals and values of humanity - including truth and justice - in jeopardy or eclipse. Our own dreams and efforts for a better community, a better society, and a better world owe a lot to the people and their vision at Seneca Falls.

ENDNOTES

[Endnote 1]
Elizabeth Cady Stanton (1815-1902): feminist, abolitionist, and social reformer; president of the National Woman Suffrage Association (1869-1890).
Lucretia Mott (1793-1880): Quaker minister, feminist, abolitionist, and activist in the temperance, peace, and labor movement.
Douglass, Frederick (1817-1895): ex-slave, abolitionist, editor, author, orator, suffragist.

[Endnote 2]
The full text of the Declaration of Sentiments is as follows:

When, in the course of human events, it becomes necessary for one portion of the family of man to assume among the people of the earth a position different from that which they have hitherto occupied, but one to which the laws of nature and of nature's God entitle them, a decent respect to the opinions of mankind requires that they should declare the causes that impel them to such a course.

We hold these truths to be self-evident: that all men and women are created equal; that they are endowed by their Creator with certain inalienable rights; that among these are life, liberty, and the pursuit of happiness; that to secure these rights governments are instituted, deriving their just powers from the consent of the governed. Whenever any form of government becomes destructive of these ends, it is the right of those who suffer from it to refuse allegiance to it, and to insist upon the institution of a new government, laying its foundation on such principles, and organizing its powers in such form, as to them shall seem most likely to effect their safety and happiness. [이하 생략]

[Endnote 3]
The text of the Nineteenth Amendment to the U.S. Constitution:
The right of citizens in the United States to vote shall not be denied or abridged by the United States or by any State on account of sex. Congress shall have power to enforce this article by appropriate legislation.

Prior to the Nineteenth Amendments, American women had the right to vote in state and local elections in a limited number of states (but nowhere in federal elections). Wyoming was the first to grant women the right to vote and hold elective office in

1869, when it was a territory (Wyoming became a state of the Union in 1890). By 1910 only five states (Wyoming, Colorado, Utah, Idaho, and Washington) granted women the right to vote in all state and local elections. By the eve of the passage and ratification of the Nineteenth Amendment, the number of the states had increased to seventeen.

[Endnote 4]
The woman suffrage amendment to the U.S. Constitution was proposed originally by the Women's National Loyal League in 1878. It was drafted and submitted to Congress by Susan B. Anthony(1820 -1906), the leader of the League.

[Endnote 5]
While the wage gap (between the sexes for an identical work) has narrowed from 60 cents on the dollar in 1979, in 2000, American women, on average, earned 74 cents for every dollar American men made.

[Endnote 6]
In the nine so-called "community property" states - Arizona, California, Idaho, Louisiana, Nevada, New Mexico, Texas, Washington and Wisconsin - properties (except for gifts and inheritances) acquired during the marriage are owned jointly by both spouses and are divided equally upon divorce. In the other states, properties are divided basically according to the principle of "equitability," which in reality tips inordinately in favor of men. Whether in community property states or elsewhere,

in most divorce cases the scale still tips clearly in favor of men, with meager or unfair support – whether mandated by statute or enforced by the court – for the women and children.

2017년의 추운 겨울 1월 21일, Women's rights (여권) 신장 지지자들이 1848년 the Seneca Falls Convention의 역사적 현장 (Seneca Falls, New York)을 찾아가 여권 신장을 주장하는 rally (집회)와 march (행진)을 하고 있다. 사진 제공: © Sister March

1942년, 미국이 제2차 세계대전에 참전한 지 얼마 되지 않아서 남자들이 유럽 전선에 나가 싸우는 동안, 'Rosie the Riveter' (리벳공 로지)로 상징적으로 불리던 미국의 여성 산업 전사들이 Douglas Aircraft Company에서 리벳을 조이고 용접을 하면서 "the Flying Fortress" (나는 요새)로 불리던 B-17 중폭격기를 조립하고 있다. 미국이 제2차 세계대전에 참전하던 중인 1942-45년에 일시적으로나마 페미니즘이 크게 신장되었다. 사진제공: the Library of U.S. Congress. 사진 원작: Alfred Palmer

Q-21 Paragraph II에 writing의 흐름상 적절하게 위치하지 못한 문장은 어느 것이며, 그 문장이 쓰이기에 적절한 위치는 어디입니까?

(1) 문장 (1)과 (2)를 위치 (8)로 이동한다.
(2) 문장 (4)를 위치 (6)으로 이동한다.
(3) 문장 (5)를 위치 (14)로 이동한다.
(4) 문장 (6)을 위치 (1)로 이동한다.

Q-22 문장 (7)의 빈칸에 쓰기에 어법상 올바르지 <u>않은</u> 것 두 개를 고르세요. [바로 뒤에 쉼표 (comma)가 있음에도 유의]

(1) But (2) Though
(3) However (4) Nonetheless

Q-23 위치 (10)에 쓰기에 적절한 표현은 어느 것입니까?

(1) Surprisingly, they voiced their feminist aspirations in a coherent manner at this early stage.

(2) But they were as yet isolated individuals with seminal and sketchy feminist sentiments and ideas.

(3) Thus, they deserve to be regarded as the vanguard group of feminists in their own right.

(4) Furthermore, they often sought to publicize their feminist agenda at public forums and in the press.

Q-24 문장 (11)의 빈칸에 쓰기에 적절한 논리적 연결어구는 어느 것입니까?

(1) Accordingly (2) In contrast
(3) Moreover (4) Hence

Q-25 빈칸 (12)에 쓰기에 적절하지 <u>않은</u> 표현은 어느 것입니까?

(1) considering (2) provided
(3) in light of the fact (4) seeing

Q-26 문장 (13)의 빈칸에 쓰기에 적절하지 않은 표현은 어느 것입니까?

(1) In fact
(2) Likewise
(3) For instance
(4) Actually

Q-27 문장 (15)의 빈칸에 쓰기에 적절한 표현은 어느 것입니까?

(1) In a similar vein
(2) On the contrary
(3) Also
(4) Yet

Q-28 위치 (16)에 쓰기에 어법 또는 어구의 사용상 적절하지 않은 표현은 어느 것입니까?

(1) For examples, many of them routinely practiced liberal lifestyles, including to hop jazz clubs, drink in defiance of Prohibition and the authorities, smoke cigarettes, dress provocatively, seek sexual autonomy, pursue jobs and careers, and strive to be financially viable in large cities.

(2) Specifically speaking, many of them were hopping jazz clubs, drinking in defiance of Prohibition and the authorities, smoking cigarettes, dressing provocatively, seeking sexual autonomy, pursuing jobs and careers, and striving to be financially viable in large cities.

(3) In fact, many of them casually practiced lifestyles that had been seldom heard of before – namely, hopping jazz clubs, drinking in defiance of Prohibition and the authorities, smoking cigarettes, dressing provocatively, seeking sexual autonomy, pursuing jobs and careers, and striving to be financially viable in large cities.

(4) By way of illustration, one can easily refer to some lifestyles popular among many young women of the 1920s, such as hopping jazz clubs, drinking in defiance of Prohibition and the authorities, smoking cigarettes, dressing provocatively, seeking sexual autonomy, pursuing jobs and careers, and striving to be financially viable in large cities.

Q-29 Paragraph VI에서 다음의 문장이 쓰이기에 적절한 위치는 어디입니까?

Yet, as immediately as the war ended, the return of the servicemen and the normalization of the economy found most of the "We Can Do It!" women homeward bound.

(1) (17) (2) (18)
(3) (19) (4) (20)

Q-30 문장 (20)의 빈칸에 쓰기에 적절하지 않은 어구는 어느 것입니까?

(1) In consequence (2) Consequently
(3) On accordance (4) Accordingly

Q-31 문장 (21)의 빈칸에 쓰기에 적절한 어구는 어느 것입니까?

(1) Therefore (2) Moreover
(3) Most notably (4) On the other hand

Q-32 Paragraph VIII에서 다음의 문장이 쓰이기에 가장 적절한 위치는 어디입니까?

Admittedly, since its beginning, diverse, and sometimes conflicting, strands of thoughts and persuasions have emerged within the third wave.

(1) (22) (2) (23)
(3) (24) (4) (25)

Q-33 Paragraph IX의 문장 (26)에 쓰이기에 어법상 올바르지 않은 것은 어느 것입니까?

(1) As instances, nearly all jobs that have traditionally been available exclusively to men – i.e., not just doctors, lawyers, and CEOs but also police officers, firefighters, electricians, construction workers, and so on – are now held by women as well.

(2) For example, many traditionally male-dominated jobs have been taken up by American women (not just doctors, lawyers, and CEOs but also police officers, firefighters, electricians, construction workers, and so on).

(3) Today, examples abound in almost all public and private areas of American life. Most traditionally male-dominated jobs have been taken up by American women – viz., not just doctors, lawyers, and CEOs but also police officers, firefighters, electricians, construction workers, and so on.

(4) Take some of the most visible examples of professions and occupations that have long been off-limits to women: not just doctors, lawyers, and CEOs but also police officers, firefighters, electricians, construction workers, and so on. Those jobs are now held and performed by large numbers of women, too.

Q-34 Paragraph X의 문장 (27)을 이끄는 논리적 연결어로 쓰기에 적절하지 않은 것은 어느 것입니까?

(1) Further (2) Still
(3) Nonetheless (4) Yet

Q-35 Paragraph X의 문장 (28)의 밑줄 친 부분에 쓰기에 적절하지 않은 표현은 어느 것입니까?

(1) women are still critically weaker than men in most areas of American society.

(2) discrimination of all kinds – visible and invisible, tangible and intangible, direct and indirect – still remains

(3) the power – political, economic, and sociocultural – of men still substantially outweigh that of women

(4) male dominance still reigns over almost all areas of American society

Q-36 Paragraph XI에서 다음 문장이 쓰이기에 적절한 곳은 어디입니까?

Yet, the people and vision of Seneca Falls do offer valuable historical lessons for us to learn.

(1) (29) (2) (30)
(3) (31) (4) (32)

Q-37 Paragraph XI의 문장 (32)의 빈칸에 쓰이기에 적절하지 <u>않은</u> 표현은 어느 것입니까?

(1) A case in point was
(2) This point runs parallel to
(3) Take the example of
(4) By way of illustration, one can refer to

Q-38 Paragraph XI의 문장 (33)과 (34)에서 공통으로 쓰일 수 <u>없는</u> 표현은 어느 것입니까?

(1) Likewise
(2) In an analogous manner
(3) In a similar vein
(4) In all likelihood

Q-39 Paragraph XII의 위치 (35)에 쓰이기에 의미와 어법상 적절하지 <u>않은</u> 표현은 어느 것입니까?

(1) they sought to pursue those values as an integrated whole
(2) they applied themselves to realize those objectives one at a time
(3) they dedicated their lives to advancing those causes in tandem from a holistic perspective
(4) they joined hands to achieve those goals in concert

Q-40 Paragraph XIII의 문장 (36)을 가장 잘 수정한 표현은 어느 것입니까?

(1) Seen from the long history of women's aspirations and endeavors for equality that have been considered so far, we can draw this ultimate conclusion.

(2) Judging from the long history of women's aspirations and endeavors for equality that has been considered so far, this ultimate conclusion can be drawn.

(3) Taken as a whole, the long history of women's aspirations and endeavors for equality that has been considered so far leads us to draw this ultimate conclusion.

(4) Looking at the long history of women's aspirations and endeavors for equality that has been considered so far, this ultimate conclusion can be drawn.

[정답과 해설]

Q21-(3)

Paragraph II의 내용은 the Declaration of Sentiments에서 선언된 내용 중에 당시 미국 여성들이 느끼는 injustice/unfairness (부정의/부당함)과 grievances/complaints (불만사항들)인데, (5)만이 여성의 투표권 획득을 목표로 하는 the first wave of feminism이라는 추상 개념을 말하고 있습니다. 이 문장 (5)의 내용이 Paragraph III에서 전개되므로, (5)의 "this first wave of American feminism"이 가리키는 바대로 (this는 흔히 바로 앞에 언급된 사항이나 내용을 가리킵니다) 앞에 미국 여권주의의 첫번째 파도/물결을 언급한 Paragraph III 뒤의, 즉 Paragraph IV를 이끄는 (14)가 올바른 위치가 됩니다. (1)과 (2)는 the Declaration of Sentiments가 미국 독립혁명기에 있었던 the Declaration of Independence (독립선언서)와의 유사성을 당연한 것으로 인정하는 것으로, Paragraph II를 이끌기에 좋은 표현들입니다. 문장 (4)와 (6)도 현재 위치가 이야기의 흐름상 적절한 표현들입니다.

Q22-(1) (2) [정답 2개]

문장 (7)의 빈칸은 앞에 온 문장의 내용을 부정/번복/대폭수정 하는 논리적 연결어가 적절하므로, 그리고 바로 뒤에 comma가 있음에 유의하면 (3) However 와 (4) Nonetheless가 올바르며 Nevertheless, Yet, In contrast 등이 사용될 수도 있습니다. (1) But은 의미는 동일하지만 But은 특별한 삽입어구가 바로 뒤에 오지 않는 한, 뒤에 comma를 찍지 않기 때문에 올바르지 않으며, (2) though는 의미가 적절하지 않습니다. 따라서 올바르지 않은 (1)과 (2)가 정답입니다.

Q23-(2)

문장 (10)은 앞에 온 (9)에서 언급된 feminist 의식을 가진 개인들의 역사적 의미를 요약한 다음 (11)에서 Seneca Falls Convention과 the Declaration of Sentiments의 의미를 대조하는 문맥이므로, 선택지 (2) But they were as yet isolated individuals with seminal and sketchy feminist sentiments and ideas. [그러나 그들은 초보 단계의 그리고 대략적인 여권주의 감정을 가진 아직은 (서로) 단절된 개인들이었다.]가 적절한 문장이 됩니다. (1)에서 그들이 "coherent" (논리정연한) feminist aspirations (열망)을 발표했다는 것은 사실이 아닌 표현입니다. (3)에서 그들이 "in their own right" (자체적으로, 독립적으로) feminism의 vanguard group (전위부대)였다는 주장도 잘못된 주장입니다. (4)에서도 그들이 "at public forums and in the press" (공공 토론/강의장과 언론에서) 자기들의 여권 주장을 알리려 했다는 것도 잘못된 내용입니다.

Q24-(2)

문장 (11)은 앞에 온 두 문장 (9)와 (10)에서 언급한 초기의 여권의식을 표현했던 개인들과 대조적으로 the Seneca Falls Convention

과 the Declaration of Sentiments의 역사적 의미를 핵심적으로 요약하는 문장이므로, 빈칸에는 In contrast가 적절한 논리적 연결어구가 됩니다 (이따금씩 By contrast가 사용되기도 합니다). (2) Accordingly는 원인/이유에 대한 결과/결론을 나타내므로 적절하지 않고, (3)의 Moreover는 앞에 온 내용을 추가적으로 보강하는 표현이 따라와야 하므로 적절하지 않으며, (4) Hence는 문어체/격식체적인 Accordingly보다도 더욱 격식체의 논리적 연결어이므로 적절하지 않습니다.

Q25-(2)

빈칸 (12)는 앞에 오는 주절인 "it (= the Seneca Falls Convention) marked the beginning of the feminist 'movement' in America"라는 판단의 근거나 이유를 이끄는 어구여야 (…인 것을 보면, …하는 것을 고려하면, …라는 사실에 근거하여) 하므로, considering, seeing, in (the) light of the fact, judging from the fact, 또는 전치사 in이 사용될 수 있습니다 (in that + 절: …라는 점에서, …이기 때문에). 그러나 '…일/할지 라도' 라는 양보의 절을 이끄는 선택지 (2)의 provided/providing(+ that-절)은 의미상 적절하지 않으므로 사용될 수 없습니다.

Q26-(2)

문장 (13)은 앞에 온 문장 (11)에서 이 Seneca Falls Conventions이 어떻게 해서 미국 최초의 여권 '운동'이었는지를 그 판단의 근거를 제시합니다. 즉, 앞에 온 문장 (11)의 주장을 구체적인 예들을 들어 보강하는 경우이므로 In fact, As a matter of fact, Actually, For instance/example가 사용될 수 있지만, 앞에 온 표현과 '유사한' 점이나 근거를 추가하는 (2)의 Likewise나 Similarly 또는 In a similar vein은 의미상 사용될 수 없습니다.

Q27-(4)

문장 (15)의 바로 앞에 온 문장은 이 the first wave of American Feminism에 참가했던 여자들과 남자들은 미국 민주주의의 근본적인 자기 모순을 주장했음을, 그리고 어구 (15) 뒤에 온 문장은 그럼에도 불구하고 이 민주주의의 최소한의 그리고 기본적인 사항의 실현은 slow to come이었음을 주장하므로, (15)에 뒤따르는 문장은 앞에 온 (14)를 부정하거나 대폭 수정합니다. 따라서 어구 (15)에는 (14)에 대한 부정/대폭수정/번복을 나타내는 어구여야 하므로 However, Yet, Still, Nonetheless, Nevertheless 등의 부사어구가 와야 합니다. 즉 이 선택지들 중에는 (4)가 정답이 됩니다. 앞의 항목/언급과 유사한 항목을 추가하는 (1)과, 앞의 항목/언급의 결과나 영향을 나타내는 (2), 그리고 앞의 항목/언급 사항에 다른 사항을 추가하는 (3)의 Also 모두는 문장 (14)로부터 (15)로의 논리적 흐름에 적절하지 않습니다.

Q28-(1)

위치 (16)에 들어갈 문장은 앞에 추상적이고 개념적으로 언급된 'cultural and economic overtones of the New Women or flappers of the 1920s'에 관한 구체적인 사항들을 예로 드는 문장입니다. 따라서 (2)의 'Specifically speaking, ...' 또는 (3)의 'In fact, ...' 또는 (4)의 'By way of illustration, ...' 모두가 그러한 구체적인 예들을 이끌기에 적절한 표현들이며, 문장의 내용도 구체적인 이야기들입니다. 그러나 (1)은 단 하나의 예를 들거나, 여러 개의 예를 들거나, example 또는 instance를 an example/*instance* 또는 examples라고 an 단수형 또는 -s 복수형을 사용하지 않고, For example 또는 For instance라고 표현해야 하므로 잘못된 표현입니다. 또 (1)의 'including to hop ..., drink ..., smoke ..., dress ..., seek, pursue ..., and strive ...'에서 include는 타동사로서 뒤에 동사를 취하는 경

우, 오직 -ing (동명사)만을 목적어로 취하므로 hopping, drinking, smoking, dressing, seeking, pursuing, striving으로 표현되어야 옳습니다. (2) (3) (4)에서는 이 동사들이 문장 내에서 올바르게 사용되었습니다.

Q29-(3)
주어진 문장이 논리적 연결어 Yet(= However/But)으로 시작함에 주목해야 합니다. Yet 이후에 따르는 내용이 전쟁이 끝나고 servicemen (군인들)이 (전쟁터들로부터) 돌아오고 경제가 normalize (정상화)되면서 "We Can Do It!"이라고 주장하던 여권 의식을 가진 여성들이 가정으로 돌아가게 되었다는 것이므로, 이 문장 바로 앞에는 전쟁의 지원하는 활동에 참가했던 여성들의 "We Can Do It!" feminism이 현저하게 된 사회의 모습이 표현되어야 합니다. 즉, 주어진 문장이 들어가기에 적절한 위치는 앞에 "Rosie the Riveter"(여성 리벳공 로지)로 표현되는 feminism이 이야기되는 (19)입니다.

Q30-(3)
논리적 연결어 (20) 바로 뒤에 따르는 문장은 앞에 언급된 제2차 세계대전 이후 미국의 정치적 사회적 보수화와 가족의 신성화 (consecration of family)의 결과/영향으로 전쟁 중에 있었던 feminism이 거의 증발했음을 설명하고 있으므로, 빈칸에는 결과/영향을 나타내는 논리적 연결어가 와야 합니다. 따라서 Therefore, Thus, Hence, In consequence, Consequently, In accordance, Accordingly, As a result 등이 사용될 수 있습니다. 선택지 (3)의 On Accordance 에서는 전치사 on이 아니라 in이 사용되어야 옳습니다.

Q31-(3)

(21) 뒤에 따르는 문장은 앞의 문장에서 설명된 feminism의 제3의 물결의 정치적인 그리고 법적인 성취의 예들 중에 중요한 것들을 들고 있습니다. 따라서 For example, For instance, 또는 Most notably/conspicuously/remarkably 등이 정답이 될 수 있습니다. 따라서 주어진 선택지들 중에 (3)이 정답이 됩니다.

Q32-(1)

Q32에서 주어진 문장은 feminism의 제3의 물결/파도 (the third wave) 속에 다양한 (때로는 서로 상충하는) 사상과 지성적 기질/성향들이 존재함을 의미합니다. 위치 (22) 이후의 모든 문장들은 feminism이 여성들 중에 나이대에 따른 차이, Girl Power를 강조하는 그룹, 'Wonderbra' Feminism이라는 별명으로 불리는 그룹 등 다양한 그룹들의 존재를 설명하므로, 그런 다 양성의 존재를 하나의 일반론 또는 개념으로 (추상적으로) 요약한 문장인 주어진 문장이 들어가기에 적절한 위치는 바로 (22)입니다.

Q33-(1)

문장 (26)은 전통적으로 남성들에 의해 지배되던 직종들 중에 현대에 들어와 여성들이 차지하게 된 예들을 듭니다. (2)의 For example, ...와 (3)의 Examples abound in ... (예들은 ...에 많다)와 (4)의 (Let's) take (some of) the examples of ...(...의 예들을 들어보자)는 정확한 표현들입니다. 그러나 (1)의 As instances , ... (예로서 ...)는 자격/지위의 전치사 as를 사용하는 것이 한국어로는 가능하게 보여도 영어에서는 사용하지 않으며, For example 또는 For instance를 사용해야 합니다. [주의: 여기서의 example과 instance는 앞에 an을 사용하거나 복수형 -s를 사용하지 않습니다.]

Q34-(1)

논리적 연결어 (27)에 의해 이끌리는 문장은 앞에 온 단락 Paragraph IX 전체의 요지인 Seneca Falls 이후의 꾸준한 그리고 상당한 women's rights의 신장과 향상에 대해, 그러나 여권이 아직도 다 성취하지 못한 부분들을 지적하면서 독자의 시각을 신중하게 수정합니다. 즉, 논리적 연결어 (27)은 앞의 내용을 부정, 번복, 또는 대폭 수정하는 (구체적으로 Q34의 경우에는 상당한 수정을 가하는) 어구가 와야 하므로, However, Yet, Nonetheless, Nevertheless, Still, On the other hand 등이 사용될 수 있습니다. 선택지 (1)의 Further는 Furthermore 또는 Moreover와 같이 앞의 내용에 진술이나 항목을 추가하여 보강하는 연결어이므로, 여기에 사용될 수 없습니다.

Q35-(1)

이 문제는 뚜렷한 논리적인 관계를 파악하는 것이 아니라, 아직도 미국 사회의 대부분의 영역에서 남성이 주도적인 역할을 하는 차별이 존재한다는 의미를 전달하는 표현 방식의 문제입니다. 선택지 (2) (3) (4)는 서로 다른 초점에 맞추어 그러한 의미를 적절히 전달하지만, (1)은 여자들이 'critically' weaker (심각하게/결정적으로 약하다)라고 한 표현은 이 문장 전체가 (그리고 이 글 전체가) 주장하는 오늘날의 여성의 권리의 상태를 지나치게 비관적으로 또는 미약하게 표현하는, 즉 표현의 정도가 적절하지 않습니다.

Q36-(2)

문제에 주어진 문장이 논리적 연결부사 Yet에 의해 이끌림에 주목해야 합니다. 이 문장의 내용이 Seneca Falls 집회와 선언이 우리에게 가르치는 'valuable' lesson (소중한 교훈)이므로, 앞에는 Seneca Falls의 또는 지금까지의 women's rights movement의 제한적인 성취를 지적하는 표현이 바로 앞에 와야 합니다. 그 표현이 바로 문장 (29), Then ... the ultimate dream of Seneca Falls – the equality and dignity of women – still remains to be fulfilled.입니다. 따라서 주어진 문장이 쓰이기에 적절한 위치는 (30)입니다.

Q37-(2)
(32)는 앞에 온 문장에서 주장된 메시지인 역사와 문명의 발전이 개인의 이익이나 고정된 사고 방식을 뛰어넘어 열린 마음으로 약자들을 바라보는 열린 마음이라는 주제의 한 예를 black freedom (흑인의 자유)의 획득 과정에 비추어 설명합니다. 이렇게 예시를 하여 앞에 온 일반론적이고 추상적인 주장을 지지하는 표현들로 'A case in point is ...' 또는 (Let's) take the example of ...' 또는 'By way of illustration, ...' 등이 있습니다. 선택지 (2)의 'A runs parallel to B.' 표현은 A와 B의 유사성을 제시하여 추가적인 사항을 제공하여 주장을 강화하는 기법이므로, 이 경우에 사용되는 것은 적절하지 않습니다.

Q38-(4)
글을 쓰고 말을 하는 사람이 앞에 한 말과 뒤따르는 표현의 논리적 흐름에 유의해야 하듯이 읽는 이 또는 듣는 이도 그러한 흐름을 파악하면서 읽고 들어야 합니다. 여기서 문장 (33)과 (34)는 둘 다 그 앞에 온 이야기들인 역사와 문명의 발전에 관한 주장과 그 예시로서 흑인들의 민권 신장에 흑인들만이 아니라, 백인 지지자들의 중요성의 연결과 같은 선상에서 근로자들의 권리 향상과 여성의 권리 신장의 이야기를 진행하고 있습니다. 따라서 앞에 내용과 같은 유사성을 지적하는 표현들인 Likewise, In an analogous manner/*way/ fashion*, Similarly, In a similar vein 등이 공통적으로 사용 될 수 있습니다. 선택지 (4)에 관해 주의할 점은, (34)에서 앞으로도 진행

될 여성의 권리에 관해서 사용될 수도 있지만, 상대적으로 보다 오랜 역사를 가진 근로자들의 권리 신장에 관해서는, 즉 (33)에는 사용하기에 적절하다고 볼 수 없습니다. 이미 밝혀진 기정사실로 보기 때문에 미래에 관한 예측의 성격을 가진 in all likelihood (어느 모로 내다보나 절대적인/유일한 가능성으로)가 (33)에 사용되기에는 적절하지 않습니다.

Q39-(2)
언어의 표현은 지식, 지성, 감성 등 언어 외적인 면 뿐만 아니라, 기본적으로는 구문, 문법, 어법 등 형태가 올바르고 의미 또한 문맥과 상황과 사회문화에 적절하게 전달되어야 합니다. Paragraph XII의 마지막 문장은 Seneca Falls Convention의 참가자들에게는 women's rights가 보다 높고 광범위 한 사회경제적 이슈들과 인간의 존엄성과 양심과 도덕적 깨달음 등과 분리될 수 없는 종합적인 이슈였다는 의미입니다. 여기서 뒷부분인 (35)에 사용되기에 형태적으로나 의미적으로나 적절한 것은 (1) (3) (4)입니다. (2)와 (3)의 중요한 차이는 'apply (적용하다), dedicate, devote, commit (바치다, 전념/헌신하다) A to B'의 구조에서 to는 to-부정사의 to가 아니라 방향의 전치사 to이므로, B가 동사인 경우에는 -ing (동명사)형을 취하지 to-부정사를 취하지 않음에 유의해야 합니다. 즉 (2)는 they applied themselves to realizing ... (그들은 한 번에 하나씩 그 목표들을 성취하는데 전념했다/ 모든 것을 바쳤다)로 표현되어야 옳습니다.

Q40-(3)
이 문제는 지점 (36)에 이르기까지의 전체 내용을 기반으로 최종 결론을 이끄는 표현을 찾는 고난도의 문제입니다. 선택지 (1)은 이 글 전체에서 지금까지 고려/논의해 온 것이 'the long history of women's aspirations and endeavors for equality', 즉 그 핵심이 단수형인 the long history ... 이므로, that-관계사절의 주어가 have 가 아니라 has여야 하므로 옳지 않습니다. 선택지 (2)는 (1)의 문제를 해결한 상당히 좋은 표현입니다. 그러나 선택지 (3)에서의 Taken as a whole, ... (전체를 고려하건대/ 고려하자면 …)는 지금까지의 전체 내용을 고려하자면, 다음과 같은 결론을 내리게 된다는, 즉 주절의 주어를 주관적인 뉘앙스를 띄는 we (또는 I)가 아닌 'the long history ... so far'라는 객관적인 상황으로 표현하는, 즉 객관성이 부각되는 표현으로 (2)보다 훌륭한 표현이 됩니다. (4)는 주절의 주어가 'this ultimate conclusion' (이러한 궁극적인/최종적인 결론)인데, 앞에 오는 분사인 Looking의 주어가 되기에 적절하지 않은 (이러한 분사가 소위 dangling participle (현수분사)입니다.) 경우이므로 올바르지 않은 구문 구조를 사용하고 있습니다. 따라서 (3)이 가장 적절한 결론을 이끄는 표현입니다.

[Words & Phrases: 문맥상의 의미]

* convention: 명. 집회; a formal meeting or assembly
* Methodist: 명. 감리교도. 형용. 감리교(도)의
* chapel: 명. 교회, 예배당
* culmination: 명. 절정, 정점, 최고점
* adopt: 타동. 채택하다
* norm: 명. 규범, 기준, 표준
* domesticity: 명. (남성 중심적인 전통적인 여성관으로 여성의 가정을 이루고 돌보는 역할을 강조한) 가정성
* subordinate: 형용. 종속적인, 부하의
* submissive: 형용. 복종적인
* status: 명. 신분, 지위

* enumerate: 타동. (항목들을) 열거하다
* grievance: 명. 불편사항, 힘들거나 고통스러운 일/상황
* usurpation: 명. 탈취, 강탈, 약탈.〈 usurp: 타동.
* impose: 타동. (벌, 벌금, 세금 등을) 부과하다
* resolution: 명. 결심, 결의(안)〈 resolve: 타동. 결심하다
* rectify: 타동. (잘못을) 바로잡다, 정정하다
* declare: 타동. 선언하다 〉 declaration: 명. 선언
* self-evident: 형용. 자명한, 명백한
* endow: 타동. 부여/수여/기증하다
* inalienable: 형용. 양도할 수 없는
* pursuit: 명. 추구, 추적〈 pursue: 타동. 추구/추적하다
* secure: 타동. 안전하게 하다, 확보하다
* institute: 타동. 제도화하다, (제도/정책 등을) 수립/시작하다
* derive: 타동. 도출/유도하다, 끌어내다
* consent: 명. 동의
* establishment: 명. 수립, 설립
* absolute: 형용. 절대적인
* tyranny: 명. 폭정, 전제정치
* ring a bell: (어렴풋이) 기억나게 하다, 상기시켜 주다
* You bet.: sure(ly); certainly; definitely; absolutely; positively; of course. 완전한 동의나 긍정을 나타내는 표현.
* draft: 타동. (원고나 글의) 초안을 작성하다
* identical: 형용. 동일한
* format: 명. 형태, 체제, 골격
* overarching: 형용. 최상의, 가장 중요한; towering; supreme
* divinely: 부. 신성하게, 신에 의해

* utter: 형용. 완전한, 순전한
* self-contradiction: 명. 자기 모순
* hypocrisy: 명. 위선
* male-dominated: 형용. 남성에 의해 지배되는, 남성 중심의
* replace: 타동. 교체/대체하다
* agenda: 명. 안건/의제들의 목록/계획
* take ... for granted: ...를 당연하게 여기다
* banal: 형용. 상투적인, 진부한; commonplace; hackneyed; trite
* provocative: 형용. 도발적인, 화를 돋우는 〈 provoke: 타동. 도발하다, 자극하다
* revolutionary: 형용. 혁명적인 〈 revolution: 명. 회전, 혁명 〈 revolve: 자동. 회전하다
* terrifying: 형용. 겁나게 하는, 공포감을 주는, 끔찍한
* torrent: 명. 폭우, 급류, (비유적) 빗발/홍수
* ridicule: 명. 조롱, 비웃음
* sarcasm: 명. (통렬한) 조롱, 냉소
* impugn: 타동. 의문을 제기하다, 부정하다, 비난하다
* womanity: 명. 여성성; (집합명사) 여성들; womanhood
* prior to ...: ...에 앞서
* playwright: 명. 극작가
* feminist: 형용. 여권주의적
* consciousness: 명. 의식
* significance: 명. (중요한) 의미
* sustain: 타동. 유지하다, 지속시키다
* rally: 명. 집회
* concrete: 형용. 구체적인

* collective: 형용. 집단적인
* maintain + that-절: 주장하다; argue; contend; hold
* participation: 명. 참가, 참여
* consent: 명. 동의
* patriot: 명. 애국자
* put forth ...: ...를 제시하다, 주장하다
* legislative: 형용. 입법의, 입법부의
* representation: 명. 대표
* ground: 명. 근거, 이유; basis; reason
* minimal: 형용. 최소한의 〈 minimum: 명. 최소(한)
* prerequisite: 명. 전제조건
* suffrage: 명. 투표권, 선거권
* fulfill: 타동. 실현하다 〉 fulfillment: 명.
* amendment: 명. (법, 헌법의) 수정, 개정 〈 amend: 타동.
* constitution: 명. 헌법, 구성
* arrest: 명. 체포
* fine: 명. 벌금
* constitutional republic: 입헌공화국
* sovereignty: 명. 주권
* purportedly: 부. 주장하건대, 알려진 바로는
* reign: 자동. 지배하다, 군림하다, 지배적이다
* subsequent: 형용. 뒤따라 일어나는, 차후의
* prolonged: 형용. 연장된, 장기적인, 오래 계속되는
* overtone: 명. 함축 의미, 특징
* advent: 명. 도래, 출현; arrival; appearance
* dub: 타동. 부르다, 칭하다

* flapper: 명. 1920년대의 미국의 feminism과 신문화를 추구하던 신여성
* minority: 명. 소수 그룹
* aspiration: 명. 열망
* visibly: 부. 눈에 띄게, 현저하게
* expand: 타동. 확장하다, 확대하다
* militant: 형용. 전투적인 〉 militancy: 명.
* blossom: 자동. (꽃이) 만발하다
* theater: 명. 전쟁이 벌어지고 있는 영역 (battlefield보다 더욱 넓은 개념)
* mobilize: 타동. 동원하다
* munition: 명. (흔히 복수형 munitions) 전쟁물자, 무기들과 탄환들 (weapons and ammunition)
* home front: 명. 국내 전선 (전시에 국내에서 전쟁 관련 일에 종사하는 사람들, 또는 국외에서 전쟁을 치르고 있는 국내 사회)
* bring home the bacon: make a living; 생계를 유지하다, 먹고 살다
* relish: 타동. 맛보다, 맛을 즐기다; savor
* self-confidence: 자기 확신, 자신감
* foster: 타동. 조성하다, 증진시키다, 양육하다
* domestic: 형용. 가정의, 가사의
* time-honored: 형용. 유서 깊은, 오랜 전통을 자랑하는
* consecration: 명. 신성화, 숭배 〈 consecrate: 타동.
* atmosphere: 명. 공기, 대기, 분위기
* burgeon: 자동. 싹이 자라다, 급속히 발전하다, 번영하다
* all but: 부. 거의; almost; nearly
* evaporate: 자동. 증발하다, 사라지다

* confluence: 명. (두 강의) 합류, 융합
* feminine: 형용. 여성의, 여성스러운
* mystique: 명. 신비로움
* manifesto: 명. 선언문, 성명서
* salvo: 명. 동시의 또는 연달은 사격/발포
* vociferous: 형용. 높은/강한 소리로 표현하는 〈 voice: 명. 목소리
* vanguard: 명. 선봉, 전위부대
* consciously: 부. 의식적으로
* unconsciously: 부. 무의식적으로
* discrimination: 명. 차별 〈 discriminate: 자동. Discriminate against ...: ...를 차별하다.
* prominently: 부. 현저하게, 두드러지게 〈 prominent: 형용.
* harassment: 명. 희롱, 괴롭힘 〈 harass: 타동.
* pursue: 타동. 추구/추적하다. 〉 pursuit: 명. 추구, 추적
* in droves: 떼지어
* advocate: 타동. 옹호/주장하다
* autonomy: 명. 자율, 독립성
* reproductive: 형용. 번식하는, 생식의 〈 reproduce: 타/자동. 번식하다, 새끼를 낳다
* realm: 명. 영역, 범위
* hit the Pill: 피임약 (the Pill: contraceptive)를 사용하다
* a succession of ...: 일련의 ..., 연속되는 ...
* affirm: 타동. 확인해 주다, 동의하다
* abortion: 명. 낙태, 임신중절
* constitutionally: 부. 헌법적으로
* safeguard: 타동. 안전하게 지키다

* enduring: 형용. 지속적인; sustained; lasting
* policy regime: 정책 기조, 정책의 골격/체제
* affirmative action: 긍정적 행동: 1965년 이후로 미국 연방 정부가 미국 사회에서 역사적으로 차별 받고 불이익을 당해 온 African-Americans과 기타 minorities (소수인종들)과 여성들에게 혜택, 가산점 등을 주어 그들의 역사적 차별을 보상하고 그들을 미국 사회에서 남성들과 기득권 그룹들과 평등한 기회를 주고자 시행되어 온 정책 (state 주 차원에서도 affirmative action 정책이 시행되어 왔다)
* reorient: 타동. 방향을 재설정하다, 성격을 재조정하다
* affect: 타동. ...에 영향을 미치다; influence; impact
* individual: 명. 개인. 형용: 개인의, 개별적인
* prevailing: 형용. 지배적인, 우세한; dominant
* remarkable: 형용. 놀라운, 주목할만한
* rapidity: 명. 신속함, 속도 〈 rapid: 형용. 신속한, 빠른
* to a considerable extent: 상당한/대단한 정도로
* substantial: 형용. 상당한, 대단한
* perspective: 명. 관점, 시각; standpoint; viewpoint
* gain ground: 세력을 확보하다
* signify: 타동. 의미하다, 나타내다
* amplify: 타동. 증폭/확대하다
* assertiveness: 명. 자기 주장/확신
* competence: 명. 유능함, 능력
* with regard to ...: ...과 관련하여; in regard to ...; regarding ...; as regards ...
* showcase: 타동. 진열하다, 공개/과시하다

* pride oneself on ...: ...을 자랑스럽게 여기다, ...에 긍지를 갖다; take pride in ...
* femininity: 명. 여성스러움
* concern with ...: ...에 대한 관심/관련. 비교: concern about ...: ...에 대한 우려/걱정
* contemporary: 형용. 현대의; 동시대의
* decline: 자동. 하락/쇠퇴하다
* on one's own: 스스로, 남의 힘이나 도움을 빌리지 않고
* dominant: 형용. 지배적인
* phenomenon: 명. 현상
* crest: 명. 정점, 최고조
* in (the) light of ...: ...의 관점에서 (보면); in terms of ...
* bomber (plane): 명. 폭격기
* equip: 타동. 장비를 갖추게 하다, 장착시키다
* financial: 형용. 재정적인, 경제적인
* capability: 명. 능력, 역량 〈 capable: 형용.
* majority: 명. 과반수, 다수
* divorce: 명. 이혼
* proceeding: 명. 절차; procedure
* initiate: 타동. 시작/주도하다
* outnumber: 타동. ...보다 수적으로 앞서다, 더욱 많다
* pocketbook: 명. 핸드백; 지갑
* attitude: 명. 태도
* outlook: 명. 전망, 가능성
* credential: 명. 자격증, 증명서
* slight: 타동. 업신여기다, 무시하다
* shortchange: 타동. 거스름돈 (change)를 덜 주다, 속이다, 정당한 대우를 하지 않다

* intolerable: 형용. 용인/용납할 수 없는
* tender mercy: 너그러운 자비/처분
* deadbeat dad: 명. (이혼 후) 자녀의 양육비를 내지 않는 아빠
* contend + that-절: ...라고 주장하다; maintain; hold; argue
* gravely: 부. 심각하게, 중대하게
* lopsided: 형용. 일방적인, 편파적인
* judicial: 형용. 사법의, 법적인
* bias: 명. 편견, 선입견, 차별; prejudice; discrimination
* claim: 타동. 주장하다, 요구하다
* child custody: 명. 자녀 양육권/친권
* mandate: 타동. 명령하다, 강제하다
* approve: 타동. 승인/허락하다
* inequitable: 형용. 형평에 어긋난
* Feminazi: 명. 여권주의자 feminist와 제2차 세계대전 때의 독일의 나치군 Nazi를 혼합한 합성어로 보수적인 남자들이 진보적 여권주의자를 조롱하며 부르는 말.
* jeer: 타동. 조롱하다, 비웃다
* articulate: 형용. 표현을 분명히 하는, 의견을 분명히 표현하는
* dead wrong에서의 dead: 부. 완전히; totally; completely; absolutely
* far from ...: ...로부터 거리가 먼, 결코 ... 아닌; not ... at all; never ...
* tyranny: 명. 폭정, 전제정치
* condemn: 타동. 규탄하다, 단죄하다
* know full well에서의 full: 부. 완전히; totally, completely, absolutely
* wherewithal: 명. 자원, 방법, 여력, 돈; resources; means; money
* hectic: 형용. 정신없이 바쁜, 일정이 빽빽한

* lean: 형용. (고기) 기름기 없는, (사람/동물) 마른, 야윈, (상황) 고달픈, 어려운
* dignity: 명. 존엄성, 품위
* participant: 명. 참가자 〈 participate: 자동. 참가/참여하다
* predominantly: 부. 주로, 압도적으로
* compassion: 명. 동정심, 연민; sympathy; pity
* generosity: 명. 너그러움 〈 generous: 형용.
* cause: 명. 대의, 이유, 원인
* conduct: 타동. 운영하다, 작동시키다
* the Underground Railroad: (미국사) 미국에서 노예들을 자유의 땅으로 이끈 비밀 노예 탈출 조직 (대부분 백인들이 활동)
* run the risk of ...: ...의 위험을 무릅쓰다
* taunt: 타동. 조롱하다, 비웃다, 빈정거리다
* ridicule: 타동. 조롱하다
* harass: 타동. 희롱하다, 괴롭히다 〉 harassment: 명.
* indispensable: 형용. 필수불가결한, 필수적인
* sympathetic: 형용. 동정적인; compassionate
* clergy: 명. (집합명사) 성직자들. 주의: (X) a -; (X) -ies
* disability: 명. 장애, 불능
* conscience: 명. 양심
* enlightenment: 명. 계몽, 깨우침
* horizon: 명. 지평선, 수평선
* influential: 형용. 영향력이 있는 〈 influence: 명. 영향(력)
* critical mass: 명. (물리학) (핵분열의 유지를 위해 필요한 최소한의) 임계질량; 특정한 목적이나 효과를 달성하기 위해 결정적으로 필요한 자원의 양 또는 인원
* reform: 명. 개혁
* betterment: 명. 개선, 개량 〈 better: 타동. 개선/개량하다

* compelling: 형용. 강력한, 거부할 수 없는 〈 compel: 타동. 강제/강요하다
* intrinsically: 부. 내재적으로, 본질적으로
* intertwined: 형용. 밀접하게 관련된, 분리할 수 없는; inseparable
* abolition: 명. (제도 등의) 철폐. 〈 abolish: 타동. 철폐하다
* balancing/balance wheel: 명. 평형바퀴, 균형추, 안정시키는 역할을 하는 것; stabilizer
* criminal: 명. 범죄자 〈 crime: 명. 범죄
* promotion: 명. 촉진, 진흥, 장려 〈 promote: 타동.
* temperance: 명. 금주, 절제, 자제
* interlocking: 형용. 서로 맞물려 있는, 불가분의; inseparable; intertwined
* towering: 형용. 최상의, 최고의; supreme; overarching
* awakening: 명. 깨달음, 각성, 자각
* tortuous: 형용. (길이) 길고 구불구불한, 우여곡절이 많은; twisting; winding; crooked
* self-esteem: 명. 자존감, 자부심
* endeavor: 명. 노력, 분투
* call on + 목적어 + to-부정사: 목적어가 ... 할 것을 촉구하다
* consummation: 명. 완성, 실현; completion; fulfillment; perfection 〈 consummate: 타동
* transcend: 타동. 초월하다
* neglect: 타동. 소홀히 하다, 무시하다, 태만히 하다
* jeopardy: 명. 위험; danger; hazard
* eclipse: 명. 식 (일식, 월식), 가림
* owe: 타동. 빚지다
* routinely: 부. 일상적으로, 관례적으로, 판에 박힌 식으로
* hop jazz clubs: 재즈 클럽들을 여기저기 다니다

* defiance: 명. 반항, 저항 < defy: 타동. ...에 반항/저항하다
* provocatively: 부. 도발적으로, 자극적으로
* autonomy: 명. 자치권, 독립성, 자율성
* strive: 자동. 노력하다, 분투하다
* viable: 형용. 독립적일 수 있는, 생존할 수 있는, 지속 가능한
* illustration: 명. 예시, 이해를 돕기 위한 그림, 삽화
* serviceman: 명. 군인, 병사 < service: 명. military service, 군복무
* normalization: 명. 정상화 < normalize. 타/자동. 정상화하다
* homeward bound: 형용. 집으로 돌아가는
* admittedly: 부. 인정하건대
* diverse: 형용. 다양한
* conflicting: 형용. 분쟁하는, 상충하는
* strands of thoughts and persuasions: 사고와 이념적 성향/기질
* emerge: 자동. 등장하다, 출현하다
* i.e.: 부. that is; 즉, 바로
* exclusively: 부. 배타적으로, 오로지; only
* electrician: 명. 전기기사
* construction: 명. 건설, 건설 < construct: 타동. 건설/건축하다
* male-dominated: 형용. dominated by males; 남성들에 의해 주도되는, 남성 지배적인
* abound: 자동. 많다, 풍부하다 > abundant: 형용. abundance: 명.
* viz: 부. videlicet; that is to say; namely; 즉, 말하자면, 예를 들자면
* perform: 타동. 수행하다, 해내다
* tangible: 형용. 만질 수 있는, 실체적인, 구체적인
* intangible: 형용. 만질 수 없는, 무형의, 실체가 없는, 막연한
* substantially: 부. 상당히, 대단히; considerably; significantly
* outweigh: 타동. ... 보다 더 무겁다/중요하다

* dominance: 명. 지배(적 지위), 압도, 우세; domination 〈 dominate: 타/자동. 지배하다, 압도하다, 우세하다
* reign: 자동. 통치/지배하다
* run parallel to ...: ...와 평행하다, ...와 보조를 맞추다, ...와 유사하다
* a case in point: 적절한 사례
* analogous: 형용. 유사한 〈 analogy: 명. 유사, 유추
* in a similar vein: 부. 유사하게; similarly; likewise
* integrated whole: 명. 하나로 통합된 전체
* objective: 명. 목표; goal
* in tandem: 짝이 맞는, 서로 부합되는, 협력/제휴하는/하여
* holistic perspective: 전체론적인 시각/관점
* in concert: 형용/부. 제휴/협력하여, 조화를 이루어, 일제히
* aspiration: 명. 열망, 소망 〈 aspire: 자동. 열망하다
* realize: 타동. 실현하다; fulfill
* so far: 부. (up) until/till now/the present; thus far; 현재까지
* ultimate: 형용. 궁극적인, 최종적인

Test Set #4

다음 글의 writing의 시작, 전개, 마무리 과정에 관한 다음 질문들에 답하세요. (Q41-47)

Happy Groundhog Day to All of You!
Groundhog Day, February 2

Paragraph I
Today, some of us seem to be pretty happy, beaming radiant smiles, feeling light on their feet, their hearts filled with warmth like those in love, although much of the country is in the grip of nippy, overcast weather. Yes, today is February 2nd, and it is ⋯ Groundhog Day! Most of us have heard bits of stories about this cute and romantic day here and there, by word of mouth or in media coverage. (1) _____, there aren't many of us who understand in a rather comprehensive manner what this day is really about.

Paragraph II
(2) Some towns hold community celebrations – which usually start just a little past 7 o'clock in the morning – with fairs and fun events organized around themes relating to the groundhog or aimed to relieve the deepening winter doldrums and mounting cabin fever. (3) We are, you know, on the threshold of late winter and we are all looking forward to enjoying the warmth and

sunlight of spring. (4) Such fairs and events are usually kicked off by a long-term weather forecast by those towns' mascot groundhogs. (5) In celebration of Groundhog Day, some people attend a community breakfast or a dance party. Some whose birthday happens to be today celebrate their birthday jointly at a large birthday bash of "human groundhogs" held in their town or community. Some will be watching the 1993 movie Groundhog Day with their loved ones, families, friends, neighbors, or coworkers or having a good time at restaurants, bars, and clubs. Many school children read stories of Groundhog Day and draw pictures of the groundhog and celebrate the day with their classmates, friends, teachers, and families.

Paragraph III

Groundhog Day as we celebrate it today is of German-American origin. According to old German folklore, the groundhog, or woodchuck, emerges from hibernation on Groundhog Day, February 2, which is the midpoint between winter and spring. The legend has it that, if the day is sunny and the groundhog sees its shadow, it will return to its burrow and go back to hibernation anticipating six more weeks of winter. If it's cloudy and the groundhog does not see its shadow, it plays around without returning to its burrow, which signals an early spring. That tradition was brought to America by German immigrants who had begun to settle the Pennsylvania region in the late 17th century and were again immigrating in large numbers in the second half of the 19th century. And the first Groundhog Day celebration was held on February 2, 1886, in a small town called Punxsutawney (pronounced [pungk`•s☒•tô´•nē]) in the backcountry of western Pennsylvania, where German lineage and heritage were alive and well. Today the annual multiple-day celebration in Punxsutawney is the largest Groundhog Day celebration in the country. (6) It includes all kinds of entertainment and firework, the darling of the event is the town groundhog Punxsutawney "Phil" in the weather prognostication. Phil pretty much steals the show as a celebrity, drawing a huge crowd of some 20,000 up to 40,000.

Paragraph IV
Groundhog Day is celebrated as a community gala in many other cities and towns as well, in addition to lots of informal festivities among families, friends, neighbors, and coworkers. Some examples of such places and the names of their star groundhogs include: Woodstock ("Willie"), Illinois; Staten Island ("Chuck") in New York City; Long Island ("Malverne Mel") in New York; Dunkirk ("Dave"), New York; Birmingham ("Bill"), Alabama; Marion ("Buckeye Chuck"), Ohio; St. Louis ("Chester"), Missouri; Sun Prairie ("Jimmy"), Wisconsin; Hollis ("Pennichuck Chuck"), New Hampshire; Lilburn ("General Beauregard Lee, Ph.D.": Wow, that's a groundhog with the combined titles of preeminent Confederate generals of the Civil War Pierre Gustave Toutant Beauregard and Robert E. Lee plus an honorary doctorate, so we should count on his forecast with absolute trust, right?), Georgia; Lancaster (Octorara Orphie), Pennsylvania; Florham Park ("Phil"), New Jersey; French Creek ("Freddie"), West Virginia; Oxford ("Noah, the One-Eyed Groundhog"), Michigan; Unadilla ("Bill"), Nebraska; Lander ("Lil"), Wyoming.

Paragraph V

Has Groundhog Day been so widely popular all along since its first appearance in Punxsutawney in 1886? Nope. (7) The Groundhog Day celebration in Punxsutawney _____ _____ _____ – until the advent of the movie Groundhog Day in 1993. That one romantic fantasy comedy, in which TV weatherman Phil (Bill Murray) wins the love of producer Rita (Andie MacDowell) by becoming a better and better person (which is made possible by his love for Rita), changed all that so dramatically. The film transformed Groundhog Day into not just a widely loved day but a totally romantic day. Then Punxsutawney "Phil" appeared on the Oprah Winfrey Show in 1995, having its status as a celebrity affirmed. During its annual Groundhog Day festivities, Punxsutawney now draws tens of thousands of mostly young (and some not so young) visitors. Many of them party all night through, many celebrate their birthdays, and many couples in love make their annual pilgrimages to the town from all over the country and even from other parts of the globe. For them Groundhog Day is now something like a prelude to Valentine's Day with a dainty folkloric, artistic, and historical flavor. And the film now commands a cult following among younger Americans. (8) _____, it can be safely stated that Groundhog Day has become an American cultural icon, indeed.

Paragraph VI

(9) Ultimately, Groundhog Day reminds us of the beauty and innocence of the pre-industrial ages, when people's lives were

much simpler, more directly linked to the land and the sky. (10) The day makes us romantic and our day jolly once more in the technology-driven, impersonal, and bleak age of the National Weather Service, the Weather Channel, and the www.weather.com. (11) This means that you don't have to be German to enjoy Groundhog Day – much as you don't have to be Irish to relish corned beef, potato soup, and green beer on St. Patrick's Day, nor do you have to be of Scandinavian descent to celebrate the summer solstice with your friends or neighbors in your backyard, nor do you have to be African-American to pay homage to the Rev. Martin Luther King, Jr. and cherish his ideals, nor do you have to be a brawny longshoreman to appreciate what Labor Day is – or should be – really about. (12) _____,
happy Groundhog Day to all of you today! – whether you're celebrating the day with your loved one, family, friends, neighbors, colleagues, townsfolk, or some total strangers; whether you're German, Polish, African-American, Hispanic, Native-American, Asian-American, Arab -American, or whatever.

미 동부 Pennsylvania 주의 Appalachian 산맥 언저리 Punxsutawney에서 타운 사람들이 타운의 Groundhog Day 마스코트인 Punxsutawney Phil을 굴에서 꺼내서 봄 날씨를 예상하게 하고 있다. 사진 제공: ⓒ Aaron Silvers

미국 Illinois 주의 Woodstock에서 타운 사람들이 매우 추운 Groundhog Day 이른 아침에 town square에 모여 이 타운의 Groundhog 'Willie'의 봄 날씨 예측 발표를 기다리고 있다. 사진: ⓒ 박우상 박사 (Dr. David)

Woodstock 타운 사람들이 타운의 Woodstock 'Willie'를 통나무 굴에서 꺼내서 Willie의 봄 날씨 예측을 발표하고 있다. 사진: ⓒ 박우상 박사 (Dr. David)

Woodstock 'Willie'의 봄 날씨 예측이 발표된 직후에 타운 사람들이 공동체 아침 식사를 함께 하면서 Groundhog Day를 축하하며 즐기고 있다. 사진: ⓒ 박우상 박사 (Dr. David)

미국 West Virginia 주 Fairmont의 한 초등학교 kindergarten class. 유치원생들이 Groundhog Day 스토리북들을 읽고 나서 Groundhog Day 종이 모자를 만들어 쓰고 즐거운 시간을 갖고 있다. 사진 제공: ⓒMtoo22

Q-41 Paragraph I (1)의 빈칸에 쓰기에 적절하지 않은 것은 어느 것입니까?

(1) However   (2) Though
(3) Still   (4) Nevertheless

Q-42 Paragraph II에서 다음의 문장이 쓰이기에 적절한 위치는 어디입니까?

Groundhog Day is celebrated by many Americans – if not a whole lot of them – with their loved ones, families, friends, neighbors, townsfolk, coworkers, and classmates in a variety of ways.

(1) (2) (2) (3)
(3) (4) (4) (5)

Q-43 Paragraph III의 문장 (6)을 문장 구조, 어법, 그리고 의미상 가장 잘 수정한 표현은 어느 것입니까?

(1) It includes all kinds of entertainment and firework, the town groundhog Punxsutawney "Phil" being in the weather prognostication.

(2) It includes not only firework but all kinds of entertainment, the darling of the event is the town groundhog Punxsutawney "Phil" in the weather prognostication.

(3) Including all kinds of entertainment and fireworks, the darling of the event is the town groundhog Punxsutawney "Phil" in the weather prognostication.

(4) It includes all kinds of entertainment and fireworks, the darling of the event being the town groundhog Punxsutawney "Phil" in the weather prognostication.

Q-44 Paragraph V의 문장 (7)의 빈칸에 쓰이기에 적절하지 않은 표현은 어느 것입니까?

(1) had been aired on television at times across the country

(2) had seldom, if ever, been put on the map by the national media

(3) had long been quite an obscure and mostly a secluded local event unknown to most Americans in other parts of the country

(4) had received little media coverage beyond the area

Q-45 Paragraph V의 문장 (8)의 빈칸에 쓰이기에 적절하지 않은 표현은 어느 것입니까?

(1) Seeing all things   (2) All things considered
(3) In the final analysis (4) In a nutshell

Q-46 Paragraph VI에서 다음의 문장이 쓰이기에 적절한 곳은 어디입니까?

Most significantly, having originated from a German ethnic tradition, it shows clearly how the beautiful American quilt has been woven of diverse racial and ethnic stories, dreams and frustrations, laughter and tears.

(1) (9)   (2) (10)
(3) (11)   (4) (12)

Q-47 Paragraph VI의 문장 (12)를 시작하기에 적절한 어구는 어느 것입니까?

(1) Also   (2) So
(3) Even so   (4) If so

[정답과 해설]

Q41-(2)

(1)에 의해 이끌리는 문장은 앞에 온 문장에서 말한 많은 사람들이 입에서 입을 통해 또는 미디어 보도를 통해 Groundhog Day에 관해 조금씩 들어 본 바는 있다는 표현을, 그럼에도 불구하고 이 날에 관해 어느 정도 포괄적으로 이해하고 있는 사람들은 많지 않다고 부정 또는 대폭 수정을 가하는 표현이므로, (1)에는 역접의 논리적 연결어가 사용되어야 합니다. However, Yet, Nevertheless, Nonetheless, Still 등은 문두에 자주 사용되지만, Though는 (접속사가 아니라) 논리적 연결 부사로는 문장 중간 또는 문장 끝에만 사용될 수 있으므로 문두 (1)에는 사용될 수 없습니다.

Q42-(1)

문제에서 주어진 문장은 Groundhog Day의 가장 기본적인 (서론 또는 소개글 부분에 적합한) 이야기는 아닙니다. 즉, 사람들이 Ground Day가 언제이고 이런 저런 이야기를 단편적으로나마 들어본 적은 있음을, 즉 소개글이 되는 Paragraph I의 뒤에 올 이야기입니다. 그리고 (2) 뒤의 Paragraph II에서는 사람들이 Groundhog Day를 어떻게 celebrate하고 있는지를 구체적으로 묘사하고 있습니다. 따라서 주어진 문장인 Groundhog Day를 celebrate 하는 방식들이 다양하게 존재한다는 일반론의 적절한 위치는 (2), 즉 정답은 (1)입니다.

Q43-(4)

Pennsylvania 주의 Punxsutawney에서 열리는 미국 최대의 Groundhog Day celebration을 설명한 이 문장을 형태로 보나 의미로 보나 가장 완벽하게 표현한 문장을 선택하는 문제입니다. 선택지 (1)은 뒷부분 the town groundhog ... prognostication이 독립분사 구문으로 정확한 형태이지만, 앞에 온 명사 firework이 복수형으로 사용되어야 옳습니다. 한국어로서 폭죽이라는 물질이나 개념의 표현은 firework이며 복수형은 fireworks로 표현되지만, firework은 실제에 있어서는 한방을 쏘아도 여러 개의 불꽃이 보이므로 대부분 복수형인 fireworks로 표현됩니다. 즉 구경을 위해 쏘아 올려진 폭죽 쇼는 복수형 fireworks로 표현되므로, 물질/추상명사로 단수로 표현된 firework은 올바른 형태가 아닙니다.
(2)는 역시 firework 대신에 fireworks를 사용하여야 하며, 뒷부분 the darling of the event is …이 대등접속사 and 없이 앞 문장에 연결되어 두 문장이 충돌한 소위 충돌구문 (run-on Sentence)으로 올바른 구문 구조가 아닙니다. 즉 '… entertainment, and …' 구조를 취하거나 뒷부분의 is가 being으로 표현되어 독립분사구문의 형태로 앞 문장에 대한 보충정보로 표현되면 좋습니다. (3)에서는 firework는 좋지만 'the darling of the event is …'가 또 다시 대등접속사에 의해 앞에 연결되지 않은 run-on sentence로서 잘못된 표현입니다. (4)는 fireworks와 Being을 사용한 독립분사 구문 둘 다 올바르게 표현된 문장입니다.

Q44-(1)
(7) 바로 앞에서는 Pennsylvania 주 Punxsutawney의 Groundhog Day가 미국 최대의 Groundhog Day celebration이지만, 대단히 잘 알려져 있는 이벤트는 아니라고 설명하고 있습니다. (1)은 전국에 걸쳐 TV에 'at times' 방영된 적이 있었다는 표현이므로 앞에 온 설명과 맞지 않습니다. (2)는 전국적 언론에 의해 'if ever' (혹시 방영된 적이 있었다 하더라도) 'seldom' (거의 없었다)이므로 앞에 온 설명과 논리적으로 잘 어울립니다. (3)은 다른 지역에 사는 대부분의 미국인들에게는 obscure (잘 안 알려진) 그리고 'secluded' (격리된, 단절된) 'local' event (지역 행사)라고 표현하고 있으므로 앞에 온 내용과 잘 맞습니다. (4)는 이 지역을 넘어서는 언론 보도를 'little'

거의 받지 못했다, 즉 알려졌던 적이 거의 없었다는 뜻이므로 앞의 설명과 잘 어울립니다.

Q45-(1)

문장 (8)은 Paragraph V의 내용 전체를 기반으로 Groundhog Day를 미국의 국가적 또는 국민적 문화의 한 아이콘(icon)의 의미를 가진 날로 결론짓는 표현입니다. [뒤따르는 Paragraph VI는 미국 사회/문화 전체의 Big Picture에서의 Groundhog Day의 의미를 특히 racial & ethnic diversity (인종적 민족적 다양성)의 관점에서 그리고 있습니다.] 이렇게 지금까지의 이야기를 기반으로 결론을 이끄는 표현들로는 독립분사구문의 형태를 취한 All things (being) considered, In (the) final analysis, In a nutshell 등이 사용될 수 있지만, 선택지 (1)의 경우, 이 문장의 주어인 it이 앞에 온 분사구문인 Seeing all things의 seeing의 행위자가 될 수 없기 때문에 올바른 표현이 아닙니다.

Q46-(3)

Q46에서 주어진 문장은 Groundhog Day가 diverse racial and ethnic stories (다양한 인종의 그리고 민족의 이야기들과 꿈과 ...)가 하나의 아름다운 quilt 이불로 짜여진 것임을 아름다운 일반론으로 요약하며, (11) 바로 뒤에서 St. Patrick's Day, summer the solstice, Dr. Martin Luther King, Jr. Day, Labor Day 등의 예를 들어 미국 문화 전체의 통합적인 의미를 주장합니다. 즉, 주어진 문장은 (11)에 위치하며, 바로 뒤에 유사한 예들이 제시되어 그 주장에 설득력을 더하는 것입니다.

Q47-(2)

문장 (12)는 이 글 전체를 결론짓고 마무리하는 말로, 누구든지 누구하고나 개인의 인종적 민족적 배경을 초월해서 함께 축하하고 즐기라고 초대하는 표현입니다. 그렇게 결론을 유도하는 표현은 이렇게 written English라 하더라도, 어느 정도 비격식성을 가진 경우에 일상적으로 가장 빈번히 사용되는 것이 바로 (2)의 So입니다. (1)의 Also는 앞의 내용에 추가하는 부사이므로 적절하지 않습니다. (3)의 Even so는 Even if it/that is so의 줄여진 양보적 표현으로 (그렇다 할지라도, 그렇다 하더라도) 문맥상 옳지 않으며, (4)의 If so는 If it/*that* is의 줄여진 표현으로 (그렇다면) 조건을 나타내므로 문맥상 적절하지 않습니다.

[Words & Phrases: 문맥상의 의미들]

* beam: 자동. 빛나다, 환하게 미소 짓다
* radiant: 형용. (둥그렇고 밝게) 빛나는
* in the grip of ...: ...의 손아귀에 잡혀 있는, ...에 빠져 있는, ...에 시달리는, ...에 고통받고 있는
* nippy: 형용. (추위가) 매서운, 째는 듯한
* overcast: 형용. 구름이 가득 낀
* by word of mouth: 부. 구전으로, 입에서 입을 통해
* media coverage: 명. 언론 보도
* rather: 부. 약간, 어느 정도; somewhat; in a measure; to a certain extent
* comprehensive: 형용. 포괄적인, 광범위한
* in a + 형용 + manner/way/fashion: ...하게; ...한 식으로
* be aimed + to-부정사: ...하는 것을 목표로 하다, ... 할 의도이다
* doldrums: 명. 활력이 없는 상태, 쳐진 상태, 우울하고 찌뿌듯한 기분
* mounting: 형용. 증가하고 있는; increasing

* cabin fever: 명. 오두막 열병 (한 겨울이 깊어지거나 늦겨울에 추위에 움츠렸던 몸과 마음이 집을 뛰쳐 나가서 즐거운 일들을 즐기고 싶은 열병)
* on the threshold of ...: ...의 문턱에, ...가 막 시작할 즈음에; on the cusp/ verge/ point/ brink of ...
* kick off: 타/자동. 시작하다; start; begin
* jointly: 부. 함께, 모여서
* birthday bash: 생일 축하 파티
* of + 형용 + origin: (흔히 민족의 형용사) 기원하는, ...에서 유래한
* burrow: 명. (동물의) 굴
* hibernation: 명. 동면, 겨울잠 < hibernate: 자동.
* settle: 타동. ...에 정착하다
* backcountry: 명. 시골, 오지
* lineage: 명. 계보, 혈통
* heritage: 명. (문화적, 혈통의) 유산
* prognostication: 명. 예보, 예견, 예상 < prognosticate: 타동.
* steal the show: 쇼를 독차지하다, (관중/청중의) 관심을 독차지하다
* gala: 명. 경축 행사, 잔치
* preeminent: 형용. 저명한
* Confederate: 형용. 연합된, 미국 남북전쟁 (1861-65) 중의 남부연합국의
* general: 명. 장군
* honorary doctorate: 명예박사 학위
* advent: 명. 도래, 출현
* pilgrimage: 명. 순례(여정)
* prelude: 명. 서곡, 전주곡, (비유적) 서막
* folkloric: 형용. 민속적인, 통속적인
* flavor: 명. 풍미, 운치, 맛

* ultimately: 부. 최종적으로(는), 궁극적으로
* innocence: 명. 순진함, 무죄
* preindustrial: 형용. 산업화 이전의
* technology-driven: 형용. driven by technology; 테크놀로지에 의해 추진되는
* bleak: 형용. 황량한, 삭막한
* relish: 타동. 맛을 음미하다, 즐기다; savor
* corned beef: 명. 소금에 절인 소고기
* descent: 명. 후손, 후계, 계보
* summer solstice: 명. 하지 winter solstice: 명. 동지
* pay homage to ...: ...에게 경의를 표하다
* cherish: 타동. 소중히 여기다
* brawny: 형용. 근육질의; muscular, strong 〈 brawn: 명. 근육
* longshoreman: 명. 부두 노동자
* colleague: 명. (전문직종의) 동료
* Hispanic: 형용. 중남미계의
* Native-American: 형용. 미국 원주민의
* a variety of ...: 다양한 종류의 ...
* obscure: 형용. 알려지지 않은, 침침한, 불확실한
* secluded: 형용. 격리된, 단절된
* originate: 자동. 유래하다. 기원하다
* ethnic: 형용. 민족의
* woven: weave ((천 등을) 짜다)의 과거분사
* diverse: 형용. 다양한
* frustration: 명. 좌절(감)

Test Set #5

다음 글의 writing의 시작, 전개, 마무리 과정에 관한 다음 질문들에 답하세요. (Q48-60)

9/11 - A New Rendezvous with History
Looking Back on 9/11

Paragraph I
Five years ago today, on a peaceful morning with bright and idyllic early-autumn skies over much of the country, America was attacked by 19 militant Muslim terrorists. In premeditated and coordinated suicide-massacre attacks on civilian Americans, they hijacked four passenger airliners and crashed two into the Twin Towers of the World Trade Center in New York City (the North Tower at 8:46 a.m. and the South Tower at 9:03 a.m.), one into the Pentagon in Arlington County, Virginia (at 9:37 a.m.), and the fourth plane onto an outlying field near a tiny rural town named Shanksville in southwestern Pennsylvania (at 10:03 a.m.).

Paragraph II
The attacks were utterly barbaric and dastardly acts of terrorism considering, most fundamentally, that they targeted innocent and unsuspecting civilians - the average you and me - deliberately and indiscriminately. Digging up the mangled, fragmented, incinerated, and pulverized body parts of 2,973 of their fellow

citizens and residents from under the heaps and heaps of dark and smoldering debris and ashes left behind, Americans wept and wept. The attacks also forced economic damages of astronomical proportions upon the heart of American capitalism. (1) _____, the attacks only bound Americans together as brothers and sisters and cousins, as friends and neighbors. (2) They did not hesitate to queue up in line to donate their blood, pitch in their toil and sweat for the rescue and cleanup, share their food, clothing, and other necessities. Firefighters, police officers, and volunteer workers flocked to the scenes of the tragedy, sacrificed their own daily lives, and rendered selfless services. (3) American flags were hoisted almost everywhere – not just at government buildings and public schools but also at individual homes, by the front windows of downtown and neighborhood stores, on highway overpasses and over bridges. No wonder the flags were sold out almost immediately at most mass merchandisers and retail stores across the country. (4) Millions and millions of Americans put American-flag and "God Bless America" window decals and bumper stickers on their vehicles and held candlelight vigils praying for the souls of the fallen victims. (5)

Paragraph III
And America responded – promptly and resolutely – to fight back acts of terrorism on America and prevent a second 9/11 once and for all. First and foremost, a "War on Terrorism" was declared by President George W. Bush with the enormously popular support of the absolute majority of the American people, and the

U.S. military forces launched the War in Afghanistan on October 7, 2001, and the Iraq War on March 20, 2003, both of which are still going on. (6) _____, the Patriot Act was put in place on October 26, 2001, the Department of Homeland Security was created from 22 existing federal agencies on November 25, 2002, and the powers of the National Security Agency were amplified: collectively, they represent the most massive reorganization of the federal government and the maximization of its powers since the New Deal. (7) _____, security at the nation's infrastructure (including transportation, communication, energy, and public institutions and forums) has been heightened, and procedures for immigrants and foreign visitors and the Border Patrol have been reinforced.

Paragraph IV
The terrorist acts of 9/11 were indeed utterly savage acts beyond any human reason and justification whatsoever. The apocalyptic image of the two hijacked passenger airliners being slammed into the Twin Towers was etched in our minds indelibly as a totally tragic, shocking, and haunting memory. Holding unsuspecting civilians hostage and using them as human bombs for the slaughter of the maximum possible number of innocent lives, the attacks were far more barbaric than the British attacks on mainland America during the War of 1812 and even more dastardly than Pearl Harbor. (8) Yet, five years after the tragedy, it is high time that <u>America put 9/11 in a larger context and a longer perspective and asked this question</u>: Has the course our nation has taken in response to 9/11 been really the right one? Are we really a safer and stronger America today?

Paragraph V

(9) All along since 9/11, unfortunately, the American public has been led – not just by the President in his speeches and at his news conferences and political and government leaders but even by most of the top-flight journalists, political pundits, and experts – to look at and grapple with 9/11 from a narrowly confined perspective involving little more than the three realms of America's public life – the military, foreign relations, and immigration. (10) Admittedly, these are crucial areas in dealing with 9/11. (11) However, the impacts, ramifications, and significances of 9/11, and our search for the right questions and answers and the right course of action to pursue go far beyond those areas. (12)

Paragraph VI

Most fundamentally, 9/11 has affected and has been affected by the deepest structures of American society and culture. And how adequately and wisely we understand this big picture of 9/11 and longstanding American ways of life is critical in charting the right course of action for the present and future of America. We cannot expect to deal with 9/11 properly without first understanding the unmistakable fact that most Americans – not just in New York City but also from Maine to Hawaii, from Florida to Alaska – felt and still feel as if the hijacked planes had been slammed into their own backyards or they had been stabbed in the back by a stranger they had just said hello to with a smile as they crossed their paths on a sidewalk in their neighborhoods, (13) _____. In that state of total shock, fear, and suspicion, and in the sense of utter betrayal of goodwill and innocence, what 9/11 and the wars have held hostage has actually been the American civilization as a whole, which drifted to the opposite side of reason, wisdom, and enlightenment immediately after 9/11.

Paragraph VII
The true victims of 9/11 are far more than the lives lost at home and in the wars abroad and the financial costs incurred, and the hostages have been held not only in the military, foreign relations, and immigration, but much more extensively and structurally. Since 9/11, so unfortunately, much of the broad social progress that had been made mostly since the 1960s has been voided or rolled back substantially. First of all, justice and fairness have been compromised in the economic area and with corporate America. The largest tax break has been given to the most affluent Americans and big businesses, cutting capital gains the biggest slack; the amount of exemption from estate tax has been raised, scheduled to reach 3.5 million in 2009 and be repealed altogether in 2010; a significant portion of property tax has been replaced by non-progressive or even regressive revenues, such as those from sales, gambling, and tobacco; big corporations have been given better protection, and various forms of corporate misconduct and mergers have been condoned more leniently. Now we clearly see a version of the "military-industrial complex" that President Eisenhower repeatedly cautioned the American public to guard against. The poverty rate has been rising steadily since 2000, yet much of the safety net for the poor - from Head

Start and school lunch to housing support and earned income credit to a myriad of other supportive programs – has been rolled back. Nevertheless, with runaway military and security spending, the federal government keeps racking up deficits of hundreds of billions of dollars annually.

Paragraph VIII
The political, legal, and other public areas have been weakened, too. Many of our civil liberties and freedoms have been curtailed with little justification: law enforcement agencies have been granted carte blanche for surveillance, wiretapping, search, and seizure, and in some instances have even tampered with individual Americans' constitutional right to assemble and express their grievances and disagreements. The President has overstepped his constitutionally delegated executive authority and disregarded the constitutional doctrine of the separation of powers in virtually interpreting and reformulating the laws by attaching so-called "bill-signing statements" to the laws in record numbers. Minority and women's rights and diversity rules have been diminished in cases of civil rights, employment, discrimination, harassment, and affirmative action. Workers' rights have been circumscribed to a considerable extent. Also, the government's commitment to environmental regulation has been relaxed considerably to boost short-term corporate profits.

Paragraph IX
Furthermore, there have been many notable setbacks on the general cultural and intellectual scene as well. Women's dignity

is ridiculed more often, while machismo is displayed more widely than before. Columbus has been resurging as a hero, while Native American histories and contributions have been slighted. Voices not just accepting the Truman administration's decision to drop atomic bombs on Japan as a hard-made, unavoidable choice toward the end of World War II but even glorifying it have been on the rise. Narrowly defined Americanism and blatant racism have become more pronounced, while cross-cultural exchange, racial and ethnic pride, and a due respect for other nations' histories and cultures are often openly belittled. Despite all the grandiose rhetoric of the "No Child Left Behind" Act, public education has been left out in the cold. Science and technology have been skewed to military and security functions at the expense of basic scientific and technological R&D and teaching. Significant portions of the funding for the teaching of the arts have been jettisoned, and bilingual and foreign language education also has been shrunk and is often frowned upon. (14) _____, debate and disagreement – the very bedrock of American democracy – have been largely silenced in the terror scare.

Paragraph X
Some argue that those setbacks are all fair prices we have to pay for our security, much as most of them justify the tens of thousands of civilian lives – Iraqi, Afghan, American, and of the coalition and other nationalities – lost in the wars simply as incidental or ignorable collateral damage. They also frequently draw on the analogy of the bully we encountered once in a while

on the playground as we grew up, saying something like "You shouldn't back off or take it on the chin anymore, and now it's time to muster all your courage, confront him, and land a nice and redeeming punch on his jaw." (15) _____ - bullies need to be disciplined. Yet, unlike childhood bullies on the playground, terrorists, who lurk and slink around in the dark are quite invisible. Most importantly, what they really target is not the hardware but the software of America - our minds, our ideals, our values, our dreams, the ways and values that America has been and stood for.

Paragraph XI
Then, what we have to understand most urgently is that this terrorism of the 9/11 variety is essentially a global version of hate crime targeting the American mind. (16) That naiveté, recklessness, and even hubris only deepen and spread the hatred and antipathy toward America in the Muslim world and in many other parts of the world as well. Also, we now have to admit the historical truth that our foreign policy has not always favored democracy and justice overseas, and learn a lesson from that past, although that blot in the history of our foreign policy should never be used to justify the barbaric attacks of 9/11 on humanity one whit. Just as much of the world almost feels an earthquake when America just coughs or sneezes, today the security, prosperity, and freedom of America are elaborately intertwined with other peoples of the world - their aspirations, their respectable opinions, and their dignified lives. Then, it would take far more than sword-rattling to win this War on

Terrorism. Even capturing Osama bin Laden and bringing him to justice and uprooting al Qaeda wouldn't spell the end of it at all. It is going to take lots of healing, educating, enlightening, communicating, persuading, and sharing at home and abroad alike. (17) _____, there is a mountain of challenges ahead of us that requires lots of patience, soul-searching, wisdom, and vision.

Paragraph XII
President Bush goes even further, using divisive and even intimidating rhetoric: Whose side are you on? Are you with me – by extrapolation, with America, according to his simple (18) _____ – or with the Axis of Evil? The underlying (19) _____ is that if you disagree with the President and the War, you are ipso facto unpatriotic and un-American. Yet this IS an ill-conceived (20) _____ and an ill-advised leadership – an outright dangerous and irresponsible stance not just on the world but on America as well. We should have learned a valuable lesson really seriously from McCarthyism and the Vietnam War. Did America become a stronger, freer, more secure, and more democratic nation because of the red-baiting of the McCarthy era and the innumerable bombs and fires dropped and shot in the delusive hope of reshaping Vietnam society by military means? There's no doubting here that we all mourn the civilian victims and fallen soldiers of 9/11 and the wars from the depths of our hearts, we all took part in the night vigils honoring them and praying for their souls, we all support the Presidency and all the major pillars of America, and, we all love our fellow Americans

regardless of their race, ethnicity, sex, and so on, and we all cherish this land from sea to shining sea as much as anyone else, including Mr. President. No one can question that. Actually, what is really unpatriotic and un-American is to gag different views. That is the lesson from McCarthyism and Vietnam. Mind you, Mr. President.

Paragraph XIII
(21) _____, we are compelled to ask these ultimate questions. Were our wars – their causes, purposes, conceptions, and executions – based on truly thoughtful premises and reliable evidence? After the 2,973 victims of 9/11, the almost 3,000 fallen soldiers (including some civilians) of the wars, the hundreds of billions of dollars in the government deficits, and all the other major economic, political, social, and cultural setbacks and dislocations, has America really become a safer and secure nation owing to the wars as President Bush declared in his "Mission Accomplished" speech while paying a lightening-like and exceptionally photogenic visit to the aircraft carrier USS Abraham Lincoln on May 1, 2003, off the shores of San Diego? Or have our responses, including the wars, so far mostly deepened the hatred for America on the part of the people in the Muslim world, and humiliated and alienated many of our old friends and allies around the world, thereby basically making America even more vulnerable to hatred and acts of terrorism? Have the wars really made Afghanistan, Iraq, and the Muslim world freer, more democratic, and more open-minded, or more violent, chaotic, and strife-ridden? After all

these past five years, is America a freer, more democratic, more peaceful, and more prosperous nation, or have we become a less democratic, enlightened, and harmonious, and more unequal, more divided, and weaker society? Are we still a forward-looking land of opportunity, freedom, compassion, and goodwill that so many other nations have envied as their role model and strived to emulate for so long? In the final analysis, are we really a safer and stronger nation today both at home and abroad owing to all the human, military, diplomatic, economic, political, and sociocultural costs that have been incurred since 9/11?

Paragraph XIV

To sum up, it is high time that we had a new understanding of 9/11 and the War on Terrorism: 9/11 is about far, far more than war, the military, intelligence, airport security, and the Border Control. They are much more about our democracy, fairness, liberty, justice, prosperity, progress, thoughtful leadership, respectable debate. They are basically about American ways, American values, and American ideals. We should not be forced to choose between the two towering pillars of the American nation: as a matter of fact, they are fully compatible and complementary. (22) _____, let us recollect Ben Franklin's wisdom that "those who would give up essential liberty to purchase a little temporary safety deserve neither liberty nor safety."

2001년 9월 11일, 화창한 가을날 아침에 테러리스트들의 공격을 받아 화염에 휩싸인 the Twin Towers of the World Trade Center in New York City. 사진 제공: ⓒ U.S. National Park Service

9월 11일 1주기 기일 밤에 Wisconsin 주 Madison에서 시민들이 모여 candlelight vigil을 열고 죽은 영혼들을 추모하고 평화를 기원하고 있다. 사진: ⓒ 박우상 박사 (Dr. David)

2003년 2월 한겨울 아침의 매서운 추위에도 불구하고, Wisconsin 주 주민들이 state capitol(주의사당) 앞에 모여 George W. Bush 대통령의 Iraq 전쟁에 반대하는 집회를 열고 있다. 사진: ⓒ 박우상 박사 (Dr.David)

Q-48 Paragraph II의 문장 (1)을 시작하기에 적절하지 <u>않은</u> 어구는 어느 것입니까?

(1) Yet (2) Also
(3) On the contrary (4) Still

Q-49 Paragraph II에서 다음의 문장이 쓰이기에 적절한 위치는 어

디입니까?

In short, in its spirit, the American nation rose up from the burning ashes like a Phoenix.

(1) (2)   (2) (3)
(3) (4)   (4) (5)

Q-50 Paragraph III의 문장 (6)과 (7)을 시작하기에 적절하지 않은 어구는 어느 것입니까?

(1) Hence   (2) Further
(3) Besides   (4) On top of that

Q-51 Paragraph IV의 문장 (8)의 밑줄 친 부분을 가능한 한 문맥과 의미와 어법상 적절하게 수정하고자 할 때 가장 적절한 표현은 어느 것입니까?

(1) America put 9/11 in a larger context and a longer perspective and asked this question (이 표현이 가장 적절하므로 그대로 둔다)

(2) America puts the following questions in a historical perspective

(3) we are asking ourselves a more straightforward question

(4) we have to seek answers to as many specific questions as possible, including

Q-52 Paragraph V에서 다음의 문장이 쓰이기에 적절한 위치는 어

디입니까?

In fact, 9/11 has even transcended partisan allegiances, political persuasions, and geographical, economic, social, and cultural divisions that have been permeating virtually all areas of American life.

(1) (9) (2) (10)
(3) (11) (4) (12)

Q-53 Paragraph VI의 위치 (13)에 사용되기에 적절한 어구는 어느 것입니까?

(1) as it was   (2) to say the least
(3) to give examples (4) so to speak

Q-54 Paragraph IX의 문장 (14)를 시작하기에 적절한 표현은 무엇입니까?

(1) And most importantly (2) Thus
(3) In brief   (4) As a result

Q-55 Paragraph X의 문장 (15)를 시작하기에 적절하지 않은 표현은 어느 것입니까?

(1) You bet   (2) Definitely
(3) Certain   (4) And how

Q-56 Paragraph XI의 위치 (16)에 쓰이기에 적절한 문장은 어느 것입니까?

(1) That is because the "Shock and Awe" military operation that fired off thousands of Tomahawk missiles and bombs does not guarantee that we get all the more secure and safer.

(2) This point can be proved by the fact that the thousands of Tomahawk missiles and bombs fired off in the "Shock and Awe" military operation do not make us all the more secure and safer.

(3) That is exactly why just because we pull off a dramatic "Shock and Awe" military operation firing off thousands of Tomahawk missiles and bombs doesn't necessarily mean that we get all the more secure and safer.

(4) That means that, to be truly effective, our military operations like the "Shock and Awe," which fired off thousands of Tomahawk missiles and bombs, should be combined with cultural and psychological campaigns.

Q-57 Paragraph XI의 문장 (17)을 시작하기에 적절하지 <u>않은</u> 어구는 어느 것입니까?

(1) Thus
(2) Furthermore
(3) As a matter of fact
(4) In other words

Q-58 Paragraph XII의 (18), (19), (20)에 밑줄에 사용되기에 가장 적절한 낱말의 선택은 어느 것입니까?

(1) (18) logic   (19) logic   (20) logic
(2) (18) logic   (19) reasonin   (20) logic
(3) (18) notion   (19) logic   (20) notion
(4) (18) logic   (19) reasoning   (20) notion

Q-59 Paragraph XIII을 이끄는 문장 (21)을 시작하기에 적절하지 <u>않은</u> 표현은 어느 것입니까?

(1) Based on such developments and perspectives as have been described above
(2) Taking into consideration all such facts and viewpoints as have been depicted so far
(3) Based on the grounds presented thus far
(4) On the assumption that there are many diverse perspectives on an extensive array of issues related to 9/11

Q-60 Paragraph XIV의 문장 (22)를 시작하기에 적절한 표현은 어느 것입니까?

(1) By conclusion
(2) Likewise
(3) For example
(4) By way of conclusion

[정답과 해설]

Q48-(2)
Paragraph II의 (1)은 앞에 온 모든 문장들에서 묘사된 9/11 테러 공격의 잔인무도함과 물리적 피해의 대규모에도 불구하고, 미국인들을 오히려 하나로 뭉친 결과를 낳은 논리적 반전의 설명을 시작하는 위치입니다. 따라서 However, Yet, Still, Nevertheless, Nonetheless, On the contrary 등이 사용될 수 있습니다. 앞에 언급한 내용과 맥락을 같이 하는 항목을 추가하는 Also, In addition, Moreover, Furthermore 등은 사용될 수 없습니다.

Q49-(4)

문제에서 주어진 문장은 미국인들이 그 엄청나게 잔인한 테러 공격에도 불구하고 하나로 뭉쳐 서로 도우며 굳건히 일어선 모습들의 묘사를 총정리하는 표현이므로, 앞에 온 구체적인 진술들의 맨 뒤인 위치 (5), 즉 선택지 (4)가 정답이 됩니다.

Q50-(1)

(6)과 (7)은 앞에 온 문장에 이어서 9/11 테러 공격에 미국이 대응한 구체적인 방법의 실례들을 들고 있습니다. 즉 앞에 온 항목과 맥락을 같이 하는 항목들을 추가하여 글의 논조를 강화하는 어법이므로, Also, Further (more), Moreover, Besides, On top of that/those, In addition, Additionally 등이 사용될 수 있습니다. 선택지 (1)의 Hence는 문어체이자 격식체의 인과 관계를 (결론/ 결과를) 이끄는 논리적 연결어이므로, (6)에도 (7)에도 적절하지 않습니다.

Q51-(1)

문장 (8)은 그 이전까지 묘사된 9/11 테러 공격의 반인류적인 참상과 미국의 대규모의 대응과 광범위한 국내적 개혁에 대해, 시각의 반전을 이끄는 논리적 연결어 Yet으로 시작하고 있습니다. 그리하여 그러한 대응과 개혁이 미국의 의도에 걸맞는 효과적인 것이었는지, 그 결과 이제 미국은 더 안전하고 강한 국가가 되어 있는지, big question을 묻기 시작합니다. 그러한 이야기의 흐름을 의미나 언어나 완벽하게 표현한 것이 (1)입니다. (2)는 America puts, 즉 현재시제 (-s)로 표현되어 It is high time (that) + 주어 + 과거시제 …의 구문에 올바르지 않은 시제 형태가 되어 정답이 되지 못합니다.
(3)도 we are asking의 현재진행 시제가 올바르지 않으며, 게다가 하나의 단도직입적인 a straightforward question으로 압축하기에는

큰 그림의 질문에 적합하지 않습니다. (4)도 we have to ...의 현재시제가 어법적으로 옳지 않으며, 의미적으로도 specific questions (특정한/구체적인 질문들)이 big question을 압축한 의미가 되기에는 부족하므로 정답이 될 수 없습니다.

Q52-(4)
(12)에는 앞에 계속 묘사되어 온 미국의 광범위하고 다각적인 9/11에 대응에 더해서 9/11의 미국의 사회문화적 그리고 역사적 의미를 Paragraph V의 마지막 문장으로 제기하는 것이므로, (12)가 주어진 문장이 들어가기에 적절한 위치가 됩니다. 위치 (11)에 들어가기에는 뒤따르는 논리적 연결부사 However와 논리적 연결이 올바르지 않으며, 뒤따르는 내용과도 논리적 흐름이 맞지 않습니다.

Q53-(4)
(13)에 들어갈 표현은 모든 미국인들이 마치 자기 자신이 9/11 테러의 희생자이자 피해자인 것처럼 느낀 뼈저린 공감을 비유적으로 묘사한 것입니다. 즉, '이를테면, 말하자면'의 표현이 (13)에 사용될 수 있습니다. 그런 의미가 바로 선택지 (4)인 so to speak이며, (1)은 'as it were' (주어 it + 복수형 과거시제인 were)이어야 올바른데 단수 was로 표현되어 있으므로 잘못된 것입니다.

Q54-(1)
(14)에 의해 이끌리는 문장은 미국의 9/11 테러 공격에 대한 대응과 개혁이 실은 미국 사회, 문화, 역사 전반에 얼마나 큰 희생과 후퇴를 대가로 치르게 해왔는지, 그 중에 '바로 미국 민주주의의 기반 그 자체' (the very bedrock of American democracy)를 가장 심각하게 손상시켰다는 의미이므로, First and foremost, 또는 Most importantly, significantly, critically, fundamentally, basically 또는

Above everything/*all* else, More than anything else 또는 이들과 유사한 표현이 (14)에서 논리적 연결어로 사용되어야 합니다. 따라서 선택지 (1)이 정답이 됩니다.

Q55-(3)
(15)는 앞에 언급된 미국의 9/11 테러 세력에 대한 응징을 어느 정도는 긍정으로 동의하는 표현입니다 (바로 뒤에서 Yet, …이라고 이 긍정에 대폭 수정을 가하게 됩니다). 즉, '물론, 분명히, 당연히' 등의 표현이 (15)에 오는 것이 적절합니다. 선택지들 중의 You bet., Definitely, 그리고 특히 주목할 것으로 And how.*/!*가 정답으로 사용될 수 있으며, 부사인 Certainly, Definitely, Absolutely, Surely, Naturally 등 또한 정답이 될 수 있고 그리고 형태는 형용사형인 Sure이 부사처럼 사용될 수 있지만, 선택지 (3)의 Certain은 사용될 수 없고 부사형인 Certainly로 표현되어야 합니다. 따라서 잘못된 Certain이 정답이 됩니다.

Q56-(3)
문장 (16) 바로 뒤에 따르는 문장이 "That naiveté, recklessness, and even hubris only …"입니다. 즉 문장 (16)은 'That naiveté, recklessness, and even hubris' (그 단순함, 무모함, 그리고 오만함)을 나타내는, 즉 자기 중심적인 오만한 단순논리를 나타내는 표현이 앞에 와야 하며 그러한 표현이 선택지 (3)입니다 (미국이 수천 발의 Tomahawk 미사일과 폭탄을 쏘아 대면서 "Shock and Awe" 충격과 경외를 불러 일으키는 군사 작전을 성공적으로 해내기만 하면 그만큼 더 보안과 안전이 강화될 것으로 보는 단순 논리). 그리고 (16)의 앞에 온 문장은 9/11 테러 세력이 노린 것이 미국의 시설물 등의 hardware가 아니라, the American mind를 타겟으로 한 것이라는 표현이 논리적으로 자연스러운 흐름이 됩니다. (그러니까 Shock

and Awe 군사 작전의 성공이 미국의 security와 safety의 보장이 되지 않는다는 (16)에 뒤따르는 문장과 자연스러운 논리가 됩니다.)

Q57-(2)
(17)에 이끌리는 문장은 미국이 근본적인 문제 해결을 위해서 국내외적으로 엄청난 양의 교육과 소통과 설득과 협력이 필요함을 역설한 앞에 온 문장에 대한 결론, 보강, 또는 확인이 되어야 합니다. 따라서 결론/결과를 나타내는 선택지 (1)과 앞의 내용을 확인/보강하는 (3), 또는 앞의 이야기를 달리 표현하는 (4)가 정답이 될 수 있지만, 새로운 항목을 추가하는 경우는 아니므로 (2)는 정답이 될 수 없습니다.

Q58-(4)
이 세 빈칸 (18) (19) (20)에 들어갈 수 있는 세 개의 선택 logic, reasoning, notion 중에 영어는 기본적으로 같은 어구나 표현의 반복을 좋아하지 않는다는 점에서 선택지 (1) (2) (3)은 정답이 되기에 적절하지 않습니다. 정답은 (4)번이 됩니다.

[참고] 단어의 용례 (usage)의 문제로 ill-conceived notion/idea/thought는 자연스럽지만 ill-conceived와 logic(논리) 또는 reasoning (추론)은 의미상 함께 어울리는 것이 자연스럽지 않습니다. 이것은 아주 미묘한 의미와 용례의 문제이지만 올바른 낱말의 선택에 결정적인 것은 아니며, 선택지 (4)에서 이 세 낱말의 위치가 (4)의 순서와 다르다고 해도 역시 정답으로 간주될 수 있습니다.

Q59-(4)
Paragraph XIII의 첫 문장 (21)부터 이 글 전체의 결론으로 진입합니다. 결론을 도입하는 표현은 본 강의에 다양하고 자세하게 설명되어 있듯이 선택지 (1) (2) (3)이 대표적인 표현들입니다. Assumption (가정/전제)에 기반한 표현인 선택지 (4)는 결론을 표현하기에 적절하지 않습니다.

Q60-(4)
문장 (22)는 이 글 전체 결론부의 최종적인 요약이자 핵심입니다. 결론을 이끄는 표현으로 'In conclusion, ...'는 사용될 수 있지만, 선택지 (1)의 'By conclusion, ...'은 사용되지 않습니다. (4)의 'By way of conclusion, ...'은 올바르고 빈도상으로도 자주 사용되는 결론의 표현입니다. 앞에 언급한 항목과 유사한 항목이나 내용을 추가하는 선택지 (2)의 Likewise도, 예/사례를 제시하는 For example도, 결론을 이끄는 표현으로 사용될 수 없습니다.

[Words & Phrases: 문맥상의 의미들]

* rendezvous: 명. 만남, 밀회, 집회, 결합
* idyllic: 형용. 목가적인, 전원적인, 평화로운
* militant: 형용. 호전적인, 전투적인
* premeditate: 타동. 사전에 계획하다
* coordinate: 타동. 조정/조율하다
* suicide: 명. 자살
* massacre: 명. 대학살
* civilian: 형용. 민간인인. 명. 민간인
* crash: 타동. 충돌시키다
* the Pentagon: 미국 국방성 (Defense Department) 건물 (오각형, pentagon)
* outlying: 형용. 외곽에 위치한

* utterly: 부. 완전히, 통째로; totally; completely; wholly; entirely
* barbaric: 형용. 야만적인
* dastardly: 형용. 악질적인. < dastard: 명. (몰래 숨어서 악행을 저지르는) 비겁자
* unsuspecting: 형용. 의심하지 않는, 순진한; innocent
* average: 형용. 평균의, 보통의
* deliberately: 부. 의도적으로, 계획적으로
* indiscriminately: 부. 무차별적으로, 마구잡이로 < discriminate: 타동. 구별/차별 하다
* mangle: 타동. 심하게 훼손하다, 크게 부상을 입히다
* fragment: 타동. 조각내다
* incinerate: 타동. 소각하다
* pulverize: 타동. 분쇄하다, 가루로 만들다
* resident: 명. 거주자, 주민
* heap: 명. 수북이 쌓인 것. a heap/heaps of ...: 수북이 쌓인 ...
* smolder: 자동. (불길 없이 속으로) 연기를 내며 타다
* debris: [발음에 주의: (흔히 미국) də·ˊbri, (흔히 영국) deiˊbri] 명. (파괴된 후의) 잔해
* astronomical: 형용. 천문학적인, 엄청난
* proportion: 명. 비율, 규모
* queue up: 자동. 줄을 서다
* pitch in: 협력하다, (자발적으로) 내놓다, 제공하다
* toil: 명. 노동, 수고
* rescue: 명. 구조
* necessities: 명. 필수품들
* flock: 자동. 떼지어 모이다/가다
* sacrifice: 타동. 희생하다
* render: 타동. 제공하다, 제시하다

* selfless: 형용. 사심이 없는, 헌신적인
* hoist: 타동. (국기, 깃발 등을) 게양하다
* overpass: 명. 고가도로
* (It is) no/small wonder (that) ...: ...라는 것도 놀라운 일이 아니다
* mass merchandiser: 명. 대량판매업체 (흔히 대형 리테일 체인/프랜차이즈 (mass retail chain/franchise)
* retail: 형용. 소매(업)의
* decal: [발음: ´di·kæl, di·´kæl] 명. 데칼 (유리, 금속, 나무 등에 붙이는 접 착력이 있는) 디자인, 로로, 그림 (흔히 배경이 투명한 플라스틱 또는 vinyl)
* bumper: 명. (자동차의 앞 또는 뒤에 있는) 충격완화부, 범퍼
* vehicle: 명. 차량, 탈것
* candlelight vigil: 명. 촛불을 들고 하는 추모식
* fallen victims: 죽은 희생자들
* promptly: 부. 신속하게
* resolutely: 부. 결단력 있게, 단호히, 결연히
* once and for all: 부. 결정적으로, 최종적으로, 영구적으로
* first and foremost: 부. 최우선으로, 가장 중요한 것으로
* declare: 타동. 선언하다
* enormously: 부. 엄청, 대단히; tremendously; vastly; immensely
* absolute: 형용. 절대적인
* majority: 명. 대다수, 과반수
* launch: 타동. 시작하다, 발사하다
* patriot: 명. 애국자
* put in place: 타동. 설치하다, 시행하다
* amplify: 타동. 증폭시키다, 확대하다
* collectively: 부. 집단적으로, 함께
* represent: 타동. 대표하다

* massive: 형용. 대규모적인, 거대한
* reorganization: 명. 재조직, 재구성
* federal government: 명. 연방정부
* maximization: 명. 최대화, 극대화 〈 maximum: 명. 최대한, 최대수량 〉 maximize: 타동. 극대화하다, 최대한으로 하다
* the New Deal: 1929년 가을부터 시작된 미구의 the Great Depression (대공황)에 대처하기 위해 1933년부터 1940년대에 들어서기까지 Franklin D. Roosevelt 대통령이 이끈 미연방 정부의 경제, 산업, 노동, 금융 등을 포함한 대규모의 정책
* infrastructure: 명. 산업과 경제의 기반구조, 기반시설들
* institution: 명. 제도, 기관
* forum: 명. (복수형: forums, for a) 토론장, 토론회
* heighten: 타동. 상승/향상시키다; raise; elevate; increase; intensify; strengthen
* the Border Patrol: (미국) 국경경비대
* reinforce: 타동. 강화시키다; strengthen; increase
* savage: 형용. 야만적인, 미개한; barbaric
* reason: 명. 이성, 상식
* justification: 명. 정당화, 합리화 〈 justify: 타동. 정당화하다, 합리화하다
* slam: 타동. (쾅하고) 세게 때리다/부딪치게 하다
* etch: 타동. (금속이나 유리에) 식각하다, 깊이/뚜렷하게 새기다
* indelibly: 부. 지울 수 없게 〈 delible: 형용. 지울/삭제할 수 있는 〈 delete: 타동. 삭제하다
* haunting: 형용. 뇌리를 떠나지 않는, 끈질기게 괴롭히는 〈 haunt: 타/자동. (공포, 고통, 불쾌한 생각 등이) 뇌리에서 떠나지 않다, 끈질기게 괴롭히다; 귀신이 (...에) 출몰하다
* hold ... hostage: ...를 인질로 잡고 있다

* slaughter: 명. 살육
* innocent: 형용. 죄 없는, 순진한
* Pearl Harbor: 미국 Hawaii 주 Honolulu 근처의 진주만 항구. (일본의) 진주만 공격 (1941년 12월 7일)
* perspective: 명. 시각, 관점
* news conference: 명. 기자 회견
* top-flight: 형용. 일급의, 최고의; top-ranking; tops; first-rate
* pundit: 명. 전문가, 평론가/자문
* expert: 명. 전문가
* grapple with ...: ...와 씨름하다, (문제 해결을 위해) 고심하다
* confine: 타동. 가두다, 제한하다. 〉 confinement: 명. 감금, 제한
* realm: 명. 영역, 분야; area; field; sphere
* admittedly: 부. 인정하건대
* crucial: 형용. 아주 중요한; 심각한; decisive; critical; vital; severe
* impact: 명. 충격, 영향
* ramification: 명. 영향, 파장, 파문 〈 ramify: 자/타동. 가지를 내다, 여파/파문을 일으키다
* pursue: 타동. 추구/추적하다 〉 pursuit: 명. 추구, 추적
* affect: 타동. ...에 영향을 미치다; influence; impact
* adequately: 부. 적절히, 적당히, 충분히
* critical: 형용. 중대한, 심각한; vital; crucial; serious
* longstanding: 형용. 유구한, 오래 지속되어 온
* chart: 타동. ...의 항로를 그리다, 계획하다
* stab: 타동. 칼로 찌르다
* cross someone's path: 우연히 마주치다; run/bump into someone
* suspicion: 명. 의심. 〈 suspect: 타동. 의심하다
* betrayal: 명. 배신, 배반 〈 betray: 타동. 배신/배반하다

* drift: 자동. 표류하다
* enlightenment: 명. 계몽, 깨달음 〈 enlighten: 타동. 깨우치게 하다, 계몽시키다
* incur: 타동. (빚, 손실, 피해 등을) 초래하다
* void: 타동. 무효화하다
* roll back: 타동. 원상으로 복구 시키다, 무효화하다
* extensively: 부. 광범위하게, 널리
* substantially: 부. 상당히, 대단히; considerably; significantly; tremendously
* compromise: 타동. 타협하다, 손상시키다; injure; impair; tarnish
* affluent: 형용. 부유한; rich; wealthy; well-off
* cut ... slack: ...를 잘/너그럽게 봐주다
* capital gains: (금융, 증권 등의) 자본 투자에 의한 소득/수입
* exemption: 명. 면제
* estate tax: 명. 유산세, 상속세
* repeal: 타동. (법, 정책 등을) 철회하다, 폐지하다
* replace: 타동. 대체/교체하다
* non-progressive: 형용. (세금) 누진적이지 않은
* regressive: 형용. (세금) 역진적인, 퇴행적인
* revenue: 명. (정부, 기업, 기관 등의) 수입, 세입
* tobacco: 명. 담배(류)
* misconduct: 명. 비행, 악행; misbehavior; misdeed
* merger: 명. (기업 또는 조직의) 합병 〈 merge: 타/자동. 합병하다, 합치다
* leniently: 부. 관대하게, 너그럽게; tolerantly; permissively; generously; indulgently
* military-industrial complex: 명. (군부와 산업계의) 군산복합체, 군산유착

* caution: 타동. 주의시키다, 경고하다
* safety net: 명. 안전망, (사회적) 안전장치
* Head Start: 미국의 (특히 소수인종들의) 정부가 지원하는 저소득층 어린이들을 위한 유치원 교육
* earned income credit: 미국의 저소득층의 (정부의 복지소득이 아닌) 근로소득에 대한 세금공제 혜택
* runaway: 형용. 치솟는; 통제불능의; skyrocketing; uncontrollable
* rack up: 타동. (손실, 빚, 점수 등을) 쌓다, 증가시키다
* deficit: 명. 적자, 손실
* annually: 부. 매년, 해마다
* curtail: 타동. 축소시키다, 절감하다; reduce; diminish; shorten; decrease; downsize
* law enforcement agencies: 법 집행 기관/부서들
* grant: 타동. 부여/수여하다
* carte blanche: 명. 전권위임, 절대적인 권한
* surveillance: 명. 감시, 정찰
* wiretapping: 명. 도청
* search: 명. 수색
* seizure: 명. 압수 〈 seize: 타동. 붙잡다, 압수하다
* amper with ...: (원본 따위를 허락 없이 또는 불법적으로) …를 변경/변조하다
* right to assemble: 집회의 자유
* grievance: 명. 불만/불평사항, 고통/고민거리
* overstep: 타동. (지켜야 할) 도/선을 넘다
* delegate: 타동. (권한을) 위임하다
* executive authority: 행정부의 권한
* disregard: 타동. 무시하다; ignore
* doctrine: 명. 주의, 원칙

* separation of powers: 권력 (삼권) 분립
* reformulate: 타동. (골격을) 재구성하다
* bill-signing statements: 대통령이 bill (법안)에 서명을 하면서 첨부하는 유보조항이나 전제조건 등의 표현들
* in record numbers: 기록적인 수로. record: 형용. 기록을 깨는, 기록을 세우는; record-breaking; record-setting
* diminish: 자동. 감소하다, 축소되다; decrease
* discrimination: 명. 차별 (racial, ethnic, sexual, gender, religious, etc.)
* harassment: 명. (성)희롱
* affirmative action: 긍정적 행동: 1965년 이후로 미국 연방 정부가 미국 사회에서 역사적으로 차별받고 불이익을 당해 온 African-Americans과 기타 minorities (소수인종들)과 여성들에게 혜택, 가산점 등을 주어 그들의 역사적 차별을 보상하고 그들을 미국 사회에서 남성들과 기득권 그룹들과 평등한 기회를 주고자 시행되어 온 정책. State 주 차원에서도 affirmative action 정책이 시행되어 왔다.
* circumscribe: 타동. 제한하다; limit; restrict; confine; curtail; hamper; hinder
* regulation: 명. 규제, 통제, 단속
* relax: 타동. (법규, 집행 등을) 완화시키다; loosen; ease; weaken; slack; mitigate
* boost: 타동. 향상/증가시키다, 보강하다; raise; enhance; increase; strengthen; promote; reinforce
* setback: 명. 후퇴, 퇴보; retreat; reversal; regress
* as well: 부. 역시, 또한; also; too; to boot
* dignity: 명. 존엄(성), 품위
* ridicule: 타동. 조롱하다, 비웃다; deride; jeer (at); disdain; disparage; mock

* machismo: 명. (전통적인 거칠고 강한) 남성다움의 과시, 남성우위 의식
* resurge: 자동. 소생하다, 다시 올라오다, 재기하다; revive; rebound; rejuvenate 〉 resurgence: 명. resurgent: 형용.
* slight: 타동. 무시하다; 경시하다; belittle; ignore; snub
* blatant: 형용. 노골적인, 뻔뻔스러운; brazen; flagrant
* pronounced: 형용. 확연한, 뚜렷한, 현저한; clearly marked; definite; conspicuous; visible; clear; obvious; striking
* due: 형용. 마땅한, 응당한; 해야 하는; owed; owing; expected; deserved; fair
* belittle: 타동. 무시하다; slight; make little of; neglect; ignore
* grandiose: 형용. 웅장한, 거창한, 웅대한; pompous; imposing; bombastic; overblown
* rhetoric: 명. 수사학, 표현기법
* leave ... (out) in the cold: 방치된 상태로 내버려 두다, 버리다, 방치하다. 무시하다
* skew: 타동. (skew A to B) …쪽으로 기울게 하다, …쪽으로 왜곡하다, …에 순응시키다
* at the expense of ...: …의 비용을 치르고, …을 희생하여
* fund: 타동. …의 자금/기금을 대다, …의 재정/자금 지원을 하다
* jettison: 타동. (항공기나 선박 등이 비상 상황에 무게를 줄이기 위해 연료 등을, 큰 목적을 위해 작은 것들을) 버리다
* bilingual: 형용. 이중언어의, 이중언어를 사용하는
* frown on/upon: …에 눈살을 찌푸리다
* shrink: 타동. 수축시키다, 줄이다; reduce; diminish; decrease
* bedrock: 명. 기반(암), 초석; cornerstone; base; foundation
* tens of thousands of ...: 수만의 …

* coalition: 명. 연합, 동맹, 결성; federation; confederation; alliance; union; league; partnership 〈 coalesce: 타/자동. 연합하다, 동맹을 맺다
* incidental: 형용. 부수적인, (중요하거나 계획되지 않은) 우연한, 자연스럽게 따르는
* ignorable: 형용. 무시할 수 있는 〈 ignore: 타동. 무시하다
* collateral damage: 명. (전쟁에 부수적으로 따르는 민간인의 인적 물적 피해) 부수적인/이차적인 피해
* draw on/upon ...: ...를 논거/근거로 사용하다, ...를 주장의 근거로 삼다
* analogy: 명. 유사, 비유, 유추
* encounter: 타동. 우연히 만나다/마주치다
* back off: 자동. 물러서다, 후퇴하다, 대응하거나 싸우지 않다; 주장을 굽히다, 패배를 인정하다; back down; retreat; give up
* take it on the chin: (비격식체) (권투 경기에서) 타격을 턱에 맞다, 큰 손해를 입다; (고통이나 벌을) 견디다, 패배를 겪다, 실패하다; to suffer defeat; fail completely; endure punishment or suffering
* land a punch on ...: ...에 주먹을 날리다
* nice/good and + 형용/부 = very/quite + 형용/부: 제법/상당히/꽤나 ...한/하게
* redeeming: 형용. 구원/구제하는, (정당성, 옳음, 존엄성 등을) 복구하는, (결함, 잘못, 실수 등을) 상쇄하는, 보상하는; compensating; compensatory; redemptive; saving; extenuating
* muster: 타동. (용기를) 내다, (불러) 모으다; 소집/소환하다; assemble; gather; summon; rouse (up)
* confront: 타동. 맞서다, 마주하다, 정면으로 대처/대응하다; meet face to face; stand or meet facing; defy; resist
* discipline: 타동. 규율을 잡다, (선도/교화를 위해) 처벌하다

* lurk: 자동. (몰래, 잠복해서, 나쁜 의도로) 기다리다; 남의 눈에 띄거나 의심받지 않고 있다; to wait or lie in hiding; hide furtively; slink; steal; skulk

* slink: 자동. (비겁하게, 무서워서, 또는 수치감에) 몰래 다니다, 왔다 갔다 하다; sneak; steal; skulk

* naiveté: (naïveté, naivete) 명. 단순함, 소박함, 순진무구함 〈 naïve: 형용: 순진한, 단순한, 뭔가를 모르는, 쉽게 믿는; innocent; ingenuous; credulous; unsophisticated; ignorant

* recklessness: 명. 무모함, 경솔함, 마구 달려드는 〈 reckless: 형용. 무모한, 조심하지 않는; careless; thoughtlessly bold; foolhardy; rash

* hubris: 명. 오만, 건방짐, 자만심; arrogance; (self-)conceit; excessive pride or self-confidence; cockiness

* antipathy: 명. (강한) 반감, 저항감; dislike; resentment; antagonism; aversion; repugnance; loathing; repulsion

* blot: 명. 오점, 얼룩, 불명예; spot; stain; blemish; smear; smudge; taint

* not ... one/a whit: 조금도/전혀 ... 아니다; not ...one/a bit; not ... at all

* prosperity: 명. 번영, 발전, 호황 〈 prosper: 자동. 번영/발전하다; thrive; flourish

* elaborately: 부. 정교하게, 공들여서 〈 elaborate: 형용. 정교한, 공을 들인. 타/자동. 공을 들여 만들다; 더욱 자세히 설명하다, 상술하다

* intertwine: 타/자동. 뒤얽히다, 밀접하게 관련시키다

* people: 명. (단수: a people) 민족, 특정한 사람들의 그룹 (부족, 공동체, 사회, 민족), (복수: peoples) 민족들

* aspiration: 명. 열망, 소망 〈 aspire: 자동. (간절히 또는 야망을 가지고) 바라다, 열망하다. (aspire after + 명/대명; aspire + to-부정사)

* dignify: 타동. 존귀하게 하다, (품위, 존엄, 자존감 등을) 높게 대우하다. 〈 dignity: 명. 존엄, 품위
* sword-rattling: 명. 무력 과시; saber-rattling
* bring ... to justice: ...를 사법 처리하다, ...를 법에 따라 처벌하다; punish by/according to law
* capture: 타동. 붙잡다, 체포하다, 포획하다
* uproot: 타동. 뿌리뽑다, 근절하다
* persuade: 타동. 설득하다, 납득시키다; convince 〉 persuasion: 명. 설득; 믿음, 신념, 이념적 성향
* a mountain/mountains of ...: 많은 수/양의 ...; a sea of ...
* soul-searching: 명/형용. 진지한 성찰/고심
* intimidating: 형용. 위협하는 〉 intimidate: 타동. 위협하다, 겁주다
* extrapolation: 명. 추정; (내포의미의) 해석 〉 extrapolate: 타동. 추정/ 추론하다
* the Axis of Evil: 악의 축: War on Terrorism 당신 George W. Bush 대통령이 부른 terrorists와 그들의 지지 세력들
* ipso facto: 부. 바로 그 사실 때문에 그 사실에 근거해서
* ill-conceived: 생각/구상/계획이 (원래부터) 잘못된 〈 conceive: 타동. 잉태하다; (생각, 고안, 의견, 목표, 발명품 등을) 생각해내다
* outright: 부. 단적으로, 전적으로, 주저없이, 드러내 놓고; completely; entirely; utterly; openly
* stance: 명. 입장, 관점, 시각, 태도; view(point); standpoint; opinion; attitude; perspective
* McCarthyism: 명. 1950년대에 미국 공화당 상원의원 (U.S. Senator, Republican) Joseph McCarthy에 의해 주도된 극보수 극우 반공주의 (정치이념과 활동들)
* red-baiting: 진보적 정치인이나 인물을 공산주의나 사회주의로 모는 박해/탄압. Red (빨강색의, 좌경의) bait (미끼를 던져) 정치적, 법적, 사회적 올가미를 씌움

* innumerable: 형용. 수를 셀 수 없을 만큼 많은; countless
* delusive: 형용. 현혹하는, 잡을/이룰/가질 수 없는; deceptive; misleading 〈 delude: 타/자동. 기만/현혹하다, 착각하게 하다
* There is no + -ing (동명사): ...할 수는 없다, ...하는 것은 불가능하다, ...해서는 안된다.
* mourn: 타/자동. 애도하다, 슬퍼하다; grieve; lament
* vigil: 명. (흔히 밤에 하는 또는 철야) 추모, 기도, 간호, 경계
* pillar: 명. 기둥, 중심축
* regardless of ...: ...과 무관하게; irrespective of ...
* cherish: 타동. 소중히 여기다, 아끼다; hold dear; treasure; revere; adore
* from sea to shining sea: 미국의 동부 (the Atlantic Ocean 대서양 쪽)으로부터 서부 (the Pacific Ocean 태평양 쪽)까지를 시적으로 표현
* gag: 타동. 입을 막다, 표현의 자유를 박탈하다; prevent speech; silence
* conception: 명. 개념, (원래의) 구상/계획
* execution: 명. 집행, 실행
* premise: 명. 전제, 가정; assumption; presupposition
* civilian: 명. 민간인
* deficit: 명. 적자, 결손; shortfall; deficiency; loss
* dislocation: 명. 탈구, 변이, 어긋남, 혼란; disarray; disruption
* photogenic: 형용. 사진이 잘 받는, 사진이 잘 나온
* aircraft carrier: 명. 항공모함
* humiliate: 타동. 모욕감을 주다, 수치스럽게 하다; mortify; disgrace; shame
* chaotic: 형용. 대혼란/혼돈 상태인 〈 chaos: 명. 대혼란, 대혼돈; utter disorder; pandemonium; total turmoil
* strife-ridden: 형용. 분쟁이 빈번한; overwhelmed/dominated by strife

* compassion: 명. 연민, 동정심; sympathy
* emulate: 타동. ...와 같거나 능가하려고 애쓰다/따라 하다; to try to equal or excel; imitate with effort to equal or surpass (someone)
* high/about time: 적시, 무르익은 때, 이미 ... 할 때
* towering: 형용. 가장 중요한, 우뚝 솟은, 가장 높은; 모든 것을 능가하는; overarching; supreme; most important; outstanding; sublime
* compatible: 형용. 양립할 수 있는; capable of existing together in harmony. ...과 일관된, 일치하는, 조화로운; consistent; harmonious; congruous
* complementary: 형용. 보완적인 〈 complement: 명. 보완. 타동. 보완하다
* temporary: 형용. 일시적인; lasting, existing, serving, or working for a limited time only
* transcend: 타동. 초월하다; overpass; exceed; rise above or go beyond ...
* partisan allegiance: 명. 정당에 대한 충실성/충성도
* political persuasion: 명. 정치적 신념/성향
* permeate: 타동. ...의 사방에 침투하다, 퍼져 있다; pervade; saturate
* military operation: 명. 군사작전
* Just because ... doesn't (necessarily/always) mean (that) ...: ...한다고 반드시/꼭 ...하는 것은 아니다
* an extensive array of ...: 광범위한 (수/종류의) ...

Epilogue
강의를 마치면서

독자 여러분,
지금까지 14개의 Lecture와 Workbook 편을 공부하느라 수고가 많으셨습니다. 〈영작문의 정석〉을 통해 영어로 글을 쓰고 말하는 능력이 서너 단계 발돋음하신 것을 축하드립니다. Writing과 Speaking 뿐만 아니라 Reading과 Listening 실력도 함께 향상되었음을 느낄 수 있을 겁니다. 또 여러분께서는 영어의 글과 말을 접하실 때 예전보다 훨씬 편하고 쉽다는 느낌도 가지게 되었을 테죠.

그러나 〈영작문의 정석〉을 통해 얻게 되는 가장 큰 수확은 뭘까요? 아무래도 전체 글의 구성과 흐름을 명확하게 이해하게 된 것이라 생각됩니다. 이제는 영어로 글을 쓰고 말할 때, 이전보다 더욱더 논리 정연하고 설득력 있는 표현을 자유자재로 사용할 수 있을 겁니다. 그만큼 독자 여러분의 영어 소통력이 크게 향상된 것을 경험하셨으리라 자신합니다.
이제 독자 여러분은 '리얼(real) 영어'에 더욱 가깝게 다가선 것입니다. 정상급의 영어 구사력과 시험 성적은 눈으로 보고 이해하는 것만으로는 안됩니다. 소위 '눈도장 영어'만으로는 절대 완성되지 않습니다. 서문에서도 언급했듯이 영어는 제1대 핵심 능력인 어휘력(vocabulary)과 제2대 핵심 능력인 문법, 구문력, 어법(grammar & usage)에 관한 지식을 지속적으로 강화해 주는 것이 중요합니다.

'질 좋은 영어'를 많이 듣고 읽으시기 바랍니다. 그리고 다양한 topic과 주제에 관한 글을 읽고 그에 관한 이해와 생각을 넓고 깊게 하십시오. 또 실제로 원어민과 원활하게 소통하는 'output 영어'를 향상시킬 수 있도록 영어로 말하고 글 쓰는 기회를 자주 가지십시오. 길을 걷거나, 대중교통을 이용하거나, 또는 카페에서 친구를 기다리는 식의 짧은 자투리 시간들을 활용해야 합니다. 좋은 영어 대화나 토크쇼를 들으면서 어휘력을 늘리고 어법 사항을 점검하십시오. 이는 자신의 영어를 향상시키고 더 높은 삶의 목표를 위해 준비하는 소중한 시간이 됩니다. 자신의 발음이 미흡하더라도 중요한 표현들을 크게 소리 내서 반복적으로 읽어 보고, 멋진 문장들을 자주 손으로 종이에 써 보세요. 동료 혹은 자신의 영어 코치 등과 자주 영어로 대화하고, 자기 말과 글에 대한 피드백과 코칭을 받으십시오. 그게 영어의 정상을 향해 꾸준히 앞으로 나아가는 길입니다.

이 책 〈영작문의 정석〉뿐 아니라 저의 다른 영어교육 작품들도 여러분의 영어 학습에 좋은 등대이자 GPS가 되길 소망합니다. 아울러 멋진 인생의 항해를 해 나가는 여러분의 하루하루가 기쁨과 행복으로 가득하시길 기원합니다.

저자 박우상 (Dr. David)

영작문의 정석

초판 1쇄   2021년 6월 10일

지은이   박우상
펴낸곳   비비트리북스
출판등록   2019년 9월 6일   제 379-2019-000100호

편집/교정   권현희, 문진환
디자인   케이엠디자인

주 소   경기도 성남시 수정구 위례순환로 220, 5512-1602
팩 스   031-696-5210
이메일   beebeetreebooks@naver.com

Copyright ⓒ 박우상 2021
ISBN   979-11-970232-8-6 [53740]
값   20,000원

- 이 책은 저작권법에 따라 보호받은 저작물이므로 무단 전제와 무단 복제를 금하며, 책 내용의 일부 또는 전부를 이용하려면 반드시 저작권자와 비비트리북스의 서면동의를 받아야 합니다.
- 표지의 로고는 비비트리서체를 사용하여 제작하였습니다.
- 잘못된 책은 구입처에서 교환해 드립니다.